Respect

Gebeurtenissen en personen in dit boek berusten op fictie.
Fouten zijn geheel voor rekening van de auteur.

Van dezelfde auteur verschenen:
De Vrouw van de Voetballer
De Droom van de Drummer
Het Ros van Twente
Het Talent uit Twente
Overgewicht
De zaak groen

Claus Brockhaus
Respect

Uitgeverij KanaalTwente 2015

CIP- gegevens Koninklijke Bibliotheek, Den Haag
© Claus Brockhaus en Uitgeverij KanaalTwente, Enschede

Vormgeving: Cees Brake BNO, Enschede
ISBN/EAN: 978-90-809983-8-4
NUR: 305

www.kanaaltwente.nl
www.clausbrockhaus.nl

Alle rechten voorbehouden

1

De logistiek vormde het grootste probleem. Hij moest binnen twee uur op acht verschillende locaties zijn. Om daar, zo onopvallend mogelijk, vanuit een ruim van tevoren gekozen schuilplek, de drones te laten opstijgen en ze precies boven het vuur te manoeuvreren, waar ze hun giftige lading zouden dumpen en daarna zichzelf vernietigen.

Het was niet mogelijk om de vuren te bereiken met de auto. De toegangswegen waren smal en onverhard en het publiek liep of stond in de weg.

Hij had geprobeerd om de hele operatie vanuit één centraal commandocentrum te coördineren, maar de zender was niet sterk genoeg om alle drones te bereiken.

Natuurlijk had hij zich kunnen beperken tot een paar grote vuren, maar het effect dat hij wilde bereiken, de chaos en de dreiging, was vele malen groter wanneer de hele regio werd getroffen.

Daarom had hij gekozen voor een oplossing die misschien niet de meest elegante was, maar wel het meest effectief. De crossmotor – een 125 cc Kawasaki – die hij een half jaar geleden had gekocht, maakte hem snel en wendbaar en had als bijkomend voordeel dat hij door de helm onzichtbaar bleef en dat hij de afstandsbediening kon integreren in het on-board gps-systeem.

Het was niet moeilijk, al bij al. Je moest iets meer dan gemiddeld verstand van techniek hebben, maar vooral het crossen op deze motor beheersen. Dat laatste had hij zichzelf tijdens de wintermaanden aangeleerd. Een ervaring die met vallen en opstaan was gegaan en waarvoor hij eigenlijk te oud was. Die constatering had hem een paar weken van zijn vastbeslotenheid afgehouden en bijna, toen hij op drie achtereenvolgende dagen een doodsmak maakte, een vroegtijdig einde betekend van zijn plannen.

Te oud.
Natuurlijk was hij te oud. Niet alleen om op een off-road crossmotor levensgevaarlijke toeren uit te halen. Hij was eerlijk gezegd ook te oud om zich nog zo op te winden over bureaucraten die hem al zijn halve leven achtervolgden met hun wetten en regels. De normen en waarden van de middelmaat, het gelijk van de grootste gemene deler. Zijn gelijk werd niet erkend. Of pas jaren later, als het inmiddels was ingehaald door de werkelijkheid en hij alweer vijf stappen verder was.

Maar goed. Vanaf nu zou dat allemaal veranderen. Deze Pasen zou niet alleen het feest van de wederopstanding van Jezus van Nazareth worden gevierd, maar ook de wonderbaarlijke opstanding van het kanon uit Grolle; en de saluutschoten zouden tot ver over de grens te horen zijn.

De route die hij had berekend, uitgetekend en zorgvuldig onderzocht, liep van Losser – waar meer dan dertig vuren zouden branden – via Denekamp, Tubbergen en Wierden naar de grootste stapel die ooit in de hens was gegaan. Espelo bij Holten. In die gemeente was de vuurdrift het grootst. Vier buurtschappen beconcurreerden elkaar jaarlijks wie de meest imposante brandstapel wist op te tuigen. Met wetenschappelijke precisie werd elk jaar de hoogte en omtrek van het hout gemeten en vastgesteld. Wie de meeste kuubs zonder hulp van bouwkranen had verzameld was de winnaar, waarbij de jury ook nog een schoonheidsprijs uitreikte. Tussen de vijftien en twintig meter hoog moest de stapel reiken om een kans op de eerste prijs te maken; het wereldrecord, zoals vermeld door Guinness, stond op maar liefst 45 meter en was dus gevestigd door Espelo in 2012.

Paasvuur. Van kinds af was hij gefascineerd door die traditie. Aangestoken door zijn vader die in Groenlo de boakens met de paplepel kreeg ingegoten, had hij, zo lang hij het zich kon heugen, nooit een vuur overgeslagen. Die ouwe zou zich in zijn graf omdraaien als hij wist dat Groenlo vorig jaar het paasvuur had verboden, omdat vleesverwerker Vion bang was dat de rook via de ventilatoren het bedrijf zou binnenkomen. Gelukkig was zijn vader *niet gecremeerd.*

Dat bedoelde hij. Die schijterige ambtenaren, bang om een biggenslachter tegen zich in het harnas te jagen, bepaalden dat een traditie waar jaarlijks duizenden liefhebbers op af kwamen, met één druk op de delete-knop werd weggepoetst. Het was dat buurgemeente Eibergen de boake had overgenomen. Maar dan nog...

Waar het om ging was om al die schijtlappen en angsthazen iets te laten voelen waar ze echt bang voor zouden worden; geen monstertruck die door zijn remmen schoot of een verkeerd geplaatst stadiondak. Nee, de wind zou uit een andere hoek waaien en aanwakkeren tot een storm die nog lange tijd over de regio, de provincie en de rest van het land zou trekken.

Het plan was, al zei het zelf, groots in zijn eenvoud.

Respect...

2

Het terras voor de lounge van het gloednieuwe InterCityHotel zag uit over het Wilminkplein. Een jongen met een capuchon probeerde vergeefs een wheelie op een aftandse fiets. Hij werd gadegeslagen door een driftig rokende vrouw, die op haar beurt werd toegesproken door een woest gebarende donkere jongen. Iets verderop hield een geüniformeerde kale man met zijn handen op de rug het tafereel in de gaten. Achter het glas van de lounge leek het een modern toneelstuk. Het decor – een grasveld en een waterende rotspartij – werd belicht door een bleek maarts namiddagzonnetje.

Nico ter Mors probeerde zich voor te stellen hoe dit gedeelte van de stad er uitzag in de tijd dat hij op de lagere school zat. Een paar honderd meter verder, in de Molenstraat, speelde hij rond deze tijd – vrijdagmiddag na school – met zijn vrienden Rudolf en André in de judozaal van sportschool Heutink, die werd gedreven door de vader van Dolfie. Vanaf de Edo Bergsmabrug, langs het spoor naar Gronau, stond de eindeloze rij fabrieken van Van Heek.

Hoewel het streng verboden was om in de judozaal te voetballen, was dat precies waarvoor ze er in de wintermaanden kwamen. De judomatten vormden een zacht verend strafschopgebied voor de muur waarop met krijt een doel was getekend. Nico en Rudolf schoten uit alle hoeken van de zaal op het doel, waar André zijn duikvluchten uitvoerde. Ze zaten in de vierde klas van de lagere school, maar meester Tiggeler had laten doorschemeren dat André waarschijnlijk keeper van het schoolelftal zou worden. Dat was niet alleen uitzonderlijk, het was ook een statement van de hoofdonderwijzer, hoewel dat woord door niemand werd gebruikt in die tijd. De meester wilde niet alleen een groepje veertienjarige vechtersbazen uit de zesde, dat het schoolplein terroriseerde en monopoliseerde, laten zien wie de baas was; hij wilde ook de keus van André om doelman te willen worden, belonen.

Niemand wilde keeper worden. Behalve André Hammink.

Dezelfde André Hammink die Nico twee dagen geleden een bericht stuurde. Hij was vrijdag in de stad en hij wilde hem een voorstel doen. Het was bijna veertig jaar geleden dat ze elkaar voor het laatst hadden gezien en zeker twintig jaar nadat hij iets over hem had gelezen. Een merkwaardig artikel in de Twentsche Courant dat zijn moeder voor hem had bewaard.

André Hammink woonde in Argentinië – of was het Uruguay – waar hij onderdak bood aan zwerfjongeren. Hij was een soort lekebroeder in dienst van een kerkelijk genootschap waar Nico nog nooit van had gehoord. Omdat internet twintig jaar geleden nog geen uitkomst bood, bleven de zendelingen onbekend. Het artikel, meer een open brief aan zijn oude streekgenoten, eindigde met een oproep om geld over te maken naar een stichting die de goede werken van Hammink en zijn broeders steunde. Nico kon zich er niets bij voorstellen. André Hammink die zich inzette voor de zwaksten in onze samenleving, in Zuid Amerika nog wel. Natuurlijk waren ze samen misdienaar geweest op het Hogeland, in de Heilig Hart kerk. Maar dat kwam omdat kapelaan Beudeker er om bekend stond dat hij met zijn jongens een keer per jaar een voetbalkamp organiseerde op de Houtmaat in Hengelo. Met godsdienst had het niet veel te maken. Als ze samen de mis van half acht dienden, wist Nico al precies op welk moment hij de slappe lach zou krijgen. Wanneer de half dove pastoor met zijn rug naar de gelovigen en de handen ten hemel geheven vroeg: *Dominus wo bisst du?* antwoordde André luid en duidelijk: 'Hier pestoor, vlak achter-oe.'

De man die de lounge van het hotel binnenstapte was net zo oud als Nico; groter, minder grijs, en gekleed als een Zuid Europese zakenman. Hij bleef even staan, inspecteerde de ruimte en liep toen zonder aarzelen op Nico af.

'Nico.'

'André?' vroeg Nico.

Ze schudden elkaar de hand alsof ze elkaar gisteren nog hadden gezien en lieten zich zakken in twee comfortabele fauteuils. Nico moest even wennen aan het idee dat deze man vroeger naast hem in de schoolbanken had gezeten. Zes jaar op de lagere school en daarna op het lyceum, tot André, op zijn vijftiende koos voor een carrière als beroepsvoetballer. Tien jaar naast elkaar. En ook na school deden ze de meeste dingen samen. Voornamelijk voetballen, maar ook andere sporten als zwemmen, fietsen, schaatsen en over meisjes praten. Dat wil zeggen, Nico praatte en André luisterde. Waar hij bij het keepen met handen en voeten sprak, zweeg hij over meisjes in alle talen. Nico veronderstelde dat meisjes en voetbal in het hoofd van zijn vriend niet samen gingen; pas veel later, toen hij zijn eerste vrouw over André vertelde, suggereerde ze dat de doelman misschien een lichte vorm van autisme had. Omdat die afwijking daarna zo populair werd dat bijna de helft van de Nederlandse jeugd er aan scheen te lijden, was haar veronderstelling zo gek nog niet en begon Nico het malle gedrag van de meeste doelmannen in dat licht te bekijken.

De man die op dat moment tegenover hem zat, leek in geen enkel opzicht op de jongen die Nico zich herinnerde en die hij al die jaren voor zijn geestesoog was blijven koesteren als het icoon van zijn schijnbaar onbezorgde jeugdjaren.

'Zo,' zei het icoon. 'Dat is even geleden.' Hij keek om zich heen alsof hij nog iemand verwachtte.

'Zo'n veertig jaar,' zei Nico. 'Maar het lijkt gisteren.' Hij lachte.

André Hammink trok zijn wenkbrauwen op. 'Gisteren? Hoe bedoel je?'

'Sinds ik weer in Enschede woon denk ik vaak aan onze jeugd.'

'Onze jeugd?' vroeg de man, die vroeger André Hammink was geweest.

'Altijd voetballen,' zei Nico. 'Jij wilde zolang ik je kende keeper worden. En ik moest op je schieten, elke minuut die we vrij hadden. Voor school, in het speelkwartier, tussen de middag, na school. Op woensdag- en zaterdagmiddag. Als ik op woensdag eerst naar de bieb ging, werd je al kwaad.'

'Echt?' Er verscheen een grijns op zijn gezicht alsof Nico hem in de maling nam. 'Heb jij ook gevoetbald? Ik dacht dat je op judo zat.'

Nico schudde zijn hoofd. 'Dat was Rudolf. Zijn vader had die judoschool hier achter in de Molenstraat. Heutink. Daar gingen we op vrijdag na school op doel schieten, in de winter.'

André haalde zijn schouders op. 'Zou ik niet meer weten. Waar woonde jij toen?'

Hoewel Nico veel vaker bij hem over de vloer kwam dan andersom, was André in al die jaren honderden keren bij hem thuis geweest. 'We voetbalden samen bij Vogido. Als we op zaterdagmiddag speelden, kwam jij me halen op het Gronausevoetpad. Ook als we zondag naar Twente gingen.'

'Ik ben een paar keer ballenjongen geweest in het stadion, hoe heette dat ook weer, met die sintelbaan.'

'Het Diekman,' zei Nico. 'Maar toen speelde je al bij Sportclub. Weet je die dingen echt niet meer?'

'Nu je het zegt komt het weer boven. Maar het meeste ben ik kwijt of heb ik verdrongen. Ben jij getrouwd?'

'Niet meer,' zei Nico. 'Ik heb het twee keer geprobeerd en daarna ben ik gestopt om nog iemand de buitenspelregel uit te leggen.'

'Mannen mogen vreemdgaan, vrouwen niet,' vond André.

'Die regel dus,' zei Nico. 'Maar jij bent wel getrouwd.'

'Geweest. Met een jeugdvriendinnetje. Zat bij mij in de klas, Jacqueline…'

'Hè? Ben je met…met Jacky…Jacqueline Wermers…'

'Ken je haar?' lachte André Hammink. 'Ja, we hebben natuurlijk een paar jaar in dezelfde klas gezeten. Maar de meeste van die kinderen zou ik me niet meer kunnen herinneren. En

Jacques was in die tijd een beetje een grijze muis, vond ze zelf.'

Jacky was sinds de brugklas Nico's droomprinses. Als zij zichzelf al een grijze muis vond, wat moesten die andere onzichtbare meiden dan voor een traumatische jeugd hebben gehad. Tegenwoordig zagen alle jonge meiden er uit als in dezelfde mal gegoten starlets. Elke afwijking werd meedogenloos georthopedeerd of georthodonteerd. Authenticiteit mocht pas weer na je veertigste, of als je je glazen plafond had bereikt.

André haalde een iPhone uit zijn zak, scrolde een tijdje en liet Nico een foto zien van een jeugdig ogende vrouw. 'Dat is Jacques nu.' Geen spoortje grijs, dezelfde lachende ogen en kuiltjes in haar wangen. Slank en afgetraind.

'Fantastisch,' moest Nico toegeven. Hij kende de foto ergens van. 'Gefeliciteerd. Ik was vroeger ook verliefd op haar.'

'Echt waar? Dat had ze leuk gevonden om te weten. Maar goed, daar kwam ik niet voor. Ik kijk liever vooruit dan achteruit, heb jij dat niet?' Hij haalde een usb-stick uit zijn zak en legde hem op het tafeltje tussen hen in. Daarna stak hij een vinger op die "één moment" betekende, veegde over zijn iPhone en stond op. Nico hoorde hem iets zeggen in het Spaans of Portugees terwijl hij zich uit de lounge verwijderde.

3

Steffie Dendrop roeide voor het eerst na de winter buiten, op het Twentekanaal. Hoewel ze haar best had gedaan om elke week bij Crossfit aan de IJsbaanweg te trainen – sinds een paar weken zaten ze trouwens in de voormalige Pauluskerk op het Twekkelerveld – voelden haar schouders en knieën roestig. Ze was lid van roeivereniging *Thyro*, maar ze zat het liefst alleen in een skiff. Eén met het water en de lucht, niet gehinderd door aanmoedigingen van een stuurman of de foute slagen van haar collega's. De club faciliteerde en zij profiteerde, maar ze had zich voorgenomen om het komende seizoen iets actiever te zijn in het verenigingsleven. Als zzp-er en vrijgezel was haar maatschappelijk leven soms wel erg allenig en nu ze de veertig naderde kon ze zich niet meer als vroeger in het nachtleven storten.

Ze voer in de richting van Hengelo en passeerde de Grolsch Veste. Ter hoogte van de ijsbaan had ze haar ritme te pakken en begon ze het warm te krijgen. Ze liet de riemen los om haar windjack uit trekken. De boot dreef naar de andere kant van het kanaal en ze moest twee slagen bijsturen om weer in een rechte lijn te komen. Dat lukte niet helemaal, omdat de riem geremd leek door een obstakel onder water. Ze zag een stuk noppenfolie of bubbeltjesplastic om het blad en haalde de riem naar zich toe om dat te verwijderen. Ze trok eraan om het achter zich in de boot te leggen, maar het leek vast te zitten aan iets zwaars. Ze wilde het bijna opgeven, maar haar milieuhart won het van de gemakzucht en even later kon ze een dikke bal noppenfolie aan boord hijsen. Ze bekeek het even en legde het achter de slee, waarna ze er niet meer aan dacht en zich overgaf aan de ritmische voldoening van een steeds volmaakter slag die een mantra leek op weg naar ... nou ja, naar Hengelo.

Een dik uur later meerde ze de skiff voor het botenhuis en klom aan wal. Niet helemaal volgens de instructie, omdat ze toch behoorlijk stijf was geworden op de terugweg. Pas toen ze op het vlot stond zag ze de bal noppenfolie achter de slee. Ze bukte zich en haalde hem uit de boot, verbaasd over het gewicht. Uit nieuwsgierigheid trok ze wat tape los en wikkelde het plastic van de bal. Tot ze opeens zag wat er in zat en het uit haar handen liet vallen.

'Zeeziek?' hoorde ze iemand achter zich vragen terwijl ze op haar knieën in het kanaal kotste.

4

De computerafbeelding van het hoofd dat in het Twentekanaal was gevonden, was volgens de Tubantia door een paar jongens van de *University of Twente*, zoals de UT zich tegenwoordig noemde, spatnauwkeurig geremodelleerd. Na een week in het water was er van de oorspronkelijke trekken weinig over, ook al omdat het hoofd, voor het van de romp was gescheiden, appelweek was afgehouwen, zoals oudere Tukkers dat plachten te noemen.

Spatnauwkeurig was overdreven, vond Nico, toen hij, wachtend op zijn medicijnen in de Centrum Apotheek, de krant doornam. Maar hij herkende zonder de minste twijfel in de afbeelding het gezicht van André Hammink. Dezelfde Hammink die hem vorige week in het InterCityHotel had laten zitten, nadat hij een telefoontje kreeg. Nico was een half uur later weggegaan, met de usb-stick die Hammink had achtergelaten. Daar stond niets op, constateerde hij thuis en daarna had hij de ontmoeting proberen te vergeten. Dat was niet helemaal gelukt, omdat André zijn oude jeugddemonen had ontbonden. Voetbal en vrouwen. In beide hobby's had hij veel tijd gestoken, maar of hij er evenredig veel plezier aan had beleefd, waagde hij te betwijfelen.

Hij keek opnieuw in de krant en vond vooral de neus en de oren slecht getroffen, maar misschien kwam dat omdat hij ondanks de ontmoeting van vorige week, zich nog steeds een voorstelling maakte van de jongen die hij vroeger had gekend. Die jongen had overigens een totaal ander beeld van dat verleden dan hij. Onbegrijpelijk hoe weinig André Hammink zich van hun jeugd kon herinneren. Of had Nico de laatste jaren, sinds hij terug was in Twente, die tijd uitvergroot en geromantiseerd? Dat was niet onmogelijk. De enige reünie die hij ooit

had bezocht, had hem geleerd dat je nooit mocht vertrouwen op je eigen herinneringen. Die konden evident en aantoonbaar fout zijn. (Er was een vrouw op hem afgekomen die beweerde dat ze samen licht erotische avonturen op de Paaskermis in het Volkspark hadden beleefd. Nico kon zich noch de vrouw noch de kermis herinneren, maar ze liet hem een polaroid zien, waarop hij onmiskenbaar met zijn arm over haar schouder in een schiettent staat.) Maar toch. Dat André niet meer wist waar Nico woonde of hoe het stadion heette; en dat hij samen met Nico duizenden uren...
Dood.
André Hammink was dood. Het hoofd dat in het Twentekanaal was gevonden...
Hij hoorde de zoemer en zag op het beeldscherm dat het zijn beurt was. Nadat hij de medicijnen in ontvangst had genomen, reed hij op de fiets naar het politiebureau en meldde aan de balie dat hij wist van wie het hoofd in het kanaal was.

Hoofdinspecteur Frida Brandriet had net een afspraak met de waarnemend korpschef achter de rug en complimenteerde zichzelf met haar geduld en het vermogen om te relativeren. Eigenschappen die ze een paar jaar geleden niet bezat, maar doordat ze een huishouden met twee puberzoons bestierde, had ze die uit lijfsbehoud moeten ontwikkelen. Niet dat de waarnemend korpschef zich als een puber gedroeg. Was dat maar waar. Dan zou hij in ieder geval mee kunnen praten – nou ja, mompelen – over de nieuwste technologische ontwikkelingen. Bij de laatste stafvergadering van de veiligheidsregio had hij het gepresteerd – volgens een anonieme interne mail – om te vragen of iemand hem kon vertellen wat precies een droon was. Hij kende die fabeldieren natuurlijk uit de sprookjes van Grimm, maar in welke overdrachtelijke zin droons een bedreiging waren, ontging hem.
De dreiging van een drone-aanval met chemicaliën op een aantal paasvuren vorig jaar, had geleid tot een grote alertheid

bij alle veiligheidsdiensten. De mogelijkheid dat een wraakzuchtige of gefrustreerde nerd door middel van drones een calamiteit kon veroorzaken, was opeens geen *fantasy* meer. De dreigmails waren niet openbaar gemaakt, om andere idioten niet op een gedachte te brengen, maar je kon nieuwe vormen van terreur nooit uitbannen.

Frida had ook een beetje medelijden met de korpschef. Hoe vaak hadden haar zoons haar niet minachtend en laatdunkend aangekeken als ze weer eens blijk gaf een bepaalde functie op haar nieuwe smartphone niet te begrijpen. De man die over een paar maanden met pensioen ging, was twintig jaar ouder en had zijn sporen ruimschoots verdiend. Maar tegenwoordig gold alleen het resultaat van je laatste wedstrijd. Resultaten uit het verleden boden geen enkele garantie. Ze nam een beker koffie mee en trok zich terug op haar kamer. De vondst van het hoofd in het Twentekanaal had haar al drie dagen bezig gehouden. Springteams van de brandweer zochten dag en nacht naar de rest van het lichaam. Ze hadden zelfs een hond ingezet die in staat was om lijklucht, die in gasbelletjes aan de oppervlakte kwam, te ruiken. Helaas had het beest gisteren met zijn neus in de wind van de dieselmotor gestaan en nu was zijn verfijnde reukvermogen ontregeld. Tja.

De balie belde om te vertellen dat zich iemand had gemeld die de afbeelding van het hoofd zou hebben herkend. De man was naar het bureau gekomen. Omdat er niemand van het Hoofd-team beschikbaar was, besloot ze zelf met de melder te praten. Een man van begin of midden vijftig, klein, goed geconserveerd, wachtte haar op.

'Nico ter Mors,' zei Nico.

'Ken ik u ergens van?' vroeg Frida, nadat ze zich had voorgesteld.

'Dat zou ik niet weten, maar ik ken de man wiens hoofd in het kanaal is gevonden. Vandaar.' Nico glimlachte vriendelijk. Hij had vorig jaar in een andere zaak met de politie te maken gehad, maar voor zover hij wist had zijn foto nergens ingestaan. Misschien deed zijn naam een belletje rinkelen bij de vrouw. Hij schatte haar op een jaar of 45 en aan de tongval te horen kwam ze hier uit de streek. Ze ging hem voor naar haar kamer, waar ze achter een tamelijk chaotisch bureau ging zitten. 'Vertel.'

'Wilt u het lange of het korte verhaal,' vroeg Nico.

'Doe eerst maar een samenvatting...Ter Mors...had u niet iets te maken met die toestand in Almelo vorig jaar, bij Alink...?'

'Klopt, zijdelings.' Hij lachte opnieuw. 'Maar voor u denkt dat het succes me naar het hoofd is gestegen...ik ken dit hoofd wel degelijk. Ik heb een dag of tien geleden, om precies te zijn op vrijdag 6 maart om vijf uur 's middags een gesprek gevoerd met dat hoofd. Het zat toen nog op het lichaam van mijn jeugdvriend André Hammink, die ik bijna veertig jaar geleden voor het laatst had gezien en gesproken. Een paar dagen daarvoor kreeg ik een mailtje van hem, waarin hij schreef dat hij in de stad zou zijn en dat hij me ergens over wilde spreken. We ontmoetten elkaar in het nieuwe InterCityHotel en daar hebben we ongeveer een kwartier gesproken. Toen kreeg hij telefoon en verdween.'

Frida knikte. Dat was een mooie compacte en feitelijke samenvatting. Daar konden de meesten van haar collega's een puntje aan zuigen. 'Hij verdween,' herhaalde ze. 'Zonder te zeggen waarheen, hij belde ook niet om zich te verontschuldigen.'

'Nee. Ik hoorde hem al weglopend in zijn telefoon praten in het Spaans of Portugees, daar wil ik van af zijn.' Nico keek uit het raam dat uitzag op het hoofdkantoor van verzekeraar Menzis en het ITC-gebouw.

'Wat wilde meneer Hammink van u? Waarover wilde hij u spreken?'

Nico haalde zijn schouders op. 'Daar zijn we niet aan toegekomen. Hij gaf me een usb-stick, waarop ik niets kon vinden.'

'U kende Hammink van vroeger.'

'Ik heb tien jaar bij hem in de klas gezeten. Eerst op de lagere school op het Hogeland en daarna op het lyceum. Op zijn vijftiende is hij naar een voetbalinternaat in Deventer gegaan. Hij wilde keeper worden. Hij speelde bij Sportclub Enschede en haalde alle regionale selecties. In '78 werd hij doelman van Twente. Derde doelman. Voor zover ik weet heeft hij nooit in het eerste gespeeld.'

Frida maakte een paar aantekeningen. 'Weet u iets over zijn huidige status? Adres, getrouwd?'

'Nee,' zei Nico, 'ik weet dat hij getrouwd was met iemand die ik ook gekend heb. Jacqueline Wermers. Hij liet me een recente foto van haar zien. Ik weet wel, maar dan heb ik het over zo'n twintig jaar geleden, dat André in Zuid Amerika woonde, waar hij zwerfjongeren opving. Dat las ik in een artikel in de Twentsche Courant of de Tubantia, die bestonden toen nog naast elkaar. Maar ik heb geen idee wat hij nu doet, of deed moet ik zeggen. Hij zag er overigens goed uit, in een strak gesneden pak, sjieke schoenen.'

'De e-mail die hij stuurde, kon u daar iets uit afleiden,' wilde Frida weten.

'Nee. Ik heb hem doorgestuurd naar een vriendin die elke computer kan kraken, maar ze kon geen adres vinden.' Nico bedacht dat hij Hedwig ook de stick moest sturen.

'Kunt u mij dat usb-stickje geven?' vroeg Frida.

'Ik ben bang dat ik dat heb weggegooid,' zei Nico.

Frida trok haar wenkbrauwen op.

5

Nico wist niet precies waarom hij tegen die aardige inspecteur Brandriet had gelogen. Het was een impuls geweest, op een duistere manier ingegeven door Jacqueline Wermers. Althans door de herinnering aan haar en door de foto die André hem had laten zien. Nadat André van de een op de andere dag van school was gegaan – Nico kon zich niet herinneren dat hij het met hem over dat besluit had gehad, het laatste jaar hadden ze minder contact – was Nico gestopt met voetballen. Het was niet te combineren met zijn huiswerk, maar het was vooral niet te combineren met zijn toegenomen belangstelling voor meisjes. Dat was trouwens ook een reden voor de verwijdering tussen hem en André. André verweet hem, zonder dat met zoveel woorden te zeggen, zijn niet professionele instelling tijdens de training en in wedstrijden. Overigens trainde André inmiddels bij de selectie van Sportclub en had hij al een paar keer reserve gestaan bij het eerste. Hij was lang, sterk en lenig; een beetje het figuur en de stijl van Jan van Beveren, vonden kenners. Zijn grote voorbeeld was overigens niet Van Beveren, maar Piet Lagarde, de onfortuinlijke doelman van Sportclub die in het laatste seizoen voor de fusie met de Enschedese Boys een nier verloor tijdens een wedstrijd tegen Go Ahead. Hij had Lagarde overigens nooit zien voetballen.

Nico belde Hedwig in Amsterdam en vroeg of zij een stick wilde bekijken waarop hij niets had kunnen vinden. Hij verwachtte een vilein antwoord, maar zijn huisnerd bleek in een ongebruikelijk vrolijke stemming, wat kon duiden op een ranzig virtueel avontuur of een geslaagde hack.

'Niekediekediek…je raadt nooit met wie Markie, ons premiertje, soppige intimiteiten deelt.'

Een hack dus. 'Nee schat, en geloof je me als ik je vertel dat ik dat absoluut niet wil weten? Kun je mijn stick op afstand bekijken, of moet ik hem opsturen?'

'Jessus, wat ben jij een saaie lul geworden in die Achterhoek. Sorry, Twente. Ga je nog meelopen met *The Passion* of geloof je ook niet meer in wonderen? Nou ja. Aan de zijkant van je laptop zie je een paar grappige openingen. Als je je gevalletje in één van die gleufjes steekt, hoor je *pling* en dan zal dokter Hedwig even naar het patiëntje kijken.'

Terwijl hij die handeling verrichtte, hoorde hij dat ze een slok cola nam – ze dronk uitsluitend Pepsi – en een luchtige boer liet. Hij wist dat ze via een geavanceerde *Teamviewer* bij al zijn bestanden kon en kennelijk ook bij een externe flashdisk. Met hetzelfde gemak kon ze virussen of kinderporno op zijn harde schijf zetten, besefte hij. Daar moest je niet te lang bij stilstaan, maar dat de volgende wereldbrand in cyberspace werd uitgevochten, was al lang geen science fiction meer. Dat hadden de Noord Koreanen wel bewezen.

Het duurde ongeveer twee minuten voor ze zich weer meldde. 'Ik moet iets converteren. Kan een tijdje duren omdat niemand meer met die programma's werkt. Rechtstreeks uit de prehistorie, zal ik maar zeggen.'

'Er staat wel iets op?' vroeg Nico.

'Bits en bytes, maar ik zal er een reep chocola voor je van maken,' beloofde ze. 'Blijf van je laptop af en ga iets leuks voor jezelf doen.'

Voor hij iets snedigs kon antwoorden, had ze de verbinding verbroken. Zonder zijn laptop was hij onthand. In opdracht van een bestuurlijk vakblad was hij bezig aan een artikel over het eerste lustrum van de Nederlandse veiligheidsregio's. Zijn indruk was dat een heleboel mannetjes en een paar vrouwtjes een flink deel van hun ego hadden moeten inslikken, in ruil voor een overzichtelijk en efficiënter veiligheidsbeleid. Dat kon geen kwaad.

Hij besloot een eind te gaan fietsen en reed min of meer onbewust in de richting van de Grolsch Veste. Daar was volgens het krantenbericht, het hoofd van André was gevonden en daar zocht de brandweer naar de rest van zijn lijk. Hij hield zichzelf voor dat hij geen ramptoerist was, maar in het kader van zijn artikel naar *faits divers* zocht om de taaie materie op te leuken. Misschien had hij geluk en stond het door het Oldenzaalse bedrijf Switch ontwikkelde CoPI, een mobiel commandocentrum op de plaats van het incident, op één van de oevers.

De precieze plek waar een roeister het hoofd had gevonden bleek zich een stukje verderop, achter de ijsbaan, te bevinden. Nico was niet de enige die op het idee was gekomen om er te gaan kijken. Achter het politielint stonden minstens vijftig mannen en een paar vrouwen van verschillende leeftijd de activiteiten van het duikteam van de brandweer gade te slaan. Een man en een vrouw, gekleed in dezelfde windjacks, stonden naast hun e-bikes. De vrouw haalde een thermoskan uit een fietstas en schonk twee bekers koffie in. De mobiele commandopost was nergens te zien. De duikers moesten het doen met hun eigen materiaal en twee vervelende politieagenten. Omdat het werk zich grotendeels onder water afspeelde, was er van opwinding onder de toeschouwers geen sprake. Men wachtte gelaten af. Nico hield het na een paar minuten voor gezien en besloot om via de fietsbrug over het kanaal naar Twekkelo te rijden. Op de brug stond een vrouw. Ze was niet gekleed op een wandeling of een fietstocht en wilde zich kennelijk niet met het gepeupel op de vindplaats encanailleren. Terwijl hij haar voorbijreed keek ze hem even aan met een flauwe glimlach, alsof ze zich wilde verontschuldigen voor haar obligate nieuwsgierigheid. Op datzelfde moment schoot er een flits van herkenning door hem heen. Ondanks de gebreide muts en de hoog opgeknoopte sjaal die het grootste gedeelte van haar gezicht bedekte, wist hij onmiddellijk wie de vrouw was. Niemand anders dan Jacqueline Wermers, Jacques volgens André.

Nico bedwong de neiging om in zijn remmen te knijpen en haar te begroeten. Het kon gewoon niet, realiseerde hij zich. De vrouw kon onmogelijk dezelfde vrouw zijn die André hem op zijn iPhone had laten zien. Als zijn ex-echtgenote zou ze, nadat ze zijn hoofd in de krant had herkend, absoluut niet hier op de brug gaan staan, om te kijken hoe de brandweer de rest van André probeerde op te duiken. Tenzij…

Hij schoot van het talud en stapte honderd meter verderop af. De vrouw liep ongehaast van de brug, terug naar de parkeerplaats, waar ze kennelijk haar auto had staan. Nico keerde om en zag hoe ze in een zilvergrijze BMW stapte. Hij had net genoeg tijd om zo dichtbij te komen dat hij het kenteken kon lezen. Hij sloeg het nummer op in zijn telefoon en reed terug naar zijn flat aan de Boulevard.

Op het scherm van zijn laptop stond een map klaar, met de hartelijke groeten van Hedwig. Hij opende de map en zag dat er een stuk of tien bestanden inzaten. Ze waren opgeslagen als jaartallen in oplopende volgorde. De laatste was van 2014. Hij opende het eerste bestand uit 2005 en zag dat het om foto's ging van een donkerblond jongetje met een open, guitige blik. Het knaapje deed hem in de verte denken aan de tekeningen op de covers van zijn Pietje Bell-pockets. De eerste boekjes die hij in de jaren zestig voor een paar gulden als jongetje kocht. De achtergrond vertelde dat de jongen op de foto's beslist niet in Nederland woonde. Op het eerste gezicht dacht Nico aan Zuid Europa, maar het kon in principe elk land zijn met wit gepleisterde huizen, stoffige vegetatie en een bergachtige omgeving. Het waren willekeurige kiekjes die uit een familiealbum konden komen en beslist niet door een professionele fotograaf waren gemaakt. Opmerkelijk was dat er behalve het jongetje geen andere herkenbare mensen op de foto's stonden. Als ze er op het origineel al waren geweest, had de collectioneur ze meedogenloos weggeknipt. Dat was te zien aan enkele close-ups die nogal grofkorrelig waren uitgevallen.

Op een aantal foto's was de jongen afgebeeld met een bal, één keer stond hij in een gammel doel op een zanderig pleintje; een andere keer deed hij of hij de bal naar de fotograaf schoot. In de volgende bestanden zag Nico het knaapje opgroeien tot een stevige tiener. Nog steeds waren er geen andere mensen te zien, maar het viel wel op dat de foto's minder amateuristisch oogden. Het jongetje droeg vanaf 2007 tot 2011 voornamelijk voetbalshirts van bekende en onbekende clubs.

In 2012 was dat afgelopen. Op die leeftijd vond hij het waarschijnlijk te kinderachtig. Een opvallend verschil met de vorige jaargangen was ook dat de jongen de laatste drie jaar knielend was te zien op een elftalfoto. Zijn teamgenoten waren zorgvuldig weggeknipt, maar hij maakte onmiskenbaar deel uit van een elftal dat speelde in een witte broek, blauwe kousen en een blauw wit gestreept shirt. De guitige blik van tien jaar eerder had plaats gemaakt voor een nonchalante, bijna koel-afstandelijke houding. De knaap was zich bewust van zijn talent en straalde uit dat er niet met zijn *cojones* werd gespeeld.

Het laatste bestand in de map was niet gedateerd. Het bevatte ook geen foto's maar een officieel ogende tekst, opgesteld door een notaris of advocaat. Het was een soort contract – een *contrato* – tussen personen en instellingen waarvan de namen onzichtbaar waren gemaakt. Hoewel Nico het Spaans niet letterlijk kon lezen, begreep hij dat het ging om een overeenkomst tussen een voetballer – *futbolista* – en iemand die hem vertegenwoordigde – *agente* – De bedragen en percentages in het contract waren ook weggestreept, evenals de handtekening, datering en plaatsaanduiding.

Je hoefde geen wiskundige te zijn om een paar dingen bij elkaar op te tellen. De jongen die Nico op de foto's zag opgroeien, was de handelswaar, de *futbolista*. Hij werd verkocht of aangeboden door zijn vertegenwoordiger. En vriend André was ofwel die *agente* zelf, óf iemand die onder de duiven van die vertegenwoordiger had geschoten. Dat zou kunnen verklaren waarom hij zijn hoofd had verloren, maar niet waarom hij zijn oude vriend Nico ter Mors wilde spreken. Wat had Nico met dit jonge talent te maken, aan wie, zoals gewoonlijk, iedereen geld wilde verdienen?

6

Frida Brandriet vond het niet langer zinvol om de brandweer in het kanaal te laten zoeken. De sluizen bij Hengelo moesten weer open; de binnenvaart had lang genoeg stilgelegen. Tenslotte wist ze inmiddels van wie het hoofd was geweest. Het verhaal van Ter Mors riep weliswaar meer vragen op dan het antwoorden gaf, maar met deze voorlopige identificatie was het onderzoek in een nieuwe fase beland.

André Hammink werd in 1960 geboren in de Halmaherastraat op het Hogeland in Enschede. Vijftien jaar later verhuisde hij naar Deventer en weer drie jaar later kwam hij terug en woonde een paar jaar in Glanerbrug. Op zijn twintigste was hij uitgeschreven uit de burgerlijke stand. Hij was enig kind, wat voor die tijd tamelijk uniek was in een katholiek gezin, maar dat kwam, realiseerde Frida zich, omdat zijn moeder twee jaar na zijn geboorte was overleden. Misschien tijdens een tweede bevalling, ze was op dat moment pas 22. De vader, Johannes Wilhelmus Hammink, geboren in Groenlo, verhuist in 1975 naar Duitsland (?), hetzelfde jaar dat André naar Deventer vertrekt. Het een moest met het ander te maken hebben. Overigens was niet bekend naar welke plaats in Duitsland de man was vertrokken, vandaar wellicht dat vraagteken.

Het spoor van André Hammink loopt in 1980 dood, kennelijk is hij in een land gaan wonen, waar men het met de burgerlijke stand minder nauw neemt, of hij had redenen om zich daar onder een nieuwe naam en identiteit te vestigen.

Jacqueline Wermers daarentegen was een ander verhaal. Als het om dezelfde persoon ging waarover Ter Mors het had, was ze, zover Frida kon nagaan, niet getrouwd, noch getrouwd geweest met Hammink. Ze was geboren in 1961 en stond haar hele leven in Glanerbrug geregistreerd, volgens de burgerlijke stand. Eerst boven de fourniturenwinkel van haar ouders aan de Gronausestraat, daarna een tijdje alleen en de laatste twintig jaar met haar huidige echtgenoot Frans Snelders aan de Ekersdijk.

Snelders heette ze inmiddels. Jacqueline Snelders-Wermers. Haar profielfoto toonde een mooie vrouw die Frida, als ze haar geboortedatum niet had gekend, minstens tien jaar jonger zou schatten.

De naam Snelders was een begrip in Enschede en omstreken. Niet alleen vanwege Theo, die in de jaren tachtig doelman van FC Twente was en nog steeds keeperstrainer, maar vooral vanwege de makelaardij en projectontwikkeling.

Frans Snelders was een beetje het *enfant terrible* van de familie, misschien ook wel het zwarte schaap. Op internet vond ze een aantal oude artikelen en interviews, die stuk voor stuk een kinderlijk optimisme uitstraalden over nieuwe projecten en uitdagingen, maar waarover ze in volgende artikelen weinig terug zag. De man leek vooral goed in start-ups die allemaal even innovatief en kansrijk schenen en waarvoor de lokale en regionale overheden steevast ruime subsidies beschikbaar hadden. Dat was een jaar of tien geleden afgelopen, sindsdien was Snelders niet meer in de krant te vinden. Althans niet in het economische katern. Hij was inmiddels voorzitter geworden van de ambitieuze voetbalvereniging De Brug uit zijn geboortedorp. De zondag vijfdeklasser was in een paar jaar opgeklommen naar de tweede klasse. Daar hadden ze twee jaar pas op de plaats moeten maken, maar inmiddels stond de club op het punt te promoveren naar de eerste klasse en vond Frans Snelders het tijd om zijn ambities bij te stellen. Hij wilde naar de topklasse, met de mogelijkheid om naar de Jupiler-league te promoveren.

Dankzij haar ex-man, van wie ze zes jaar geleden jubelend gescheiden was, had Frida zoveel tijd moeten doorbrengen op amateurvelden en in voetbalkantines, dat ze in ieder geval wist wat voor soort man Frans Snelders moest zijn. Maar ook dat andere amateurverenigingen in de regio zijn bloed wel konden drinken, omdat hij via onduidelijke en meestal illegale constructies hun grootste talenten wegkocht en onder tafel betaalde. Die praktijken waren schering en inslag, waarbij met name het ego van de voorzitter – vaak een uit zijn jas gegroeide middenstander – werd gekloft.

Dat was haar zorg niet. De vraag was waarom Hammink zijn jeugdvriend Nico ter Mors dit verhaal op de mouw had gespeld. Ze moest opnieuw met Ter Mors praten, voor ze contact opnam met Jacqueline Snelders. Ze kreeg hem te pakken op zijn mobiel en vroeg of hij in de gelegenheid was om vandaag op het hoofdbureau te komen. Dat bleek geen probleem.

7

De zilvergrijze BMW stond op naam van Frans Snelders, had Hedwig voor hem uitgevonden. Die naam deed in de verte een paar belletjes rinkelen en toen hij hem opzocht, wist Nico weer waarom. De man was suikeroom van De Brug, vroeger een weinig tot de verbeelding sprekend volksclubje uit Glanerbrug, waar je als Sportclub nooit van verloor, maar wel altijd op je benen moest passen. Er zaten nogal wat jongens uit Dolphia op, maar de laatste jaren was de vereniging, dankzij Snelders, omhoog geschoten in de vaart der volkeren. Dat wil zeggen, het eerste elftal, een samenraapsel van oude profs en jonge talenten, zorgde voor successen. En wie succes heeft, heeft vrienden.

Ome Frans zat kennelijk goed in de slappe was, maar waar hij zijn kapitaal had verdiend, was niet helemaal duidelijk. Zijn zakelijke avonturen, voor zover op internet bekend, waren niet allemaal geslaagd. Integendeel.

Wanneer Jacqueline in een auto reed op naam van Frans Snelders, moest ze iets met die man te maken hebben. Een korte zoekactie via Google-afbeeldingen leerde dat Frans en Jacky Snelders graag geziene gasten waren op haringparty's, nieuwjaarsborrels, *spring fairs*, netwerkbijeenkomsten en andere *social events* waar *toute* Twente aanwezig moest zijn. Jacky hield zich, volgens een artikeltje in TwentsMilieu, bezig met *interior design* en bleek de geestelijk moeder van een concept voor manshoge wijnvaten die gebruikt konden worden als sauna of gastenverblijf in de achtertuin.

Ze was het. Onmiskenbaar. De vrouw die André op zijn iPhone had laten zien, was dezelfde die op de inmiddels gefailleerde Wiemsel in Ootmarsum in een wijnvat poseerde. Geen twijfel mogelijk. Jacqueline Wermers uit Glanerbrug was getrouwd met Frans Snelders, die zijn natte droom om via het voetbal een hogere maatschappelijke status te bereiken, probeerde waar te maken via zijn oude liefde, De Brug. Als je niet genoeg gewicht had om via de voordeur bij FC Twente binnen te komen, kon je het altijd via een achterdeur proberen, moest hij gedacht hebben.

Maar wat had André Hammink, die zei dat hij met haar getrouwd was geweest, op dit moment met Jacky te maken? Of ging het om Frans? Voor hij de kans kreeg om daarover na te denken, werd Nico gebeld door hoofdinspecteur Brandriet. Ze wilde nog even met hem praten en of hij intussen dat stickje al had teruggevonden…

Hij overhandigde Frida een usb-stick, die hij een half uur eerder in de MediaMarkt had gekocht en vroeg waarom ze hem opnieuw wilde spreken.

'Omdat het verhaal dat je me vertelde niet klopt. Dat kan aan jou liggen of aan de boodschapper, maar een feit is dat mevrouw Wermers niet getrouwd is geweest met meneer Hammink. Ze is al 20 jaar officieel samen met de heer Snelders en het echtpaar is in Twente niet geheel onbekend, heb ik begrepen.'

Nico probeerde verbaasd te kijken. 'Frans Snelders. Dezelfde die Glanerbrug in de Champions League probeert te krijgen? Je meent 't.' Hij was ook op de ongedwongen jij-vorm overgegaan. 'Daar is ze mee getrouwd? Hij liet me een foto van haar zien op zijn iPhone, maar hij zei niets over Snelders.'

Frida draaide haar tablet naar hem toe. 'Deze foto?'

Nico deed alsof hij even moest nadenken en knikte.

'Die stond op de site van TwentsMilieu. Genomen tijdens de haringparty van de Rotary, afdeling Glanerbrug. De opbrengst was bestemd voor de Vrienden van verpleeghuis Bruggerbosch, die daarmee de dementerende patiënten een middagje *Scoren in de Wijk* kon bezorgen.'

'Prachtig,' vond Nico. Je kon wel overal cynisch over doen,

maar als je zelf dingen begon te vergeten, piepte je wel anders. Scoren in de Wijk haalde met oud-spelers van FC Twente een schatkist aan herinneringen op met bewoners van verpleeghuizen; meestal gerelateerd aan voetbal, maar ook aan andere lokale nostalgia uit voorbije decennia, zoals de Textielbeat.

'Mijn moeder zit in Bruggerbosch,' verklaarde Frida ongevraagd. 'Vandaar.'

'Ik ben bezig met een artikel over veiligheidsregio's,' zei Nico, nadat er even een ongemakkelijke stilte was gevallen. 'Heb jij daar mee te maken, als…'

'Nou weet ik het weer,' lachte Frida. 'Je was, of je bent nog steeds, journalist. Een paar jaar geleden was er een affaire… iets waarbij je zelf een paar bronnen had verzonnen…in ieder geval had je een journalistieke doodzonde begaan. Toch?'

'*Rub it in, baby*. Ja, zoiets. Een *Perdiepje*, noemen ze dat tegenwoordig. Naar de val van die journalist van Trouw. Zover heb ik het niet geschopt. Maar… nou ja …ik ga me niet verontschuldigen, er waren andere oorzaken en andere parameters. In ieder geval was het voor mij een mogelijkheid om terug te keren naar mijn roots – ik kom oorspronkelijk uit Enschede – en inmiddels ben ik genezen verklaard en gerehabiliteerd. De veiligheid van de regio is bij mij in goede handen, zal ik maar zeggen.' Zoals altijd als het over die ongemakkelijke tijd ging, begon hij het warm te krijgen en voelde hij zweetdruppels op zijn voorhoofd, waarmee zijn schuld alleen maar duidelijker werd. Hij had niet van onderwerp moeten veranderen. Nu kwam dat Hammink-verhaal in een nog vreemder licht te staan.

'Vertel me eens wat meer over André Hammink,' zei Frida. 'Zodat zijn hoofd wat diepgang krijgt.'

Nico haalde een zakdoek uit zijn zak en veegde onnadrukkelijk over zijn voorhoofd. 'Wat wil je weten? We zaten op de Ludgerusschool en we voetbalden vanaf de eerste klas op het schoolplein. Hij had een afgetrapte leren bal, een drietje. Gekregen van *Helmut Rahn*, beweerde hij. Dat was een Duitse voetballer die een paar jaar, als opvolger van Abe Lenstra, bij Sportclub speelde, toen ze nog in de eredivisie voetbalden. Andrés vader was bevriend met Rahn, die West Duitsland in 1954 naar de wereldtitel schoot in Bern en die toen dus in een flatje op Deppenbroek woonde en een drankprobleem had. Dat voert misschien een beetje ver, maar zijn vader was Andrés grote held. Hij kwam uit Groenlo en hij werd door Henk Olijve als talent naar Enschede gehaald. Het Kanon uit Grolle. Net als Rahn, die *der Bomber* werd genoemd, kon Joop Hammink ongelooflijk hard schieten. Volgens André. Ik heb het nooit gezien. Het was voor mijn tijd en ik vraag me af of André het zelf ooit heeft gezien, want zijn vader raakte in 1964 ernstig geblesseerd. Hij heeft het eerste van Sportclub, in de glorietijd, nooit gehaald. Hij zou, volgens André, na zijn revalidatie en na de fusie in '65, worden overgenomen door FC Twente. Wat er toen precies gebeurd is, weet ik niet. Misschien is hij nooit helemaal hersteld, of was er geen plaats voor hem bij Twente, in ieder geval was zijn carrière voorbij.' Hij keek Frida even aan. 'Als ik te diep ga, moet je 't zeggen.'

Ze schudde haar hoofd. 'Ik ben getrouwd geweest met een gefnuikte voetballer. Die jongensverhalen waren uiteindelijk het enige dat ik nog leuk aan hem vond. En ik kom zelf van het Hogeland.'

Nico knikte. 'Die bal van Rahn had hij altijd bij zich en als we maar even vrij hadden, moest ik op een doel schieten dat hij verdedigde. Zijn vader had hem verteld dat hij geen groot talent had als voetballer, maar dat hij wel kon proberen een goeie keeper te worden. Onze hoofdonderwijzer, meneer Tiggeler, was de eerste die zijn talent zag. Hij liet André op zijn tiende al debuteren in het schoolelftal tijdens het paastoernooi. Dat toernooi was het hoogtepunt van het jaar voor ons en in het eerste jaar dat André op doel stond, haalden we de finale. Vooral dankzij André die geen doelpunt tegen kreeg.'

'De Ludgerusschool werd kampioen en André de hoofdrolspeler in het ultieme jongensboek,' begreep Frida.

'Niet helemaal. Toen ik hem kwam ophalen, een uur voor de finale op woensdagmiddag, stond hij niet zoals gewoonlijk klaar in zijn voetbalkleren. Eerst wilde hij me niet vertellen wat er aan de hand was. Toen ik bleef aandringen dat hij moest opschieten, omdat hij anders de finale zou missen, vertelde hij dat zijn vader zijn schoenen had meegenomen. Waarom in godsnaam, vroeg ik. Wat bleek, zijn vader wilde niet dat hij die finale zou spelen. Voor straf, vroeg ik? Dat was het enige dat ik kon verzinnen op die leeftijd. Schuld en boete werden er bij ons als kind nogal stevig ingeramd, niet alleen in de kerk, maar ook thuis en op school. In Enschede moesten de jaren zestig in 1970 nog beginnen, hoewel we al wel de eerste beatmis met *Teach-In* op het altaar hadden beleefd.'

'Ik vroeg of hij mijn kicksen wilde. We hadden niet helemaal dezelfde maat, maar ik heb een hoge wreef, dus dacht ik dat ze hem wel zouden passen. Maar hij schudde zijn hoofd en wilde er niet meer over praten. Omdat ik niet wist wat ik verder kon doen, ben ik naar de velden naast het stadion gefietst, waar de finale over een half uur zou beginnen. Meester Tiggeler vroeg waar André bleef en ik vertelde dat hij niet kon komen omdat zijn vader zijn voetbalschoenen had meegenomen. Vreemd genoeg knikte Tiggeler alleen maar, alsof hij zoiets altijd al had geweten. Het was jammer, maar dan moest de finale maar zonder André gespeeld worden. We verloren met 2 – 1.'

'En heb je ooit een verklaring gekregen voor die houding van zijn vader?' vroeg Frida.

'Nee, niet echt. Maar André werd daarna nog fanatieker en na de vakantie ging hij van de D-tjes van Vogido naar C1 van Sportclub en een jaar later al naar de B1.' Nico herinnerde zich dat hij André, vanaf vak E in het Diekmanstadion, voor het eerst als ballenjongen achter het doel van Piet Schrijvers zag staan. De doelman die later de *Beer van de Meer* en de *Bolle van Zwolle* zou worden, keepte in het begin van zijn carrière bij FC Twente, maar André was geen fan van hem. Schrijvers was een primitieve stomper, vond hij, geen gracieuze vanger. Tijdens een wedstrijd tegen PSV liet André zien hoe het wel moest. Terwijl Piet alle ballen van topscorer Van der Kuylen – *Skiete Willy* – met al zijn vlezige lichaamsdelen uit het doel probeerde te houden, plukte ballenjongen André Hammink een kanonskogel die vlak langs de paal vloog, stijlvol en klemvast uit de lucht. Zelfs in de samenvatting, 's avonds bij Studio Sport, was de vangbal van André duidelijk te zien.

'Herinneringen,' lachte Frida Brandriet. 'Maar misschien moeten we toch meer naar het heden. Je vertelde dat je, nadat hij van school was gegaan, geen contact meer met hem hebt gehad.'

'Nee. Hij ging op zijn vijftiende naar het voetbalinternaat van Go Ahead, waar heel veel talentvolle spelers op hebben gezeten, maar ook Johan Derksen en Frank Masmeijer, om maar twee uiteenlopende figuren te noemen. Dat van die Masmeijer las ik overigens pas na zijn arrestatie vorig jaar. André heeft er drie jaar gezeten en is in 1978 of '79 door FC Twente aangetrokken als derde doelman, achter Van Gerwen en Pasveer. Een jaar later was hij alweer weg en toen werd Theo Snelders derde doelman. Ik was zelf net gaan studeren in Amsterdam, dus ik heb hem niet meer gezien.'

'Merkwaardig,' vond Frida.

8

De man die van plan was om vorig jaar het paasfeest in Twente te ontsieren, woonde in een vervallen boerderij aan de voet van de Usseler Es. De boerderij lag aan een weg, die sinds de aanleg van de Westerval en de A35 doodliep. Als hij op zijn dak stond, kon hij aan de overkant van het talud het enorme billboard op de Grolsch-brouwerij zien. Ondanks zijn verzet tegen de onvermijdelijke teloorgang van zijn geboortegrond en de drooglegging van de boerderij, was hij het streekbier trouw gebleven, zoals expats sinterklaas blijven vieren of nostalgisch worden bij een cd van Kinderen voor Kinderen. Niet dat kinderen uit Twente in aanmerking kwamen om in dat koor te mogen zingen. Dat laatste begreep hij nog wel. Hij had een vreselijke hekel aan die Gooische kutkinderen en toen hij er later de oude Wilmink in Het Bolwerk op aansprak, was die het met hem eens geweest. Of misschien ook wel niet. Het was de tijd dat hij zoveel dronk, dat hij meestal alleen zichzelf liet uitspreken.

Het billboard vertelde dat de brouwerij 400 jaar bestond. Of dat een verdienste was, wist hij niet. Net als het vijftigjarig bestaan van FC Twente. Smaakte het bier daardoor beter en werd er door Twente beter gespeeld? Van dat soort vragen kon hij wakker liggen, vooral sinds de dood van zijn vader, drie jaar geleden. Zijn vader had overal antwoord op. Soms zwijgend, wanneer hij het een stomme vraag vond; maar meestal uitgesproken en eenduidig.

Na de mislukking van de drone-aanval op de paasvuren vorig jaar, zou zijn vader hebben gezegd dat hij een ander vuur moest zoeken. Dat was nog niet zo makkelijk, maar in november was de oplossing als vanzelf uit de lucht komen vallen. *The Passion.*
Hij had er wel van gehoord, maar sinds bekend was dat dit spektakel in Enschede zou plaatsvinden, had hij zich in alles rond dat evangelische televisieprogramma verdiept.

Zoals alles tegenwoordig, was ook The Passion binnen een paar jaar een traditie geworden, vergelijkbaar met Serious Request, de Top-2000, Boer zoekt Vrouw en Wie is de Mol.

Het aantrekkelijke van The Passion was voor hem dat het live werd uitgezonden en massaal bezocht. Er werd een gigantisch lichtgevend kruis door de stad gezeuld en een aantal bekende Nederlanders vertelde en zong een soort musicalversie van het lijdensverhaal. Enschede was, volgens de organiserende omroep, de gedroomde stad voor het verhaal. Vijftien jaar na de vuurwerkramp was een hele wijk herrezen uit de as, symbolischer kon bijna niet.

De man die The Passion had gekozen als significant doel om gelijk te spelen, maakte een beugel open en schonk zichzelf een jubilerend biertje in. Hij trok de krant naar zich toe en bladerde door de overlijdensadvertenties. Er was niemand bij die hij kende. Ook wat dat betreft miste hij zijn vader nog steeds. Die ouwe begon altijd met de rouwpagina's en als er iemand bij stond die hij kende, was zijn dag goed. Ook dood, was meestal zijn commentaar, alsof hij bezig was aan een inhaalwedstrijd, waarbij hij op het laatst nog zoveel mogelijk tegenstanders wist te passeren, zonder een kans op de overwinning. Zo reëel was hij wel. Zijn laatste jaren sleet hij voor de tv, het grootste plasma-scherm dat zijn zoon voor hem had kunnen vinden. Het leek of hij de inkapseling van zijn vrijheid, sinds de snelwegen zijn land doorkruisten, op het eind van zijn leven wilde vervangen door een virtueel venster op de wereld. Maar aannemelijker was dat hij op zijn negentigste was teruggekeerd naar zijn jeugd en zijn gloriejaren bij de Boys, die zo abrupt waren geëindigd in april 1965. De tijd waar zijn trauma was ontstaan, een open wond die hij ongepleisterd had doorgegeven aan zijn zoon. De zoon die alles deed om de vader te behagen, maar nooit op een compliment hoefde te rekenen. Daarom was hij niet getrouwd en had hij zijn studie afgebroken. Om zijn vader bij te staan in zijn gevecht tegen windmolens en tegen de rommel, zoals hij het noemde. Het was een ongelijke strijd en de winnaar stond bij voorbaat vast, maar als je geen principes had, kon je net zo goed doodgaan. Misschien dat zijn vader tenslotte die principes overboord had gezet; of hij was ze vergeten, zoals hij de laatste twee, drie jaar bijna alles was vergeten.

De zoon nam zich voor om, als hij niet meer wist wie hij was, de hand aan zichzelf te slaan, zoals het zo mooi heette.

Maar eerst kwam The Passion in de stad.

Nico had de hoofdinspecteur alles verteld wat hij zich kon herinneren van André. Hij had er sinds de merkwaardige ontmoeting in het InterCityHotel natuurlijk vaak aan gedacht. Hij had Frida Brandriet niet verteld dat hij Jacqueline Wermers had gezien op de fietsbrug over het kanaal, nieuwsgierig naar de werkzaamheden van de brandweer. Voor de politie was ze niet meer dan een toevallige naam in het dossier van de vermoorde André Hammink. De vraag was of ze haar überhaupt de moeite waard vonden om iets over Hammink aan de weet te komen.

Nico wilde Jacky voor zichzelf houden, misschien hadden zij of haar man iets te maken met de jongen die hij op de foto's had gezien. Het kon geen kwaad, hield hij zichzelf voor, om eerst zelf een paar balletjes op te werpen. Hij had niets te verliezen en hij was niet bang. Sinds hij terug was in Twente was hij al een paar keer op curieuze zaken gestuit, zoals de verdwijning van dieetgoeroe Bob Tankink en vorig jaar dat akkefietje bij Alink in Almelo, waar hij nog steeds een stijve nek aan te danken had. In beide gevallen had hij weinig steun gehad van de politie; ook niet gezocht trouwens. Maar Frida Brandriet leek hem een aardig mens en dus hield hij een ambivalent gevoel over aan zijn gebrek aan openheid.

Terwijl hij de trappen opliep naar de dertiende verdieping, een inspanning die hij verkoos boven de sportschool, bedacht hij dat er, behalve een weerzien met zijn oude jeugdliefde, nog iets anders meespeelde. Hij wilde weten waarom André hem nodig had en hij had het vage gevoel dat het te maken moest hebben met een schimmige constructie waarin Nico ter Mors gebruikt werd als mediator in een lucratieve voetbalhandel.

Het woord lucratief vormde in die zin de trigger.

Nico kende op dit moment geen grote geldzorgen, maar zijn spaarpotjes begonnen aardig leeg te raken en als hij het alleen moest hebben van de opdrachten die hij af en toe kreeg, werd de spoeling wel erg dun. Aan zijn avontuur van vorig jaar had hij een leuke vriendin overgehouden, maar Jolande woonde in De Lutte en als ze er niet was, werd hij gillend gek in die vrije natuur. Hij was nou eenmaal een stadsmens en als er op loopafstand geen normaal café was, voelde hij zich verloren. Niet dat hij ooit een serieuze relatie met haar had overwogen, zo'n opportunist was hij ook weer niet.

Toen hij boven kwam, ging hij voor het raam staan en keek over de stad in de richting van het Hogeland en het oude stadion, dat allang afgebroken was. Hij zag de mannen en de jongens op zondagmiddag over de Singel lopen, midden op straat, tot ze een steeds grotere massa vormden, die verwachtingsvol een staanplaats zocht en voor de wedstrijd een sigaar opstak of een sigaret rolde, zodat je als jongetje high werd van de rook en de belofte van het lege groene veld. Op zomerse dagen kwam het voor dat er een harmonie of een fanfare in onvoorspelbare patronen over de grasmat liep, een vrolijke mars spelend, tot de stadionspeaker de opstelling der beide elftallen begon voor te lezen, waarbij de namen van de Twentespelers luid werden ondersteund op de tribunes. Daarna was het tijd voor de obligate reclame van Vespahuis Landewé, Caraco-ijs en Caballero. De man in de witte jas met de koetjesrepen liep rond en de jongen die de score bijhield ging op zijn plek zitten. Elk doelpunt telde hij door een grote bal op te hangen onder de clubvlag en bij grote uitslagen als 5 – 2 was dat een even uniek als feestelijk gezicht.

Hij werd uit zijn mijmering gewekt door zijn telefoon en zag op het scherm een onbekend nummer. Omdat hij zijn naam niet noemde nadat hij had opgenomen, vroeg een onbekende vrouwenstem of ze met Nico ter Mors sprak.

'Klopt. Wilt u mij iets verkopen of…'

'Nee. Ik eh…ik weet niet precies hoe ik moet beginnen. Ik denk niet dat je mij nog kent, maar we hebben vroeger bij elkaar in de klas gezeten en…'

'Jacqueline Wermers?' vroeg Nico.

'Hoe weet je dat?'

'Ik herkende je op de fietsbrug over het Twentekanaal en André Hammink heeft het met mij over jou gehad,' bekende Nico.

'Daar wilde ik het met je over hebben,' zei ze met een licht

Twentse tongval. 'Heb je vanavond tijd?'

Tijd was geen probleem, dus spraken ze om zeven uur af in Restaurant Dolphia aan de Gronausestraat.

Het restaurant bestond al sinds ongeveer 1840, vermeldde de menukaart met gepaste trots, maar tot zijn schande moest Nico bekennen dat hij er alleen voorbijgereden was, op weg naar Gronau. De ambiance was goedburgerlijk en ook de gerechten hielden zich aan de veilige kant van de horeca. Er was zelfs een seniorenkaart, waarop behalve schnitzel en tongfilets ook kalfslever met ui werd aangeprezen. Nico vroeg zich af op hij op zijn leeftijd al in aanmerking kwam voor een seniorenmaaltijd, maar voor hij er iemand van de bediening naar kon vragen, zag hij haar binnenkomen. Ze keek even de eetzaal rond en spotte hem met een geoefend oog. Hij was de enige die alleen aan een tafeltje zat.

De paar uur tussen haar telefoontje en het afgesproken tijdstip had hij zich als een puber gedragen. Hij had zich gedoucht en geschoren, waarbij hij zichzelf behoorlijk sneed en daarna had hij eindeloos gedubd over wat hij moest aantrekken. Om half zeven had hij de bus genomen, zodat hij een kwartier te vroeg was.

Ze gaven elkaar een hand en Jacqueline vond dat hij er goed uitzag.

'Maar minstens tien jaar ouder dan jij,' zei Nico. Het was waar, de vrouw die tegenover hem ging zitten, was even oud, maar ze leek eerder veertig dan vijfenvijftig.

'De natuur wordt hier en daar een handje geholpen door een kleine spoeling en af en toe een spuitje,' lachte ze. 'Maar de rest is hard werken, kan ik je vertellen.'

Ze deed hem denken aan een donkere uitgave van Marga Bult, de goedlachse diva uit Lattrop. 'Ik ben bang dat je niet in aanmerking komt voor een seniorenmenu.'

'Heerlijk, complimenten. Dat zou mijn man ook eens moeten doen.' Ze pakte de menukaart en vroeg of hij al iets gekozen had. Zelf had ze vooral behoefte aan rode wijn. Want eerlijk gezegd was ze een beetje nerveus geweest voor hun ontmoeting. Het kwam niet vaak voor dat ze zonder Frans, haar man, 's avonds naar een restaurant ging. Nooit eigenlijk. Met vriendinnen sprak ze in de stad af om te lunchen, dat natuurlijk wel. Maar verder was ze voornamelijk de charmante vrouw van Frans Snelders.

'De succesvolle zakenman en voorzitter van De Brug,' zei Nico. 'Ik lees wel eens wat over je man. Doe je zelf iets…'

Ze schudde haar hoofd. 'Na school wilde ik gaan studeren. Maar het liep door allerlei oorzaken anders en toen ik na de nodige omzwervingen terug kwam in Glanerbrug, ben ik bij Frans gaan werken en zijn we vrij snel getrouwd. In '95 was dat. Ben jij getrouwd?'

'Niet meer. Na mijn tweede huwelijk en een vervelende beroepskwestie, die overigens zijdelings met elkaar te maken hadden, ben ik mezelf trouw gebleven en bij toeval teruggekeerd naar mijn wortels.'

Ze knikte. 'Je was hoofdredacteur van de schoolkrant en je wilde journalist worden. Is dat gelukt?'

Nico glimlachte. 'Min of meer. Ik heb jaren voor een voetbalblad geschreven en dat had ik moeten blijven doen. Maar mijn vrouw vond dat ik meer diepgang aan mijn leven moest geven en dus ging ik tegen mijn zin ook over andere onderwerpen schrijven. Als freelancer. Dat liep heel goed, maar ik nam teveel hooi op mijn vork en ik kon geen nee zeggen. Dus werd ik steeds minder zorgvuldig en ik zondigde tegen de journalistieke wetten dat je je bronnen moet checken en geen internetverhalen mag overnemen. Dat liep dus fout.' Nico wist niet waarom hij haar zijn zonden opbiechtte. Misschien omdat ze anders zijn doopceel kon lichten via Google. Zijn fouten bleven voor eeuwig en altijd rondcirkelen in cyberspace; zelfs de katholieke kerk was milder voor zondaars.

Jacqueline knikte. 'En als je eenmaal gekruisigd bent, kom je er nooit meer van af. Dat heeft Frans ook ervaren.' Ze bestelde een Chateau La Grôlet, de duurste wijn die ze op de kaart kon vinden, zag Nico. Maar dan had je ook een diepgekleurde Bordeaux die complexe indrukken van leer, tabak en vanille in zich verenigde.

'André Hammink,' zei ze zacht. 'Dat was jouw jeugdvriend.'

Hij knikte. 'Meer dan dat. Maar dat besefte ik pas jaren later, toen hij opeens verdween en ik hem nooit meer heb teruggezien. Tot anderhalve week geleden. Hoe weet jij...hoe wist jij dat hij...dat het zijn hoofd was dat ze in het kanaal gevonden hebben?'

Ze wachtte even en keek hem verdrietig aan. 'Omdat ik hem ook heb gesproken.'

Nico keek haar verbaasd aan.

'We hadden in geen twintig jaar contact, tot hij twee weken geleden opeens een bericht stuurde dat hij me absoluut moest spreken.' Ze wachtte even tot de ober de fles had ontkurkt en Nico liet proeven.

'Ik mis een beetje de tabak, maar verder heel prettig en rond,' vond hij.

Jacqueline lachte en toen de ober weg was, proostten ze op het weerzien en op André. Elk nadeel heeft tenslotte z'n voordeel.

'Wat bedoel je met twintig jaar geleden? Heb je tot die tijd contact met hem gehad?' vroeg Nico.

'Dat wilde ik je vertellen. Na de middelbare school ben ik naar Nijmegen gegaan om psychologie te gaan studeren. Ik had geen idee, maar een oudere vriendin deed het ook en dat vonden mijn ouders dus wel een goed plan. Nijmegen was in die tijd een rood bolwerk en ik werd meegezogen in allerlei demo's en studentenprotesten. Ik liet me verleiden door een oudere trotskist, een dikke lesbo en een Duitser met een tuinbroek, tot ik weer met beide benen op de grond stond en besefte dat ik niet echt geschikt was voor een universitaire studie. Ik ging op hangende pootjes terug naar Glanerbrug en ontmoette daar André Hammink, die net een profcontractje had getekend bij

FC Twente. Hij was al sinds de brugklas verliefd op me.'

'Meen je dat?' vroeg Nico. Hij kon zich niet herinneren dat André ooit iets over zijn belangstelling voor haar of voor welk ander meisje ook, had gezegd. 'Ik bedoel, je was natuurlijk veruit het mooiste meisje van de klas en de meeste jongens hadden een oogje op je…maar André…'

'Jij ook?' vroeg ze, terwijl ze over haar glas naar hem glimlachte.

'Absoluut,' bekende hij. 'Maar je was volstrekt onbereikbaar voor iemand uit mijn categorie. Ik had geen idee hoe ik je zou moeten benaderen. En ik dacht dat je alleen belangstelling had voor oudere jongens. Er werd zelfs gefluisterd dat je iets zou hebben met Swennenhuis.'

'Swennenhuis, die griezel die Engels gaf? Nooit van mijn leven. Maar eerlijk gezegd voelde ik wel iets voor André. Toen hij naar Deventer ging, nadat zijn vader verdween, zijn we elkaar gaan schrijven.'

'Ik dacht dat zijn vader was overleden,' zei Nico. 'Maar in die tijd zagen we elkaar al niet meer zo vaak.'

'Hij wist niet waar zijn vader gebleven was. Joop Hammink werkte de laatste jaren over de grens in Ochtrup, maar wat hij daar precies deed…hij had geen idee. En opeens kwam hij niet meer thuis. Hij scheen wel vaker een paar dagen weg te blijven, maar André was altijd erg zelfstandig. Dus heeft hij pas weken later aan zijn trainer bij Sportclub verteld dat zijn vader wegbleef. Die trainer kende Joop Hammink nog uit zijn eigen tijd bij Sportclub. Hij heeft André een tijdje in huis genomen en er voor gezorgd dat hij na de vakantie naar het internaat van Go Ahead kon.'

Nico moest dat even tot zich laten doordringen. Hij had er met zijn neus opgestaan, hij kende André op dat moment al bijna tien jaar, maar hij wist niets van hem. Bleek nu. Aan de andere kant, André kon zich niet eens meer herinneren waar Nico woonde en dat ze samen naar de wedstrijden van Twente gingen. Maar dat André brieven schreef aan Jacqueline Wermers…daar kon hij zich niets bij voorstellen. 'Jij schreef hem,' zei hij, 'maar schreef hij ook terug?'

'Zeker. De eerste keer dat ik hem schreef verwachtte ik ook dat hij me niet zou terugschrijven. Ik vond hem niet bepaald een briefschrijver en in de klas had ik weinig hoogte van hem gekregen. Hij was in mijn ogen en in de ogen van mijn vriendinnen een mysterieuze mooie jongen, zo'n jongen die je open wilt breken en leren kennen. Meestal blijken dat soort jongens alleen maar mooi en zit er niets achter.'

'Dus dat viel tegen,' dacht Nico. Hij kon zich niet voorstellen dat meisjes André Hammink op school een mooie jongen vonden. Zo had hij zijn vriend in die tijd nooit bekeken, maar hij moest toegeven dat de André die hij in het InterCityHotel had gesproken, beslist een goed gesoigneerde en geklede man van de wereld had geleken.

'Nee hoor. Hij schreef weliswaar geen lange epistels, maar hij had een mooie directe stijl en hij was een scherp observator. Ik vond jouw bijdragen aan de schoolkrant vaak een beetje kinderachtig. Je deed je best om grappig te zijn, maar het miste de diepte en de waarachtigheid die ik in zijn brieven las.' Ze wenkte de ober en vroeg of Nico al een keus had gemaakt.

Hij had opeens geen trek meer, vreemd genoeg wist hij onmiddellijk waar ze op doelde en dat ze de spijker op zijn kop sloeg. Waarachtigheid. Daar ging het niet alleen om bij het schrijven en in de literatuur, maar dat gold eigenlijk voor alles in het leven. Hoewel hij van plan was om kalfslever te bestellen, hield hij het bij een salade.

'Ik had je geschat op de kalfslever, maar misschien ben je geen vleeseter.' Ze besloot de pittige gamba's te proberen en ze vroeg de ober of hij er verse koriander bij kon serveren.

'Ik heb je toch niet beledigd, hoop ik?' wilde ze weten.

'Nee hoor, ik twijfelde inderdaad tussen de kalfslever en een salade,' zei Nico.

'Ik bedoel die opmerking over de schoolkrant,' legde ze uit.

'Ach, ik denk dat je gelijk hebt. Maar ik vind het vooral opmerkelijk dat André brieven schreef en daar kennelijk talent voor had.' Hij keek haar even aan. 'Maar over waarheid gesproken. Hij vertelde me, of misschien was het een suggestieve opmerking die ik verkeerd interpreteerde, dat hij met jou getrouwd was. Hij liet me een recente foto van jou zien op zijn iPhone. Daardoor herkende ik je op de fietsbrug. Waarom vertelde hij me dat?'

Jacqueline zette haar glas neer en haar ogen leken zich met tranen te vullen. 'Omdat het zijn waarheid was. Voor hém was ik nog steeds zijn vrouw, hoewel hij heel goed wist dat ik al twintig jaar met Frans getrouwd ben.'

'Waarom…'

'We hebben bijna vijftien jaar een verhouding gehad,' fluisterde ze, alsof het een bekentenis was die in Dolphia erg gevoelig lag. 'Ik ben hem als een verliefde puber achterna gereisd, toen hij na zijn gedwongen vertrek bij Twente besloot om op te houden met voetballen en iets heel anders te gaan doen met zijn leven.'

'Gedwongen? Wat was er gebeurd?' Nico had zich indertijd wel eens afgevraagd waarom André geen kans kreeg bij Twente, maar omdat hij zichzelf moest zien staande te houden in het anarchistische krakersmilieu van Amsterdam, waar voetbal niet bepaald een hoofdrol speelde, was het hem ontgaan wat er met zijn jeugdvriend was gebeurd.

'Het heeft de kranten nooit gehaald,' vertelde Jacky. 'Na de succesjaren van FC Twente onder Kees Rijvers en Spitz Kohn, die André had aangetrokken, was Hennie Hollink in 1979 trainer geworden. Hollink kwam van Avanti uit Glanerbrug en op de een of andere manier droeg dat niet bij aan het respect dat hij probeerde af te dwingen. Hollink probeerde dat gezag terug te krijgen door de jonge spelers af te zeiken en zich in te likken bij de ouderen. Hij pestte André vooral met zijn vader Joop, die het nooit had waargemaakt bij Sportclub. Na een ochtendtraining schijnt Hollink iets te ver te zijn gegaan en toen is André zo kwaad geworden dat hij hem in de kleedkamer is aangevallen. Ze hebben hem met drie jongens van de trainer moeten weghalen, anders was het voor Hollink slecht afgelopen. Het bestuur van Twente wist het incident binnenskamers te houden – dat kon toen nog – maar André was niet meer te handhaven binnen de selectie. Hij moest vertrekken, maar hij wilde niets meer met het voetbalwereldje te maken hebben.' Ze wachtte even omdat de hoofdgerechten werden gebracht. De gamba's werden, naast de gebruikelijke verdachten, opgefleurd door een bosje peterselie.

'En toen?' vroeg Nico. 'Wat is hij gaan doen?'

'Op het internaat was hij in contact gekomen met een wonderlijke avonturier uit Uruguay, Joaquin Sanchez. De man had veel indruk op hem gemaakt, met verhalen over zijn jeugd in de sloppenwijken van Montevideo en zijn droom om andere zwerfjongeren een kans in het leven te geven. Hij was naar het voetbalinternaat gekomen om daar inspiratie op te doen en te kijken of er een soort van samenwerking kon ontstaan. Dat verhaal was bij André blijven hangen en dus heeft hij alles wat hij had in Glanerbrug opgegeven en is aan een Zuid Amerikaans avontuur begonnen.'

'Dus dat verhaal met die jongeren, dat twintig jaar geleden hier in de krant stond, klopte?'

'Niet helemaal,' lachte Jacqueline. 'Ik heb het een beetje ingekleurd en aangedikt.'

Nico fronste zijn wenkbrauwen. 'Jij?'

9

Frans Snelders was een aardige en joviale levensgenieter, zolang niemand hem iets in de weg legde. Dat karakter had hij zijn hele leven al gehad. Hij blonk niet uit op school, maar hij was een graag geziene gast op feesten en partijtjes. Toen hij op zijn vijftiende als afwashulp in de keuken van Dikke Toon begon, breidde hij zijn netwerk uit met iedereen die in Glanerbrug iets voorstelde of dat wilde. Café Dikke Toon aan de Kerkstraat was het bruisend middelpunt van het verenigingsleven in het grensplaatsje en Fransje Snelders vormde de as van het vliegwiel. Hij zat boordevol plannen, had het hart op de tong en zijn bedoelingen waren altijd goed, maar in tegenstelling tot de rijke tak van de familie, had hij weinig zakelijk inzicht.

Op zijn negentiende begon hij zijn eerste bedrijfje, een bezorgservice voor drank en snacks, maar zijn marges waren zo laag dat hij net de benzine voor zijn bakbrommer kon betalen.

Daarna kon hij een partij goedkope discobollen in Duitsland op de kop tikken. Hij leende geld bij een aantal vrienden en bleef met een garage vol onverkoopbare troep zitten. De vrienden waren geamuseerd, nog wel. Toen stortte hij zich op het verkopen van verzekeringen; eerst in dienst bij een achterneef van zijn vader, maar nadat hij de potentie van het product had ontdekt, besloot hij voor zichzelf te beginnen. De eerste twee jaar waren een succes, vooral dankzij de deal die hij sloot met een vriendje bij de plaatselijke Spaarbank. Maar toen de directeur van de bank ontdekte dat het vriendje er alleen zelf aan verdiende, smolt het vertrouwen als sneeuw voor de zon en was Frans gedwongen om iets anders te bedenken. Na een reisbureau dat zich richtte op vrijgezellen, een datingservice en een duistere btw-handel, bood de opkomst van de personal computer uitkomst. Met een paar jongens van de UT die er verstand van hadden, begon Frans Snelders een installatie- en onderhoudsoffice voor middelgrote bedrijven. Frans sloot de contracten en zijn nerds deden het werk tegen overzichtelijke uurtarieven. Voor het eerst leek hij succes te hebben met zijn onderneming en dat succes bleef duren tot Jacqueline Wermers terugkeerde in zijn leven. Zijn oude buurmeisje, met wie hij vanaf zijn kleutertijd was opgetrokken, maar die hij na de Gerardusschool uit het oog was verloren, verscheen opeens in zijn winkel. In 1995 was dat, op 17 mei. Ze was veranderd van een mooi meisje in een spetter van een vrouw.

Frans was niet bepaald een vrouwenman. Het liefst zat hij

elke avond bij Dikke Toon, legde een kaartje, gooide een pijltje en bekeek de biljarters. Hij had een jaarkaart voor de Marathontribune in het Diekman en stond zaterdagmiddag op het veld bij het derde van De Brug, waar hij sinds zijn achtste voetbalde.

Hij had een verhouding gehad met Truus, de dochter van slager Ten Vergert, die na een paar jaar vond dat hij een keus moest maken; maar op de een of andere manier vond hij het idee van een ambachtelijke schoonfamilie niet erg aantrekkelijk. Tot opluchting van zijn moeder, die liever naar concurrent Punte ging en nu niet werd gedwongen om haar favoriete slager af te vallen. Na Truus, kwam Gretha uit Gronau. Met haar had hij dampende seks, maar ze was niet bepaald een schoonheid en daarom hield hij haar uit de buurt van zijn vrienden. Toen ze hem begon te stalken in Dikke Toon, was het snel afgelopen met de liefde.

Jacky Wermers was bijna vijftien jaar weggeweest. Toen ze terugkwam waren haar ouders inmiddels overleden en met de rest van de familie had ze niet of nauwelijks contact. Vijftien jaar Zuid Amerika kon je in Glanerbrug moeilijk verkopen. Behalve aan Frans Snelders. Hij bleek de juiste man op de juiste tijd in de juiste plaats. Natuurlijk begreep hij na een paar maanden wel dat ze hem niet alleen aardig vond om zijn blauwgrijze ogen en vlotte babbel.
Wat haar het meest in hem scheen te interesseren was zijn kennis van computers en van het opkomende internet. Daarnaast hielden ze allebei van voetbal, dat schiep een band. En via Frans en Dikke Toon, waar nooit vragen werden gesteld over haar verleden of haar toekomst, begon ze een nieuw, volwassen, bestaan.

Dezelfde avond waarop Jacky in restaurant Dolphia had afgesproken met Nico ter Mors, zat Frans aan zijn stamtafel. Hij las de Tubantia en dronk een kop koffie. Om kwart voor negen begon een wedstrijd uit de Champions League, maar de clubs interesseerden hem niet en hij had afgesproken met Leo, die hem zou bijpraten over de mogelijkheid om twee talentjes te scoren, die hij via een contact in Meppen had gescout.

De Brug, waar hij nu bijna zes jaar voorzitter was, was meer dan een uit de hand gelopen hobby. De vereniging, die aan het eind van het seizoen zou promoveren naar de eerste klasse, was niet zozeer zijn *highway to heaven*, zoals de meeste Bruggers het zagen, maar eerder zijn *fly away out of hell*.

Toen hij aan het avontuur begon zat hij in behoorlijk zwaar weer, ondanks de florerende webwinkel, die hij bijna tien jaar geleden was begonnen. Erotische artikelen, die de klanten liever thuis lieten bezorgen, dan in een groezelige winkel te moeten kopen. SexSells.com was een bescheiden goudmijn. De artikelen betrok hij uit een paar oostbloklanden en elk half jaar bezocht hij de erotische lifestylebeurs KamaSutra om op de hoogte te blijven van de nieuwste ontwikkelingen op het gebied van voorbinddildo's en frivole lingerie. Persoonlijk raakte hij er niet meer opgewonden van, zelfs de hardcore porno die hij vaktechnisch moest bekijken, liet hem volkomen koud.

De shop stelde hem in staat om zich een geheel nieuwe levensstijl aan te meten, maar zonder de hulp en het advies van Jacky zou het waarschijnlijk bij een dikke Porsche, een vette Rolex en een knap appartementje op Ibiza zijn gebleven.

Dat was niet haar stijl. Jacky hield van design en van kunst en van stedentrips. Om die eerste twee hobby's uit te kunnen leven, liet hij op een flinke kavel aan de Ekersdijk een strakke witte villa bouwen. Je moest iets over hebben voor een partner die hem had laten kennis maken met de geneugten van de hogere klassen. (Gelukkig hadden die klassen ook behoefte aan erotische hulpmiddelen, zijn postcode-overzicht leerde dat vooral de chiquere wijken wel een steuntje konden gebruiken om de lust op te wekken.) Niet dat hij veel behoefte aan die geneugten had, het liefst zat hij nog steeds bij zijn maten in Dikke Toon en at een balletje brood of saté met friet. Jacqueline vond dat hij gezond moest eten, meer moest bewegen en ophouden met roken. Vooral dat laatste vond hij lastig en daarom gebruikte hij elke smoes om even naar buiten te kunnen omdat het ten strengste verboden was om in haar designvilla een sigaret op te steken.

Zelf zag ze er nog steeds onwaarschijnlijk goed uit. Dat moest hij bijna elke dag horen en natuurlijk begreep hij dat de meeste kerels van zijn leeftijd jaloers op hem waren. Maar hij kon ze verzekeren, hoewel hij dat nooit openlijk zou doen, dat getrouwd zijn met mevrouw Jacqueline Wermers geen onverdeeld genoegen was.

'Mm,' zei Leo, terwijl hij tegenover hem ging zitten.

Frans keek hem even aan, maar besloot nog niet aan het gesprek deel te nemen. Nadat het nieuwe meisje ongevraagd twee pils op tafel zette, sloeg hij de krant dicht en haalde zijn schouders op. Leo begreep dat hij iets had gelezen waarover hij zich verbaasde, maar kennelijk was het een onderwerp dat al zo vaak ter sprake was gekomen dat het niet de moeite waard was om er opnieuw over te beginnen. Zoals de busbaan naar Enschede of de inrichting van het winkelgebied aan de Gronausestraat. Ergernis waarin Frans lang kon blijven hangen. Maar de dagelijkse ergernis over bestuurlijke en ambtelijke blunders, werden de laatste tijd overschaduwd door grotere problemen. Leo wist niet wat het precies was waar zijn maat mee zat; vroeg of laat zou hij er vanzelf over beginnen, je moest hem even de tijd geven om alles op een rijtje te zetten. Leo kende Frans al sinds ze honderd meter verderop samen op de Gerardus hadden gezeten.

'Wordt het wat?' vroeg Frans.

Leo nam een slok bier en schudde zijn hoofd. 'Vaders.'

Frans knikte. Dat kon er ook wel bij. Hij had al zo'n voorgevoel gehad, maar Leo was toch gaan onderhandelen. De vaders van de jongens dachten dat ze het zonder tussenpersonen konden afhandelen. Of iemand had ze een grotere worst voorgehouden. Dat laatste gebeurde natuurlijk en dan kon je helemaal opnieuw beginnen, want dan zat die grappenmaker er ook tussen met een percentage. Sinds het verbod van de Fifa om als particulier of als bedrijf te investeren in talenten – alleen clubs mochten spelers kopen – was het hele spel nog ondoorzichtiger geworden. En wat erger was, Frans zat tot over zijn nek in spelers die allemaal moesten worden doorverkocht. Als hij niet voor 1 mei een paar klappers maakte, kon hij de boel sluiten en als Leo niet heel snel met een oplossing kwam voor de belasting, was De Brug terug bij af. Leo was een paar jaar geleden een stuk scherper en sneller geweest, maar sinds zijn ongeluk was hij nooit meer helemaal de oude geworden. Jacky vond dat Frans een andere accountant moest zoeken, maar ze wist niet waar ze het over had. Alsof hij al zijn gesjoemel en zijn wasstraten, zoals Leo ze noemde, kon uitleggen aan de eerste de beste pipo met een zakjapanner. Maar goed, dat wist zij natuurlijk ook. Ze deed alsof ze schone handen had en niets begreep van zijn zaken, maar ondertussen had ze haar eigen schapen steeds hoger op de dijk geparkeerd. Mevrouw Wermers was beslist niet gek.

'Nog iets gehoord van die Hammink?' vroeg Leo om Frans even op andere gedachten te brengen.

Frans haalde zijn schouders op. Een paar weken geleden werd hij gebeld door iemand die beweerde dat hij André Hammink was. Hij kwam aanzetten met een lulpraatje over een jongen uit Uruguay, een knaap die volgens hem in de buitencategorie speelde, maar die op de een of andere manier door niemand was gescout en opgepikt. Je kon Frans Snelders veel wijsmaken, maar in die landen werd ieder jongetje dat twee keer een bal kon hooghouden op zijn vierde al vastgelegd door zijn hele achterlijke familie, die, als het ventje op zijn tiende nog steeds talent bleek te hebben, werd uitgekocht door een louche bende goudzoekers, om uiteindelijk op zijn twaalfde te worden verhandeld naar een Spaanse of Engelse topclub met geld van een rijke Rus of een nog rijkere sjeik. India en Indonesië, dat waren de landen van de toekomst als het om jonge talenten ging die nog betaalbaar waren. Hij had het praatje van

Hammink beleefd aangehoord, maar toen de man vertelde dat hij vroeger een relatie met Jacqueline had gehad, had hij opgehangen. Hij had het verhaal nog wel aan Jacky verteld en aan Leo, die Hammink allebei gekend hadden. Dat was in de periode toen hij hier woonde en derde doelman van FC Twente was. Lachen.

'Weet je wie dat is?' vroeg Co, een van de biljarters die tegen hun tafel geleund op zijn beurt wachtte. Hij wees op de krant en de tekening van het hoofd dat in het Twentekanaal gevonden was.

'Weten ze niet,' zei Frans. 'Daarom hebben ze dat gezicht gereconstrueerd. Maar meestal lijkt zoiets voor geen meter. Dat zag je aan de kop van die afperser van de Molletjes.'

'André Hammink,' zei Co. 'Hoorde ik op de radio. Was vroeger doelman bij Twente.'

10

Frida Brandriet had zowaar de moeite genomen om na haar fitness voor zichzelf te koken en als beloning had ze de enige fles wijn die ze in huis had opengetrokken. Het bleek een heel drinkbare Italiaan. Omdat de jongens een weekje bij hun vader logeerden, had ze het rijk en vooral de tv voor zichzelf. Het idee om de proefwerkweken in een andere omgeving door te brengen, was vorig jaar ontstaan en bleek een gouden greep voor alle betrokkenen.

Af en toe miste ze hun luidruchtige aanwezigheid en dacht ze bezorgd aan de tijd die ze wist dat zou komen. Over een paar jaar zouden ze allebei uit huis zijn en...enfin...het had geen zin om daar nu over na te denken. Ze dacht liever aan Nico ter Mors, die ze voor zichzelf in het vakje charmante fantasten had geplaatst. Het was natuurlijk een eufemisme voor leugenaar, maar als je het zo overtuigend kon brengen als Ter Mors, werd het weer bewonderenswaardig, vond ze. Niet iedereen voldeed aan de rechtlijnigheid, die van de betrokken burger werd gevraagd. Sommigen kleurden net buiten het randje. Nou ja, ook een hoofdinspecteur hoefde niet altijd objectief te zijn. Het leek haar gewoon een aardige man. Merkwaardig dat zulke gedachten boven kwamen wanneer de jongens niet thuis waren.

Ze zette de tv aan en bleef hangen bij een film, waarvan ze pas na tien minuten door had dat ze hem al eens gezien had. (*Maham, weet je dat niet meer? Je bent toch niet dement of zo.*) Daarna ging de huistelefoon, waarop ze alleen gebeld werd door oude tantes en verkopers van energie. Alsof je energie kon kopen. Ze zette het geluid van de tv uit en nam op. De nummermelder gaf niets aan. Ze hoorde iemand zwaar ademen. Het was hetzelfde geluid dat ze kende van een jaar of vijf, zes geleden toen ze werd gestalkt door een ex-collega. De vrouw, die het binnen de machocultuur van de politie niet had gered, nam het Frida kwalijk dat ze niet solidair met haar was en ook opstapte. Achteraf begreep Frida uit een brief die ze achterliet, dat de vrouw nog veel meer van haar had verwacht. Hoewel iedereen haar voorhield dat ze zich niets van dat persoonlijk drama hoefde aan te trekken, kon ze er 's nachts nog weleens heftig zwetend van wakker worden.

'The Passion,' zei de beller.

'Wat wilt u?' vroeg Frida, opgelucht dat het geen anonieme hijger was.

'De wederopstanding van het vlees en de reiniging van alle zonden,' zei de man met een nasale stem. 'In Enschede.' Hij liet de laatste lettergreep van de stad zwaar doorklinken.

'Hebt u gedronken,' vroeg Frida, die begreep dat ze met een halve zool of een vrolijke drinker te maken had.

'De heilige geest zal ingrijpen,' waarschuwde de man. 'De passie is geen spel, het spel moet een passie zijn. Vertel dat maar aan de spelers.'

Frida begon er plezier in te krijgen. 'Hebt u het over het spel van Twente, of ergert u zich aan dat evangelische spektakel?'

'Vijftig jaar na de schande, komt de schade. De geest van de berg olijven zal terug moeten in de fles. Respect.'

'U bent de nieuwe stadsdichter,' lachte Frida. Ze vond het bijna spijtig toen de man ophing. Ze schonk zichzelf nog een glas wijn in en zette de tv uit. Vijftig jaar na de schande. Waar had die getroebleerde geest het in godsnaam over? Gods naam? The Passion? Misschien een getraumatiseerde ex-priester; de littekens van de spijkers begonnen bij diep gelovigen met Pasen spontaan te bloeden, had ze ooit ergens gelezen. Ze zette het van zich af en dacht weer aan Nico ter Mors.

11

Nico schonk nog eens bij uit de tweede fles die Jacqueline had besteld. De meeste tafeltjes om hen heen waren leeg; de mensen hier hielden van vroeg eten en op tijd naar huis.

Jacky had hem verteld hoe ze van het geld dat ze van haar grootmoeder had geërfd en dat bestemd was voor rijlessen en een klein autootje, een reis naar Uruguay had geboekt. Zonder haar ouders in te lichten – uit angst dat ze haar zouden tegenhouden – was ze vertrokken en na een avontuurlijke reis terecht gekomen in de hoofdstad, Montevideo. Ze had nog nooit gevlogen en ze had geen idee wat ze kon verwachten. Een vakantie in de Harz was haar enige referentie aan het buitenland. Bang was ze niet. Geschrokken wel, toen ze André in een klein pension in de oude stad terugvond. Ze had hem een half jaar niet gezien, maar hij was geen schim meer van de gracieuze doelman die aan het begin stond van een glanzende carrière.

De korte berichten die hij haar had gestuurd, hadden niets met zijn nieuwe werkelijkheid te maken en waren kennelijk alleen bedoeld om haar over te halen hem te volgen. De voetbalschool van Joaquin Suarez, de reden waarom hij naar dit land was vertrokken, bleek niet meer te bestaan. Of had misschien nooit bestaan, dat was niet helemaal duidelijk, want hij had Suarez zelf niet kunnen vinden. Het land verkeerde in een soort staat van beleg. De rechtse dictatuur probeerde de oppositie op alle mogelijke manieren te onderdrukken. Linkse jongeren hadden zich aaneengesloten tot een stadsguerilla, de Tupamaros en wie daar niet bij wilde horen, vluchtte naar Brazilië of Argentinië, waar het politieke klimaat overigens niet veel beter was.

André had geen geld en hij sprak geen Spaans. De laatste maanden had hij op de overdekte markt rondgelopen in de hoop dat er iets te doen viel en hield hij zich in leven met half rotte appels die van de mand waren gevallen en andere groenten of fruit dat hij van gezicht kende. Zijn stoere en onverzettelijke houding berustte op één of twee zekerheden die hem hier uit handen waren geslagen. Vooral het feit dat hij zonder bal opeens niemand was.

Het was haar taak om deze uit het lood geslagen jongen weer rechtop te krijgen en hem zoveel zelfvertrouwen te geven dat ze aan een nieuwe toekomst konden denken. Ook haar geld was bijna op en ze had geen idee waar ze moest beginnen.

Ze liet André in het pension achter en ging op zoek naar iemand met wie ze kon praten en die haar kon vertellen hoe de voetbalwereld in Uruguay werkte. Bij een taxistandplaats vroeg ze of er een chauffeur was die Engels of Duits sprak. Dat was niet het geval, maar een van de mannen nodigde haar uit om met hem mee te gaan en bracht haar naar een café, waar een vriend van hem werkte. Via deze Anton, die inderdaad een beetje schoolengels kende, begreep ze dat er alleen in Montevideo zeker twintig profclubs waren met grootmachten als Peñarol en Nacional. Ze legde hem uit dat ze een vriend had die keeper was en die in Montevideo zocht naar een club waarvoor hij kon spelen. Anton begreep niet dat een voetballer uit Nederland, dat vorig jaar nog in de finale van het WK in Buenos Aires stond, hier kwam om te voetballen. De meeste spelers in Uruguay die een beetje talent hadden, vertrokken naar Europa.

Maar Anton was een schot in de roos. Hij kende iemand, die weer iemand kende die bij een van de kleinere clubs, Atletico Bella Vista, als terreinknecht of iets dergelijks werkte. Bella Vista had een trainer die uit Oostenrijk kwam, wist Anton.

De volgende dag stond ze samen met André langs het veld van Bella Vista te wachten op Hardy Fröder, een alcoholist van middelbare leeftijd met wallen onder zijn ogen die reikten tot de bovenste van zijn hangkinnen. Zijn trainingsjack spande om een verontrustende bierbuik en zijn eeltige voeten staken in versleten slippers. Hij maakte zich niet erg druk en bewoog alleen in de middencirkel als hij een nieuwe sigaret moest opsteken. Na afloop van de training liep hij op hen af en bekeek schaamteloos Jacky's borsten en vroeg wat ze wilde. De spelers, op weg naar de kleedkamer, maakten achter zijn rug handgebaren die aan vunzigheid niets te raden overlieten en lachten brutaal naar haar met hun lelijke gebitten.

Nico zat er helemaal in. Ze beschreef het zo levendig en kleurrijk alsof het een film was die ze gisteren had gezien; alleen kon hij zich niets voorstellen bij de rol die André in dat geheel speelde.

'Toen ik Fröder vertelde dat André doelman van FC Twente was geweest,' vervolgde ze, 'bleek hij zowaar te weten dat het de club was waar Piet Wildschut speelde. Toen Neeskens op het WK in '78 tegen Peru geblesseerd raakte, mocht Wildschut een paar wedstrijden meedoen van zijn landgenoot Happel. Wildschut was volgens André ook geen fan van Henny Hollink en wilde naar PSV.'

Dankzij de borsten van Jacky en dankzij Piet Wildschut – die van René van der Gijp later de bijnaam Alaska-Piet zou krijgen, omdat hij vooral op besneeuwde velden excelleerde – mocht André Hammink de week daarop meetrainen met Atletico Bella Vista, dat zoals gewoonlijk vocht tegen degradatie naar de tweede divisie. Vechten was het, letterlijk.

'Maar hoe kregen jullie het voor elkaar om André, die onder contract stond bij Twente, officiële wedstrijden in Uruguay te laten spelen?' vroeg Nico, die het verhaal te mooi vond om niet waar te zijn.

'Ze gaven hem een andere identiteit,' verklaarde Jacqueline. 'Toen bleek dat hij een versterking kon zijn voor de defensie van Bella Vista, heeft een bestuurslid van de club die kennelijk handel zag in deze buitenkans, ervoor gezorgd dat André Hammink uit Enschede Andrés Jamónez werd.'

Jamónez was toevallig komen aanwaaien bij Bella Vista; hij had een Uruguayaanse vader en een Duitse moeder en was opgegroeid in de buurt van Münster. Hij had een paar jaar gevaren en was blijven hangen in het land waar zijn vader was geboren. Dat was het verhaal.

Andrés Jamónez had nooit officieel bij een club gevoetbald, maar wel veel gehandbald en daarom was hij als doelman een natuurtalent, dat Bella Vista zich niet kon laten ontgaan. Soms moest je een beetje geluk hebben…

'En jij?' vroeg Nico. 'Wat deed jij terwijl André weer mocht keepen?'

'Ik maakte gebruik van mijn charmes,' lachte ze. 'Dat moest wel, want voorlopig kreeg André nauwelijks betaald bij de club. Ze regelden wel gratis onderdak voor ons en we konden elke middag in de cantina eten. Toen ik het Spaans een beetje onder de knie had, heb ik werk gezocht in de horeca. Dat was niet zo moeilijk.'

'Dus hij ging keepen bij Bella Vista in Montevideo. En jullie zijn getrouwd.'

'Nee, nee. Hij heeft alles bij elkaar één oefenwedstrijd gespeeld en we zijn niet getrouwd.' Ze keek hem aan met haar grote donkere ogen, waaruit opeens een groot verdriet sprak.

Nico kon zich niet aan de indruk onttrekken dat het drama dat zich ging ontvouwen ook een beetje werd aangezet, als bij een actrice die opeens door heeft dat ze haar mimiek moet aanpassen aan de tekst. Het stuk dat hij kreeg voorgeschoteld, had alles om een bestseller te worden. Als de aanleiding niet zo luguber en levensecht was, had hij er beslist van kunnen genieten.

'Ik heb dit verhaal over André nog nooit iemand verteld. Ook niet aan Frans. Toen ik twintig jaar geleden terugkwam, heb ik hem verteld dat ik in Uruguay en Argentinië ben blijven hangen vanwege een vriendje. Dat was niet helemaal bezijden de waarheid, alleen zat dat vriendje het grootste deel van die tijd in de gevangenis en moest ik zo goed en zo kwaad mogelijk zien te overleven.'

'Zat André in de gevangenis? Wat had hij gedaan, weer ruzie gemaakt met de trainer?' lachte Nico.

'Ja, maar in dit geval was er niemand die hem tegen hield. En het was niet de trainer, maar de voorzitter, die hij betrapte terwijl hij...nou ja...terwijl hij met de broek op zijn enkels mij probeerde aan te randen.' Ze hield een korte pauze om de ernst van de situatie duidelijk te maken. 'Die voorzitter, die hem een andere identiteit had bezorgd, was de eigenaar van een hotel-restaurant, waar hij voor mij een baantje had geregeld als receptioniste. Daar was ik natuurlijk blij mee, maar in mijn naïviteit had ik niet door dat hij verwachtte dat daar iets tegenover moest staan. Ik durfde André niets te vertellen over de steeds hinderlijker avances die hij maakte, omdat ik wist dat hij heel agressief kon worden wanneer iemand een vinger naar mij uitstak. En dat gebeurde dus. We hadden een kamer gekregen op de achtste verdieping en daar kwam die smeerlap mij tijdens mijn siësta bezoeken. Hij wist dat André er niet was en hij had een loper, waarmee hij alle kamers in kon. Maar hij had er niet op gerekend dat André onverwacht terug kwam. Er volgde een worsteling en daarbij heeft André de man uit het openstaande raam gegooid. Na een schijnproces werd hij veroordeeld tot twintig jaar, waarvan hij er uiteindelijk twaalf heeft uitgezeten.'

12

De man die The Passion wilde verstoren, zwierf door de stille straten van zijn geboortestad. Meestal wanneer hij niet kon slapen, pakte hij zijn fiets en maakte een rondje over de Singels. Bij elke Singel hoorden andere herinneringen. Op de Oliemolensingel sloeg hij af naar de Boulevard. Aan de linkerkant, achter het benzinestation, stond de flat waarvan hij sinds kort wist wie daar woonde. In zijn ogen was het nog steeds de jongen met wie hij in de klas zat. Hij stapte af en rolde een sigaret. Het was bijna twee uur. Op de derde en op de zevende verdieping brandde licht. Hij vroeg zich af hoe het was om in een flat te wonen. Daarna reed hij verder, sloeg linksaf naar de Brinkstraat en stak de Hogelandsingel over.

Bij café Vrieler keerde hij om. Hij probeerde zich voor te stellen hoe de mannen van de Boys daar vijftig jaar geleden hadden gezeten en elkaar met harde stemmen probeerden te overtuigen van hun gelijk. De meesten kenden elkaar al van voor de oorlog en het groenwit bepaalde een groot deel van hun leven. Maar op deze historische avond wisten ze niet wie ze konden vertrouwen. Hij zag zijn vader – hoe oud was hij toen, dertig? – zitten in zijn pak van versleten bruin manchester, wachtend op de uitslag en de nieuwe kans die hij zou krijgen als het allemaal doorging. Wanneer hij opstond voelde zijn vader de rechterknie opspelen en de angst of hij een volgende keuring zou overleven. Natuurlijk wist hij nu dat het gespeeld was allemaal, maar toch, de zoon voelde de pijn van de vader.

Ze hadden een paar straten verderop gewoond en hij wist nog dat zijn vader midden in de nacht thuis kwam en hem wakker maakte omdat hij over iets gestruikeld was. Hij stonk naar bier en sigaretten en hij had hem zelden zo vrolijk gezien. Misschien kon hij het zich zo goed herinneren omdat het de laatste keer was dat hij zijn vader vrolijk had gezien.

Hij reed terug naar de Singel en maakte zijn rondgang af. Via het Zwik, waar de hoofdinspecteur woonde, reed hij langs de velden van Rigtersbleek, waar ooit een beetje betaald voetbal was gespeeld.

Toen hij thuis kwam wist hij dat het nog geen zin had om in bed te gaan liggen. Hij deed het licht aan in de werkplaats en pakte een van de drones die vorige week een onzachte landing had gemaakt. Het was een lichtgewicht, een verkenner die hij gebruikte om opnames te maken, maar de gloednieuwe 360 graden Giroptic leek onherstelbaar beschadigd. Het was zijn eerste vlucht geweest en het bedrieglijke monitorbeeld had hem zo in verwarring gebracht dat hij de afstand verkeerd inschatte, waardoor het ding met een klap op het dak van de boerderij was gebotst. Hij had geen geld voor een nieuwe camera, dus zat er niets anders op dan proberen het ding te repareren.

13

Frida Brandriet werd als gewoonlijk om half zeven wakker en realiseerde zich dat ze geen ontbijt en broodtrommels hoefde klaar te maken en zich dus nog een keer mocht omdraaien. Dat deed ze niet, want haar tweede gedachte was om gebruik te maken van de gelegenheid en voor ze naar het bureau ging een rondje hard te lopen. Haar route via Manege het Roessingh en de velden van PW voerde naar de Pompstationweg en de onverharde Witbreuksweg. Daar kreeg ze een steek in haar zij, waardoor ze een paar minuten moest wandelen. Een man op een fiets die ze niet had horen aankomen, passeerde haar zonder te groeten. Dat gebeurde bijna nooit, maar even later zag ze dat de man was afgestapt bij het fietsknooppunt om op de kaart te kijken. Kennelijk iemand die hier niet vandaan kwam.

'Bent u de weg kwijt?' vroeg ze.

Hij keek haar verbaasd aan, alsof ze hem een oneerbaar voorstel had gedaan.

'Geenszins mevrouw, tenzij u zulks in overdrachtelijke zin bedoelt. En dan nog, zijn we niet allemaal af en toe de weg kwijt en is het dan niet prettig te weten dat u waakt opdat wij kunnen rusten. *Vigilat ut quiescant.*' Hij tikte met een vinger tegen zijn hoofd, bij wijze van groet, sprong met een zekere zwier op zijn fiets en reed in de richting van Hengelo.

Frida bleef als aan de grond genageld staan. Die stem en die archaïsche woordkeus... Dezelfde stem die haar gisteravond had gebeld; en de man bleek ook nog eens te weten dat ze bij de politie werkte. Dus toch een stalker of op zijn minst een malloot die haar op de een of andere manier kende.

Ze besloot zich geen al te grote zorgen te maken en maakte haar rondje af, via de campus van de universiteit en het Ledeboerpark. Nadat ze had gedoucht en ontbeten, pakte ze de fiets en reed naar het hoofdbureau om zich te melden bij de waarnemend korpschef.

De man zat als altijd onberispelijk en kraakhelder in uniform achter zijn laptop en begroette haar met zijn gebruikelijke formaliteit. 'Goedemorgen, mevrouw Brandriet.'

Iedereen, van hoog tot laag, noemde haar Frida, maar ze was niet van plan om hem op andere gedachten te brengen.

'Vertelt u maar,' nodigde de korpschef haar uit, waarbij zijn adamsappel als een ingeslikte kikker op en neer sprong boven de strop van zijn meticuleus gestrikte das. 'Hoe staat het met het hoofd?'

'We weten van wie het is, althans we hebben iemand die meent het hoofd te hebben gekend als van een zekere André Hammink. Het gaat om een jeugdvriend van de getuige, die hij in geen veertig jaar had gezien of gesproken. Tijdens die afspraak in het InterCityHotel verdween Hammink nadat hij een telefoontje kreeg.'

'Juist, ja,' zei de korpschef, terwijl hij op zijn laptop keek.

'Hoe hoog schat u het veiligheidsrisico tijdens The Passion?' Het hoofd had niet zijn specifieke belangstelling, dat was duidelijk en over het veiligheidsrisico tijdens dat tv-programma hadden ze het gisteren uitgebreid gehad. Frida bracht het op om beleefd te blijven en verdween zo snel de gelegenheid zich voordeed naar haar eigen kamer, waar ze contact opnam met een forensisch rechercheur, die gespecialiseerd was in communicatietechnologie. Ze vroeg hem of hij er via haar provider achter kon komen wie haar gisteravond had gebeld. Daarna probeerde ze Jacqueline Snelders te bereiken, omdat die naam was blijven hangen in het gesprek met Nico ter Mors. Op de vaste lijn kreeg ze een voice-mail bericht met de mededeling dat Frans en Jacky op dit nummer niet bereikbaar waren, maar je mocht het altijd op hun mobiele nummer proberen. Die nummers werden niet genoemd, dus sprak Frida een boodschap in. Terwijl ze vroeg of mevrouw Snelders de politie terug wilde bellen, werd de telefoon alsnog opgenomen.

'Jacky .'

'U spreekt met Frida Brandriet van de regiopolitie Twente. Ik bel omdat uw naam…'

'Vanwege André Hammink,' wist Jacky. 'Ik hoorde dat gisteravond van mijn vriend Nico. Nico ter Mors, met wie jullie ook hebben gesproken. Maar zoals ik hem al vertelde, ik heb geen idee waarom André mijn naam heeft genoemd. Ik kan me hem nauwelijks herinneren en ik heb hem in geen veertig jaar gezien. Dus ik ben bang dat ik je niet verder kan helpen.'

'Jammer,' vond Frida. 'Ziet u Nico vaker?'

'Eh, niet zo vaak, nee. Waarom vraagt u dat?'

'Omdat ik niet de indruk kreeg dat Ter Mors een vriend van u was. Hij was verbaasd toen ik hem vertelde dat u met Frans Snelders getrouwd bent. Dat bent u toch nog?'

Jacky lachte even. 'Jammer genoeg wel, anders had ik Nico misschien een oneerbaar voorstel kunnen doen. Vond jij het ook zo'n leuke man, of moeten jullie als je dat nieuwe uniform aantrekt, alle onderbuikgevoelens uitschakelen? Ik vind dat wel stoer trouwens, dat uniform.'

Frida werd even van haar apropos gebracht door dat uniform en haar eigen gevoelens voor Nico, waardoor de impliciete bewering over de vriendschap tussen Nico en mevrouw Snelders in de lucht bleef hangen. Opnieuw vroeg ze zich af hoeveel kaarten Nico ter Mors in zijn mouw verborgen hield. Ze mocht zich niet laten leiden door zijn uitstraling. Ze ging niet in op het antwoord van Jacqueline Snelders en beëindigde het gesprek door haar te bedanken voor haar tijd.

Op een binnenlijn kreeg ze bericht van de forensisch rechercheur die het antwoord op haar vraag schuldig moest blijven. Het nummer waarmee ze gisteravond gebeld was, kon niet worden geïdentificeerd. Ze besloot morgenochtend opnieuw te gaan lopen om te zien of hij haar weer zou volgen. Misschien was het een onbekende over- of achterbuurman die haar in de gaten hield. Hoewel de huizen in haar buurtje niet dicht op elkaar stonden, was het in de winter heel goed mogelijk om bij elkaar naar binnen te kijken. Zeker als je over een goede kijker beschikte. Ze was niet bang, maar het moest niet nog eens gebeuren.

14

Nico voelde de wijn en de cognac van gisteravond in zijn achterhoofd hangen als een zwaar toneelgordijn dat hij liever gesloten hield. Hij kon zich van het laatste deel van de avond niet al te veel herinneren en dat was nooit een goed teken. Maar ook over het eerste deel moest hij lang nadenken voor de details zich uit het geheel losmaakten. Details waarmee je een avonturenroman kon vullen, ware het niet dat Jacqueline er op had aangedrongen dat hij al deze informatie nooit aan iemand, laat staan aan de openbaarheid, mocht prijsgeven. Hij had geantwoord dat haar geheimen bij hem zo veilig waren als in een bankkluis; en mocht hij ze ooit willen publiceren dan zou niemand hem geloven. Hij was juist bezig zijn naam als fantast te zuiveren.

Aan de andere kant, de verhalen die ze hem had verteld over André, *Andrés Jamónez*, waren zo wonderlijk en ongelooflijk, dat hij geneigd was te denken dat daarachter een heel andere agenda schuil ging. Wat wilde ze precies van hem? Dat was in het laatste deel van de avond ter sprake gekomen en begon langzaam weer een duidelijker beeld te vormen. Allereerst wilde ze weten of André hem bepaalde informatie had gegeven in de vorm van een gecodeerd bestand of iets dergelijks. Hoewel Nico zich niet meer alles kon herinneren, wist hij vrij zeker dat hij op dat punt helder was gebleven. Hij had haar niets verteld over de jongen op de foto's en over het contract. Of toch? Had hij, net als tegen de hoofdinspecteur iets gezegd over dat lege stickje? In ieder geval was de avond daarna vrij abrupt geëindigd. Hij wist nog dat hij de rekening had betaald en in een taxi was thuisgekomen. Jacky was, ondanks de wijn, in haar eigen BMW gestapt. Ze woonde maar een paar honderd meter verderop. Omdat hij zelf zijn rijbewijs was kwijtgeraakt door drankgebruik, had hij haar ernstig maar vergeefs toegesproken.

Om de druk in zijn achterhoofd te verminderen, besloot hij, na een paar glazen lauwwarm water met vier aspirines, zijn fiets te pakken en gebruik te maken van de eerste lentezon. Hij reed de stad uit en volgde een stuk van het Rondje Enschede om daarna af te slaan in de richting van Haaksbergen. Hij voelde de alcohol via de poriën uit het lichaam vloeien en daarmee ook het opgefokte gevoel over Jacqueline Wermers, die nota bene getrouwd was met de voorzitter van De Brug. De laatste indruk van gisteravond, die hij vannacht blijkbaar had verdrongen, was dat ze haar ware gezicht liet zien. De gemaakte en in botox gebeitelde glimlach die ze hem de hele avond had voorgespiegeld, veranderde, na zijn ontkenning, in een lelijke grimas. Ze geloofde hem niet, dat was duidelijk.

Kennelijk had André haar meer verteld dan ze tegenover hem losliet en waren er belangen in het spel, die hij op dit moment niet kon overzien, maar die te maken moesten hebben met de jonge voetballer. Het beste zou zijn geweest om tegenover Frida Brandriet open kaart te spelen, maar daarvoor was het nu te laat. Hij had zich als een puber laten leiden door testosteron en als een corporatiebestuurder door hebzucht. De romantiek van het verleden was geen garantie voor de toekomst. Door dat inzicht en zijn ergernis miste hij een afslag naar een knooppunt. Hij kwam op een onverharde weg zonder fietspad en ploeterde als een Vlaamse veldrijder door de modder tot hij moest afstappen om een gevallen tak te ontwijken. Daarna werd het pad steeds minder begaanbaar. Hij zou eigenlijk moeten omkeren, maar dat voelde als een nederlaag. Van fietsen was geen sprake meer, de modder zoog zich vast onder zijn schoenen, die niet berekend waren op deze omstandigheden. Terwijl hij voelde hoe het modderwater zijn voeten bereikte, ging zijn telefoon. Dat betekende dat hij bereik had en dus niet zo ver van de bewoonde wereld verwijderd kon zijn. Hij peuterde de telefoon uit zijn jaszak en nam op.

'Verdwaald?' vroeg een vreemde stem.

Nico keek om zich heen, alsof iemand hem vanuit de bosjes in de maling nam.

'Of bent u wellicht in training voor het Twents kampioenschap modderworstelen voor senioren? Ha.' De stem klonk wat nasaal, alsof de spreker last had van neuspoliepen, zoals je die bij voetbalanalist Youri Mulder vermoedde.

'Wie...?' vroeg Nico.

'Ik ben de geest die is ontsnapt uit de fles, het lichaam zonder hoofd, de vos die The Passion preekt. Ik ben uw eer en geweten. Wat ik verlang is respect.'

Het klonk als een litanie, de monotonie van de lofzang in de kerk. Maar waar zat die stem en hoe wist hij dat hij hier door de modder ploeterde?

'Respect,' zei Nico. 'Dat willen we allemaal tegenwoordig.

Wie en waar ben je, want ik ben behoorlijk onder de indruk van dit staaltje gps speurwerk.'

'Een goede vriend. En ik kan u verzekeren dat u over tweehonderd meter bij een kruispunt komt, waar deze hemelse modder eindigt en u in de richting van Buurse of Haaksbergen kunt fietsen.'

Nico keek opnieuw om zich heen en omdat de ruis van het bloed in zijn oren was gedaald, hoorde hij boven zich een licht zoemend geluid. Hij keek omhoog en zag op een meter of twintig, boven de boomtoppen, een soort grote zwarte spin hangen.

'Je zit in een drone, begrijp ik.'

Het telefoongesprek werd afgebroken en de spin verdween achter de bomen. Nico veegde het zweet van zijn voorhoofd en ploeterde verder in de wetenschap dat de verlossing tweehonderd meter verderop begon. Door de zuigende modder kostte hem dat nog bijna een kwartier, waarin hij zich voortdurend afvroeg wie hem op dit uur en onder deze omstandigheden in de gaten hield. De dood van André Hammink, het etentje met Jacky en deze geest uit de fles. Het een moest met het ander te maken hebben en Nico ter Mors vormde ongewild een soort doel waarin hij als een vliegende kiep heen en weer werd geslingerd.

Hij stampte de modder van zijn schoenen en reed terug naar Enschede.

15

Op donderdagavond vergaderde het bestuur van De Brug in de kantine. Het bestuur bestond dit keer uit drie mannen, de overige leden waren niet uitgenodigd omdat er zaken besproken moesten worden die niet iedereen aangingen. De kleine kas, zoals Leo dat zo mooi uitdrukte, bestond uit investeringen in oudere spelers die voor de belasting werden opgevoerd om afgeschreven te kunnen worden en daardoor andere functionaliteiten mogelijk te maken.

Frans Snelders had geen idee hoe het precies werkte, daarvoor had hij Leo. De derde man, Hans Vlodrop, sinds een paar jaar bestuurslid, begreep het al helemaal niet. Hij was onderaannemer geweest, maar sinds de crisis had toegeslagen, zat hij in de ambulante handel. Hij kwam uit Dolphia en het bestuur van De Brug was voor hem een mogelijkheid om hoger op te klimmen. Zowel Frans als Leo wisten dat Droppi een strafblad had overgehouden aan zijn tijd als leider van de Red Bridge Army, een bijna militante supportersvereniging die zo'n twintig jaar geleden de naam van FC Twente in hooliganland moest hooghouden. Dat lukte maar ten dele, omdat, volgens Droppi, de Twente-fans te veel respect hadden voor de tegenstanders uit het westen. Het kon ook zijn dat ze teveel bier dronken en geen eenheid vormden; feit was dat Droppi er vaak genoeg in zijn eentje voorstond en daarbij rake klappen uitdeelde, maar ook opliep. Onder de meelopers had hij respect afgedwongen, dat was zeker. Maar toen hij een jaar of 30 was, getrouwd raakte en een hypotheek moest aflossen, was het matten voorbij. Daar zorgde zij wel voor. De ambulante handel was trouwens ook haar idee geweest.

'Goed,' begon Leo. 'Volgens de krant en RTV-oost is dat hoofd inderdaad van André Hammink. Iemand heeft kennelijk besloten dat hij moest verdwijnen, omdat er naar alle waarschijnlijkheid een *conflict of interest* was.' Hij sprak voornamelijk tegen Vlodrop, omdat Frans het verhaal al kende. 'Wat blijkt? Volgens Jacky heeft Hammink vlak voor zijn onvrijwillig afscheid van deze wereld, iemand benaderd die vroeger in de voetbaljournalistiek zat en sinds een paar jaar weer in Enschede woont. Deze Nico ter Mors was, volgens Jacky, een jeugdvriend van Hammink en nadat hij het bij haar had geprobeerd, heeft hij waarschijnlijk datzelfde verhaal verteld aan Ter Mors.'

'Genoeg geluld, Leo. Wat gaan we doen?' vroeg Frans die er

een hekel aan had wanneer Leo de naam van zijn vrouw uitsprak alsof ze een seksueel overdraagbare aandoening was. Leo mocht haar niet. Dat was ook niet nodig, maar hij hoefde het niet voortdurend te laten blijken.

'Die Ter Mors bewerken?' vroeg Droppi. Als het dezelfde Ter Mors was die vroeger van die kulverhalen over het breedtevoetbal van Twente schreef, kon het geen kwaad om de man wat respect bij te brengen. En als er als bijvangst ook nog een voetballer uit een klapperboom viel, was het helemaal een winwin situatie. Hij kende nog een paar jongens, die tegenwoordig rustig op Vak-P stonden, met genoeg pit in hun donder om een oud rekeningetje te vereffenen.

'Volgens mijn vrouw heeft Ter Mors een usb-stick gekregen van Hammink, waarop niets was te vinden. Misschien liegt die man, of het betreft gecodeerde informatie over die knaap, die Uruguayaan. Als het net zo'n bijtertje is als Suarez…'

Leo schudde zijn hoofd. 'Dit is grote onzin, Frans. Als die jongen echt een talent is, was hij allang opgepikt door een grote club. Er zit geen addertje onder het gras, er ligt daar een hele mand cobra's. Waarom zouden we moeite doen om die jongen te halen, als we informatie over hem kunnen krijgen via die Ter Mors?'

'Jezus Leo, wie is hier nou de financiële man? Ik dacht dat jij me zelf had verteld dat als er niets gebeurt, we over een paar maanden of eerder een inval van de fiscus kunnen verwachten en dan zijn we persoonlijk aansprakelijk voor al onze goeie bedoelingen. En dan gaat niet alleen de stekker uit De Brug, maar valt het licht ook uit in mijn bedrijf en in mijn slaapkamer.' Frans Snelders zuchtte en stak een sigaret op.

'Persoonlijk?' vroeg Hans Vlodrop. 'Je bedoelt dat het hele bestuur moet aftikken?'

Leo knikte. Frans haalde zijn schouders op. 'We zitten allemaal in dezelfde gammele schuit, Vlodrop. Jij hebt er met je kont bovenop gezeten, dus kom me niet aan met verhalen dat je nergens van weet.'

'Niet dat we als bestuur persoonlijk aansprakelijk zijn. Als dat zo is had ik ook wel willen profiteren van al dat gesjoemel van jullie.' Droppi liep naar de koelkast achter de bar, pakte er drie beugels uit en zette drie streepjes op een bonnetje waarop "bestuur" was gestempeld. Hij vermoedde dat de soep niet zo heet zou worden gegeten, maar eerlijk gezegd had hij geen flauw idee wat Leo en Frans allemaal achter zijn rug uitspookten. Het kon hem ook niet schelen, zolang het goed ging met de club, ging het ook goed met de handel. Daar was hij inmiddels achter gekomen. Als je wint heb je vrienden en hij wilde ook weleens wat langer boven de streep staan. Dus indirect profiteerde hij wel degelijk.

'Ik denk dat Hans gelijk heeft,' vond Frans. Leo had lekker lullen, maar hij had zijn nek niet zover uitgestoken als Frans. Leo waste zíjn geld wit, zo ging het altijd. Het risico lag bij Frans Snelders en dus ook het grootste deel van de persoonlijke aansprakelijkheid. Als het ooit tot een rechtszaak kwam, wasten de overige leden van het bestuur hun handen in onschuld. Uiteindelijk waren het allemaal farizeeërs en profiteurs. Dat zag je bij elke club, ook bij Twente. Toen Jopie Munsterman voor de overwinningen en het stadion zorgde was hij de gebraden haan; maar toen hij een paar tonnetjes in een speler had geïnvesteerd, liet iedereen hem opeens vallen. Dankbaarheid en opportunisme hadden niet dezelfde ouders. Daar kwam bij dat Leo niet getrouwd was. Hij had helemaal geen behoefte aan een zwarte kas, omdat hij geen onderhouds- en overheadkosten had, waarmee hij Jacky bedoelde.

'Gewoon, een bezoekje met wat maten aan die gast,' vond Droppi, die niet gewend was dat Frans aan zijn kant stond.

'En dan?' vroeg Leo, die zijn geduld begon te verliezen. Hij wist dat Droppi een ongeleid projectiel was, als je hem zijn gang liet gaan. Hij was handig wanneer er wat tegenstanders aangebrand raakten, of om de scheids in de rust op zijn verantwoordelijkheid te wijzen; maar in dit soort situaties moest je subtiel optreden. Leo was het dan ook totaal niet eens geweest met Frans om Jacky naar die Ter Mors te sturen. Met die opblaastieten schudden en dan denken dat iedereen deed wat je wilde. Die gast was niet gek. Als Hammink hem die informatie had gegeven, wilde hij zelf profiteren. Leo had zijn doopceel gelicht en gezien dat Ter Mors nog niet zo lang geleden journalistieke doodzonden had begaan, maar ook dat hij te maken had met die affaire rond Bob Tankink. Zo'n gast moest je niet onderschatten. Misschien was Ter Mors zelf verantwoordelijk voor de dood van Hammink, hij was tenslotte de laatste die hem gezien had.

'Dus wat doen we?' vroeg Frans.

16

Nico had zich 's middags vergeefs geprobeerd te concentreren op het artikel over de veiligheidsregio. Het was niet iets waar hij opgewonden van werd, maar dat was ook niet de bedoeling. Omdat de deadline pas over een week was, kon hij het makkelijk van zich afschuiven en toen hij dat besluit had genomen, verdiepte hij zich opnieuw in de mysterieuze foto's van de jonge voetballer. Hij werd er niet veel wijzer van en daarom zocht hij verder op Google naar Atlético Bella Vista en vond uit dat de club in 1920 werd opgericht en één keer landskampioen was geworden, nog voordat Uruguay in 1932 met betaald voetbal begon. In de geschiedenis van de club werd nergens, voor zover hij dat kon vertalen, gewag gemaakt van een vermoorde voorzitter. Het stadion, Estadio José Nasazzi, een aandoenlijk rommelig complex met 5000 zitplaatsen en bij benadering 10.000 staanplaatsen, was genoemd naar de aanvoerder van het nationale elftal van Uruguay, dat in 1930 als eerste land de wereldbeker won. Nico bekeek de recente foto's van het elftal van Bella Vista, maar hij kon de jonge speler die André hem had toegeschoven, niet ontdekken. Bella Vista speelde in blauw en wit, dat klopte, maar de shirts kwamen niet echt overeen.

Andrés Jamonez bestond op het internet alleen als *Jamones Andrés,* een Spaanse ham- en kaashandel. Geen verwijzingen naar een misdaad- of een voetbalverleden.

Welke wegen kon hij nog meer bewandelen om het verhaal van Jacky te verifiëren? Als Jacqueline Wermers niemand had verteld over haar verleden, waarom dan wel aan hem? Het hele verhaal was zo ongeloofwaardig dat hij er een dag later bijna om moest lachen. Hij ging op de bank liggen en zapte langs de kanalen, tot hij op Fox Sports in de aftiteling viel van een documentaire die *De Nacht van Vrieler* heette. Hij had er wel over gehoord, maar nog nooit bekeken. Dat kon via de site van FC Twente op zijn laptop.

De geschiedenis van vijftig jaar geleden werd nog eens uit de doeken gedaan, waarbij de oude Boys-mannen opnieuw in café Vrieler waren gezet en de Sportclub-leden in het voormalige Parkhotel, nu restaurant La Roche. De belangrijkste man bij Sportclub in die tijd was Henk Olijve, de man die Joop Hammink, het Kanon uit Grolle, naar Enschede had gehaald en hem een baan had aangeboden in zijn Oldenzaalse bedrijf, Rinco. Wat Joop daar moest doen was niet duidelijk, maar het was gebruikelijk dat bestuursleden van semiprofclubs ervoor zorgden dat voetballers niet de hele dag bij huis liepen als ze niet hoefden te trainen. De betaling was in de meeste gevallen niet meer dan een paar tientjes voor een gewonnen wedstrijd, de helft voor een gelijk spel en als je verloor kreeg je helemaal niks. Dus een baan naast het voetballen was heel gewoon en dat zou pas met de successen van Ajax en Feijenoord in de Europa Cup veranderen.

Eerst had Nico het niet door, maar gelukkig kon hij het beeld stopzetten en terugkijken. Op een foto die gemaakt was op die historische avond in Vrieler, zag hij, half verscholen in een hoek, de vader van André. Joop Hammink, die volgens zijn zoon bij Sportclub speelde, zat tussen de Boys...

Hij keek nog een keer, maar het was hem, onmiskenbaar.

Hoewel Nico hem pas een paar jaar later in levende lijve ontmoette, had hij een levendige herinnering aan de vader van zijn vriendje. Joop Hammink was een grote bonkige man met een witte kuif en uitstaande oren. Vader en zoon Hammink woonden in die tijd in de Halmaherastraat, niet ver van Vrieler. Misschien was Joop door Henk Olijve naar de Boys gestuurd om te kijken hoe de stemming daar liep. Of er was iets anders aan de hand. De fusie tussen de Enschedese Boys en Sportclub Enschede kende winnaars en verliezers, dat werd ook uit de documentaire duidelijk. Joop Hammink had niet bij FC Twente gespeeld. Volgens André omdat hij geblesseerd was geraakt en nooit meer de oude was geworden.

Nico schreef de namen op van de mannen die voor de Boys aan het woord kwamen en besloot om dit raadsel te ontrafelen. Hij kon het misschien ook aan zijn oudoom Egbert vragen. Egbert ter Mors was speler van de Boys, maar ook de man die het eerste officiële doelpunt voor FC Twente maakte, zoals zijn vader hem vaak genoeg had verteld.

Via via probeerde hij achter het nummer van Egbert te komen, maar tijdens die zoektocht stuitte hij op een enthousiaste archivaris van de Boys, die hem kon helpen aan ledenlijsten en ander materiaal uit die tijd. 'Joop Hammink,' vroeg Nico, 'is die lid geweest van de Boys?' Het was een vraag die spontaan bij hem op kwam.

De archivaris vroeg of hij even aan de lijn wilde blijven, want hij moest een paar oude ordners doorbladeren. Het duurde bijna tien minuten, waarin Nico op de achtergrond Enschede FM hoorde en een vrouwenstem die wilde weten wie er aan de telefoon was. Toen had de man gevonden wat hij zocht. Joop Hammink bleek in maart 1965 ingeschreven te zijn als lid van de Boys. In mei van datzelfde jaar stond vermeld dat hij was afgekeurd. Waarom was Hammink in maart overgeschreven van Sportclub naar de Boys? Maakte hij deel uit van een soort ruilhandel om de teleurgestelde supporters van de arbeidersclub tegemoet te komen? Een ruil waarvan de Sportclub-bestuurders wisten dat het om een kat in de zak ging? Hammink was geblesseerd en moest al in maart geweten hebben dat hij nooit meer zou voetballen. Iemand had hem een zak geld gegeven om zijn mond te houden. Van de oorspronkelijke bestuurders was niemand meer in leven die hem kon vertellen wat er precies was afgesproken.

Het zou ook nog kunnen dat een derde partij, het gemeentebestuur of een textielbaron, de fusie absoluut wilde doordrukken en daarom via achterdeurtjes en gekonkel hun zin kregen. Het was niet ongebruikelijk dat belangrijke beslissingen voor de burgers van Enschede en Twente in de *Groote Sociëteit* werden genomen en daarna via de ambtelijke en politieke weg als democratische besluiten werden afgekaart.

Nico herinnerde zich opeens weer dat Joop Hammink de kicksen van André had geconfisqueerd, omdat hij niet wilde dat zijn zoon meedeed aan de finale van het schoolvoetbaltoernooi. Had dat iets te maken met meester Tiggeler, een prominent lid van Sportclub?

17

Er was niets gebeurd tijdens het lopen. Niemand was haar gevolgd en ze had 's avonds geen verontrustende telefoontjes gekregen. Frida vond het bijna jammer, omdat ze zich lekker zou kunnen opwinden over die maloot, zonder dat ze zich diplomatiek moest inhouden. Dat moest ze de hele dag al. Er waren dagen, soms zelfs weken dat die hele bureaucratie haar de neus uit kwam. De laatste reorganisatie en de verbouw van het hoofdbureau (dat kon er ook nog wel bij) kostten zoveel energie dat er voor het gewone werk soms nauwelijks tijd was. Ze miste het recherchehandwerk, hoewel ze zelf voor deze baan had gekozen. Niet alleen vanwege het geld, maar vooral omdat het een bureaubaan was, waardoor ze haar huishouden met de jongens normaal kon laten functioneren. Ze stelde zich voor hoe het zou zijn als de jongens de deur uit waren. In theorie zou ze natuurlijk terug kunnen, maar in de praktijk was dat waarschijnlijk geen optie.

Ze had behoefte aan iemand tegen wie ze ondiplomatiek kon ouwehoeren. Een man, vrouwen waren te snel op hun zieltjes getrapt of begrepen niet dat ze het niet zo meende als ze het zei. En als ze het wel meende, moesten ze haar lachend gelijk geven.

Iemand als Nico ter Mors, dus.

Ze belde hem op en vroeg of hij tijd had om een paar informele zaken met haar door te nemen. Liefst niet op het bureau. Hij stelde geen vervelende vragen, maar kwam met het voorstel om samen een hapje te eten. Toen Frida ophing voelde ze zich tien jaar jonger.

Frans Snelders had na de vergadering zijn gebruikelijke uitstapje gemaakt naar de overkant van de grens. Bij *Frau Müller* in Gronau kon hij zich ontspannen in gezelschap van dat kleine Philippijnse ding, dat precies wist hoe ze de knopen uit zijn rug kon masseren zonder hinderlijk gelul. Na het happy end dat ze hem probleemloos met die oliehandjes bezorgde, bleef hij nog tien minuten nagenieten en rookten ze samen zwijgend een sigaret. Kijk, daar kon mevrouw J. Wermers nog een puntje aan zuigen. Niet dat mevrouw ooit aan zijn puntje had gezogen, dat stond niet in haar huwelijkse voorwaarden en ook de rest van hun seksleven sudderde al langere tijd op een waakvlammetje, dat hij alleen kon doen oplaaien door de overheadkosten fors te verhogen. Gekke Fransje. Leo had natuurlijk volkomen gelijk. Sinds mevrouw opeens was komen aanwaaien en hem had ingepalmd, had hij als een hofnar naar haar pijpen gedanst. Al een paar jaar nam hij zich voor om zich niet meer op die manier door haar te laten behandelen, maar op de een of andere manier was ze hem telkens voor. Wanneer hij op het punt stond om uit te halen – niet dat hij haar ooit zou slaan, daarvoor waren al die cosmetische ingrepen te kostbaar – toonde ze haar andere, zachte kant, als een actrice in een soapserie. Door haar was hij inmiddels opgeklommen tot het gezicht van het dorp. Carnavalsvereniging *De Grenskeerlkes* had hem al verschillende keren gevraagd of hij Prins Frans de Tweede wilde worden. Daar had Jacky dan weer een stokje voor gestoken omdat ze, naar ze beweerde, slechte herinneringen had aan één van die keerlkes. Volgens Frans had het meer te maken met haar nieuwe interieurarchitect, een nicht als een paard, die vond dat ze zijn geld beter kon steken in een Japanse tuin of een brons van Erna Visser, dan weggooien in het bier van Dikke Toon. Het was alsof Jacqueline, of Jacques zoals die homo haar noemde, de geesten uit haar verleden moest kwijtspelen door steeds verder van hem af te gaan staan. Het verleden waarover ze hem nooit iets wilde vertellen. Dat gaat je niet aan Frans, hou jij je nou maar bij je webshop en laat mij m'n eigen ding doen. Ze wist donders goed met welke artikelen hij zijn geld verdiende en waar al die luxe die ze zich kon permitteren vandaan kwam. In de eerste jaren had ze uit nieuwsgierigheid en omdat hij het vroeg een aantal speeltjes en lingerie uitgetest. Maar tegenwoordig mocht hij er in haar bijzijn niets meer over zeggen, alsof het opeens een smerig handeltje was geworden.

Zijn zussen en zwagers, met wie hij vroeger goed kon opschieten, zag hij de laatste jaren alleen als hij ze in Enschede toevallig tegenkwam. Ze hadden geen zin meer om op bezoek te komen en het was overduidelijk waarom. En ook Leo, die hij ervan verdacht dat hij vroeger een oogje op haar had, was omgedraaid als een blad aan een boom. Hij kon het hem niet kwalijk nemen, maar hij hoefde het er nou ook weer niet zo dik bovenop te leggen…

Terwijl hij naar huis reed, verstrakte de knoop in zijn maag weer. Hij had geen idee hoe hij als een equilibrist in het circus alle bordjes draaiend moest blijven houden. Het was duidelijk dat hij het ene gat met het andere vulde, maar het was nooit genoeg. De spelers die hij vijf, zes jaar geleden naar De Brug had gehaald, kon hij nog betalen met de zwarte kas uit de kantine. Maar daarna waren de uitgaven – Leo noemde het investeringen – elk jaar met een factor twee toegenomen. De winst uit de webshop had Leo via een ondoorzichtige constructie doorgesluisd naar de vereniging. Godallemachtig. Twintig jaar geleden had hij hoog opgekeken tegen de jongens die samen met hem waren opgegroeid en die het op de een of andere manier gemaakt hadden. En nu iedereen tegen hem opkeek kon hij niet meer terug zonder gezichtsverlies te lijden. Tel uit je winst.

Hij reed de Ekersdijk op en opende met de afstandsbediening het hek, een handeling die nog steeds voelde als een "Sesam open u" voor middenstanders. Haar auto stond niet op de oprit. Ze had hem niet verteld dat ze wegging, integendeel. Na het eten was ze naar boven gegaan met hoofdpijn en de behoefte om een avond voor zichzelf in de jacuzzi en de sauna door te brengen.

Hij stapte uit, liep achterom en ging naar binnen. De deur was niet afgesloten en het alarm niet ingeschakeld. Er was niets ingeschakeld. De stroom was uitgevallen. Hij liep voorzichtig in de richting van de deur naar de kelder, waar de hoofdschakelaar zat.

Op het moment dat hij die deur open deed, hoorde hij achter zich een geluid. Hij draaide zijn hoofd om en herkende in een flits de man die een pistool op hem richtte en voor hij zijn mond kon opendoen door zijn hoofd schoot.

18

Nico had kalfslever besteld en Frida verheugde zich op de spare ribs. Ze zaten in La Roche aan de Hengelosestraat, op voorstel van Nico die op het idee was gekomen door de documentaire die hij 's middags had gezien. Zelfs Frida wist dat La Roche vroeger het Parkhotel was geweest, waar de leden van Sportclub in april 1965 hadden gestemd voor de fusie met de Boys. Ze zaten aan dezelfde tafel waar onder andere Joop Janssen, de grillige linksbuiten van Sportclub, in fotoalbums en oude kranten had gebladerd. Janssen was inmiddels achter in de zeventig, maar zag er nog zo strak uit als in zijn beste dagen. Frida woonde aan de overkant, op 't Zwik, maar moest tot haar schande bekennen dat ze hier nog nooit gegeten had.

'Waarover wil je het hebben?' vroeg Nico.

'Mag ik heel eerlijk zijn,' lachte Frida. Ze was van plan geweest om geen alcohol te drinken, maar dat plan was een half uur voor ze hadden afgesproken de mist in gegaan omdat ze niet wist wat ze moest aantrekken. Het voelde als een date, niet als werk. Dus besloot ze om geen broek aan te trekken, maar een rok die haar benen, waar ze terecht trots op mocht zijn, goed uit liet komen. Toen ze zichzelf voor de spiegel zag, was ze zich opeens bewust van het feit dat La Roche een gelegenheid was waar ze zomaar een collega kon tegenkomen. Daarom had ze beslist een glas wijn nodig en toen de vriendelijke serveerster vroeg of ze ook een aperitief wilde, had ze meegedaan met Nico en een oude port besteld.

'Als mensen vragen of ze heel eerlijk mogen zijn, word ik als vanzelf achterdochtig,' zei Nico. 'Dus je woont hier aan de overkant? Alleen, man, vrouw, kinderen? Ik bedoel als je toch eerlijk wilt zijn.'

'Twee zonen, pubers, die op het moment bij hun vader zitten, omdat ik ze tijdens een proefwerkweek niet om me heen wil hebben. Dan ga ik teveel op ze letten, vinden zij. En mijn ex doet dat niet.'

'Daarom is het natuurlijk je ex,' dacht Nico. 'Meningsverschillen over de kinderen zijn vaak de oorzaak van ruzie en echtbreuk.'

'Ervaringsdeskundige, neem ik aan. Maar in ons geval waren het niet de jongens, maar de meisjes die het bedierven. Hij was

meer geïnteresseerd in...nou ja dat gaat je eigenlijk niks aan.'
'Nee, absoluut niet.' Nico keek haar glimlachend aan en bedacht dat ze in niets leek op de strenge hoofdinspecteur die hij een paar dagen geleden had ontmoet. Hij had overigens nog nooit met een hoofdinspecteur gedineerd. Trouwens ook niet met een andere politiefunctionaris. 'Zal ik je een vreemd verhaal vertellen?'
'Over mevrouw Snelders?' zei Frida.
'Nee, hoe kom je daar opeens op? Dat is een ander verhaal, daar kunnen we het ook over hebben als je toch je werk wilt blijven doen.'
Frida schudde haar hoofd. 'Ik heb haar aan de telefoon gehad, maar vertel eerst dat vreemde verhaal.'
'Ik ging vanochtend een stuk fietsen in de richting van Haaksbergen,' begon Nico. 'Op de een of andere manier verloor ik de route uit het oog en toen kwam ik terecht op een modderpad waar ik nauwelijks kon lopen, laat staan fietsen.'
'Het Steenhaar,' zei Frida. 'Kan niet missen.'
'Als jij 't zegt, voor mij had het ook Transsiberië kunnen zijn. Ik had geen idee. Goed, ik loop te soppen en te zweten, gaat plots mijn telefoon. Dus ik denk...bereik...zover van de bewoonde wereld kan het niet zijn hier. Vraagt een mannenstem met een nasale ondertoon: verdwaald? Om daarna een soort litanie op te dreunen; dat hij de geest uit de fles is en de passie preekt of zoiets. En dat hij respect wil. O ja, hij is ook het lichaam zonder hoofd.'
Frida pakte onbewust haar mes van tafel en kneep in het handvat.
'En toen,' vervolgde Nico, 'vertelde hij me dat ik op tweehonderd meter van een kruising liep, waar ik naar Haaksbergen of Buurse kon. Op dat moment besefte ik dat iemand me in de gaten hield, maar dat was praktisch onmogelijk. Tot ik boven me een gezoem hoorde.'
'Een drone,' zei Frida. 'Met een nasale stem?'
Nico knikte. 'En voorkennis. Ik kan je vertellen dat ik me

even in een science fiction film waande. Maar goed, het Steenhaar dus, volgens jou.'

Ze legde het mes terug en keek hem aan. 'Ik zou je heel graag willen geloven, maar dit is of heel toevallig, of het is een bewuste actie van iemand die mij op de een of andere manier iets duidelijk wil maken.'

'Jou? Ik had het idee dat hij mij in de gaten hield met z'n drone. Of bedoel je die uitspraken en weet hij dat ik...'

'Wacht even.' Frida stak haar hand op. 'Geen speculaties, hoewel ik daar graag aan mee zou doen. Eerst de feiten. Hoewel het volstrekt tegen de regels is en ik geen idee heb of ik je wel mag en kan vertrouwen, zal ik je vertellen waarom ik denk dat het geen toeval is, maar een bewuste actie.'

Nico deed even alsof hij teleurgesteld was in de mensheid in het algemeen en Frida in 't bijzonder. 'Waarom denkt iedereen dat ik niet te vertrouwen ben? Dan zou je geen enkele romanschrijver meer kunnen vertrouwen, omdat ze alles uit hun duim zuigen. Hoewel, tegenwoordig schijnt het en vogue te zijn om autobiografische boekjes uit te brengen onder de noemer roman. Leuk voor de betrokkenen...'

Frida knikte afwezig. 'Gisterochtend liep ik hierachter in het bos mijn gebruikelijke rondje, toen ik een fietser van middelbare leeftijd tegenkwam die met een nasale stem dezelfde soort teksten debiteerde, in een ouderwets aandoend Nederlands. En dat is niet alles, want de avond daarvoor werd ik gebeld op mijn huistelefoon door diezelfde stem. Geen twijfel mogelijk. Hij moet de volgende ochtend achter me aan zijn gefietst en misschien heeft hij me ook met een drone in de gaten gehouden.' Als op afspraak pakten ze allebei hun glas port en namen een slokje.

Nico wilde iets zeggen, maar werd onderbroken door de serveerster die de hoofdgerechten kwam brengen. Frida ging bijna verscholen achter de berg gemarineerde spare ribs. Ze vroeg of hij er aanstoot aan nam wanneer ze met haar handen at. Integendeel, daar stond hij op. Hij hield van vrouwen die druipend van het vet...

'Ja, oké, ik heb het begrepen. Ik zal me inhouden. Zijn er nog meer hebbelijkheden waar je op valt? Ik wil best een servet omknopen als je dat opwindt.'

Nico moest onwillekeurig lachen. Hij voelde zich vanaf het eerste moment meer op zijn gemak bij haar, dan hij zich gisteren in Dolphia had gevoeld tegenover Jacky. Alles wat oppervlakkig gezien mooi aan Jacqueline was, bleek bij nader inzien gekunsteld en onnatuurlijk. Bij Frida kreeg je wat je zag en daar zat niets artificieels bij. Aan de andere kant had hij geen idee wat ze van hem wilde, hij wist donders goed dat ze niet alleen voor de gezelligheid met hem had afgesproken.

'Veel botox?' vroeg Frida, voor ze met haar tanden een stuk vlees van het bot trok.

'Niet alleen botox, ben ik bang. Ik vermoed, maar ik ben eerlijk gezegd geen kenner, dat ook haar borsten over de uiterste houdbaarheidsdatum waren, voor ze ze in de Veldhuiskliniek liet pimpen. Over het achterwerk zul je bij Fransje Snelders te rade moeten. Waarom ben je daar in geïnteresseerd, als ik vragen mag?'

'Och, dat is een vrouwendingetje,' vond Frida. 'Ik zag een paar foto's van haar op een haringparty en ik weet dat ze van jouw leeftijd is, dus als iemand er tien jaar jonger uitziet, wil ik weten of dat wel *fair play* is. Niet dus, begrijp ik.'

'Ben je nu eigenlijk in functie of beschouw je dit als je *Feierabend?*' vroeg Nico.

'In eerste instantie leek het me leuk om elkaar nader te leren kennen – jezus, wat zeg ik dat stom – maar ik realiseerde me natuurlijk dat eh...' Ze keek langs hem in de richting van de deur, waar op dat moment een oudere man binnenkwam, die ze herkende maar niet onmiddellijk kon plaatsen. Tot ze zich realiseerde dat het niemand minder was dan de waarnemend korpschef. Omdat hij geen uniform droeg, maar een tamelijk opzichtig geruit colbert, een zwierige shawl en een parmantige alpinopet, was haar eerste indruk verklaarbaar. Hij keek om zich heen maar herkende haar niet en liep toen naar een grote tafel in een hoek van het restaurant, waar inmiddels een tiental gesoigneerde heertjes van dezelfde leeftijd en ouder waren aangeschoven.

'Zie je een drone?' vroeg Nico.

'Nee, maar wel een chef die denkt dat drones aardmannetjes of trollen zijn. De waarnemend korpschef heeft zich gevoegd bij een clubje, eh, soortgenoten lijkt het.'

'Nico draaide zijn hoofd om en zag wat ze bedoelde. 'Toevallig weet ik wie dat zijn. De Daalleggers, een mannenclub die het kegelen combineert met de aard van het mannetje, om je chef te parafraseren. Grappig toch?'

Frida moest even wennen aan die gedachte en vatte onmiddellijk een nieuw soort sympathie op voor haar chef, die geen makkelijke carrière gehad moest hebben. Misschien was hij pas in zijn nadagen uit de kast gekomen, ze kon zich niet voorstellen dat de politiecultuur dertig en veertig jaar geleden al zo liberaal was, dat iemand met zijn geaardheid ongeschonden omhoog kon klimmen. 'Ik had je een paar dingen over voetbal willen vragen, maar heb je toevallig ook verstand van drones?'

Nico schudde zijn hoofd. 'Over voetbal mag je me alles vragen, hoewel ik al een tijdje geen echte insider meer ben. Over drones weet ik niet meer dan de gemiddelde krantenlezer. Hoezo?'

Frida aarzelde even. Het feit dat haar chef in de hoek van het restaurant zat met zijn kegelvrienden gaf, gek genoeg, de doorslag. 'We hebben vorig jaar een aanslag met drones kunnen verijdelen.'

'Van wie?' vroeg Nico. 'Van de modelvliegclub die vanuit hun basis op Luchthaven Twente een gecoördineerde aanval had gepland op de tegenstanders van een doorstart?'

'Van wie weten we niet,' lachte Frida. 'Maar de aanval was gericht op regionale paasvuren. We vonden op twee gestapelde *boakens* neergestorte of gelande drones. Dezelfde soort. Ze droegen Grolsch-beugels gevuld met een vloeistof die niets te maken had met gerst en hop. Het bleek een soort blauwzuuroplossing te bevatten die in deze hoeveelheid vooral veel irritaties aan de luchtwegen veroorzaakt. Wanneer de vuren ontstoken waren, zouden de beugels door de hitte openknallen. Het zuur zou niet alleen de toeschouwers in de nabijheid van het boaken treffen, maar zich bij een beetje wind tot tientallen kilometers verderop verspreiden.'

Nico dacht even na. 'Ik neem aan dat jullie die voorgenomen aanslag niet aan de grote klok hebben gehangen; maar onze gezamenlijke stalker, tevens liefhebber van drones, doet cryptische uitspraken die jou laten vermoeden dat hij wel eens bij dat zaakje betrokken kan zijn.'

'Je formuleert het nogal omslachtig,' vond Frida terwijl ze haar kin met haar servet afveegde, 'maar daar komt het ongeveer op neer. En om nog een stapje verder te gaan: het zou heel goed kunnen dat hij het dit jaar niet heeft voorzien op de paasvuren – tenslotte zijn we gewaarschuwd – maar dat hij een ander doel heeft gevonden.'

'The Passion,' dacht Nico. 'Dat is niet erg, toch? Dat zal die *gristelijke fundi*'s leren om met zo'n protserig kruis te koop te lopen. Er zal geween zijn en geknars der tanden. Maar dat zal wel weer geen officieel veiligheidsstandpunt zijn. Ook niet leuk trouwens voor die andere waarnemer, burgemeester Freddie de Graaf. Eerst een Suzuki Swift, daarna de billen van Maxi en nu een zure douche van onzelieveheer. Zo wil je niet herinnerd worden op wikipedia.'

'Leuk of niet, ik ben bang dat je voorlopig nog niet van me af bent, Ter Mors. Om terug te komen op mevrouw Snelders, zij wilde me doen geloven dat jullie regelmatig contact hebben en goeie vrienden zijn. Ik begreep van jou dat je haar nooit meer hebt gezien, na de middelbare school.'

'Ik heb haar gisteren voor het eerst ontmoet. Zij belde me omdat...' Hij aarzelde omdat hij niet wist hoeveel hij haar kon vertellen, zonder zijn belofte aan Jacky te verbreken. Aan de andere kant, wanneer hij nu geen open kaart zou spelen, zou hij steeds verder in een moeras van halve waarheden en hele leugens wegzakken. Zijn eerste opportunistische redenen om niet alles te vertellen, waren voor grootste deel verdwenen. De ontmoeting met Jacqueline was, nog afgezien van de lichamelijke kater, geëindigd in het besef dat ze een spelletje met hem speelde om informatie los te peuteren. En hij had geen idee hoe hij kon profiteren van de gecodeerde informatie die André hem had gegeven. Zonder André zelf was die informatie zo goed als waardeloos. Kortom…'

'Je aarzelt…' constateerde Frida, terwijl ze haar vette vingers in een kommetje lauwwarm water waste.

'Tja,' zei Nico, 'we kunnen niet allemaal onze handen in onschuld wassen. Ik ben niet helemaal eerlijk geweest tegenover jou. Het stickje dat ik je gaf was niet het origineel dat ik van André kreeg. In eerste instantie kon ik er niets op vinden, dat klopt, maar ik heb er een deskundige naar laten kijken en die vond via een conversie-programma een map met files. Het bleek te gaan om foto's, een album eigenlijk over de ontwikkeling van een tienjarig voetballertje. De laatste file betrof een contract tussen een voetballer en zijn zaakwaarnemer, waarbij de namen onleesbaar waren. Sorry. Ik had het je onmiddellijk moeten vertellen, maar…'

'Je wilde als journalist of misschien wel als tussenpersoon kijken of er voor jou een voordeeltje te halen zou zijn. Ook al omdat je niet wist wat André Hammink van je wilde.' Frida was zo vriendelijk om het van zijn kant te bekijken, tenslotte was ze op dit moment niet helemaal vrij van opportunisme.

'Dat is aardig van je, ik ben inderdaad nooit een natuurlijke bondgenoot van het gezag geweest. Als ik geweten had dat het gezag jouw benen had, zou mijn leven er waarschijnlijk heel anders hebben uitgezien.'

'Zo kan-ie wel weer. Moet ik dat als een compliment beschouwen of als een doorzichtig goedmakertje?' vroeg Frida. 'Maar om even op de zaak terug te komen. Was Jacqueline Snelders op de hoogte van de informatie die op dat stickje stond. Of wacht...dat was ze niet, maar ze vermoedde dat hij jou iets had gegeven? Heb ik gelijk?'

'Ongeveer. André bleek ook met haar gepraat te hebben. Tenslotte zit Frans Snelders, als ik de geruchten en insinuaties goed heb begrepen, tot over zijn oren in de spelershandel. Ik denk dat André zelf zaakwaarnemer – *agente* – van die jongen was en dat hij hem via Frans wilde aanbieden bij een club. Twente, Heracles, of misschien iets verderop over de grens.'

'Kijk,' zei Frida. 'Dat bedoel ik. Daar had ik het dus met je over willen hebben, voor die drones langskwamen. Jij hebt verstand van duistere voetbalzaken.'

In de hoek van het restaurant waar de Daalleggers een vorkje prikten, werd een sonoor gezang waarneembaar. *For he is a jolly good fellow.* Daarop volgde een toast en toen stond de korpschef op om zijn vrienden te bedanken. Frida volgde het tafereel en nam zich voor om zich de komende maanden, tot er een nieuwe chef was benoemd, niet meer aan hem te ergeren.

Nico vroeg zich ondertussen af, óf en wat hij Frida moest vertellen over het merkwaardige verhaal dat Jacqueline hem over haar avonturen in Uruguay had verteld. Misschien zou ze die door middel van haar officiële kanalen kunnen verifiëren. Maar dat verleden had, voor zover hij het nu kon bekijken, weinig te maken met de dood van André. Hij kon dat aspect voorlopig beter laten rusten.

'Was er nog iets wat je me wilde vertellen,' vroeg Frida.

'Dat zou ik wel willen, maar ik heb Jacky mijn woord gegeven dat ik het er met niemand over zou hebben. Ze heeft me een verhaal verteld over haar verleden, waarin ook André Hammink figureert.' Nico trok verontschuldigend zijn wenkbrauwen op.

'Ook niet als het bijdraagt aan de oplossing van zijn dood.'

'Ik kan me niet voorstellen dat het een met het ander te maken heeft,' vond Nico, 'maar als daar verandering in komt, ben jij de eerste die het hoort. Tenzij je me gijzelt omdat ik informatie achter houd.'

'Goed idee,' zei Frida. 'Dat kan vanavond al. Bij mij thuis.' Ze stond zelf nog het meest versteld van haar impliciete uitnodiging. Haar behoefte om deze man beter te leren kennen, om een goedkoop eufemisme te gebruiken, was kennelijk groter dan haar gebruikelijke gêne in dit soort situaties. De uien bij de kalfslever moest ze op de koop toenemen.

19

De man die uit zijn as herrezen was, glimlachte. Alles verliep volgens plan. Hoewel de generale repetitie vorig jaar de mist in was gegaan, beloofde 2015 al het moois te zullen brengen waar hij al jaren naar toe geleefd had. The Passion was een geschenk uit de hemel. Dank u, Knevel & Van den Brink, of wie er ook verantwoordelijk was voor dit bovennatuurlijke cadeau, dat hij alleen maar hoefde uit te pakken.

Zelfs de cameraverkenner had hij eigenhandig kunnen herstellen. Hij moest alleen oppassen dat hij, nu hij zo dicht bij zijn doel was, niet al te opzichtig werd in zijn bedoelingen. Het was natuurlijk grappig om Nico de stuipen op het lijf te jagen en om mevrouw de hoofdinspecteur een paar duwtjes in de goeie richting te geven, maar nu moest hij pas op de plaats maken tot Witte Donderdag in de Goede Week.

Wat wel verontrustend was, was dat die bitch onmiddellijk contact had opgenomen met Ter Mors. Dat had hij niet verwacht, de nood moest Fransje Snelders tot de lippen zijn gestegen. Misschien had hij zich te veel geconcentreerd op het grote geheel en had hij te weinig aandacht besteed aan een paar essentiële details. Of hij had haar hebzucht onderschat, hoewel die moeilijk te onderschatten viel. Met wie had ze nu weer een deal gesloten? Hij had wel een vermoeden, meer zelfs dan een vermoeden. Hij wist al een tijdje dat ze heulde met die bolle accountant. Slim. Nadat ze Frans had uitgekleed, moest ze zijn kleren zien kwijt te raken. Wie kon dat beter dan *mister Dryclean?* Het zou zomaar kunnen dat de geest die hij uit de fles had gelaten, zichzelf in zijn staart beet.

Maar – waarom zat overal een maar aan, waarom kon hij niet gewoon genieten van zijn elegante oplossingen voor problemen die anderen voortdurend veroorzaakten – maar ... hij mocht niet te vroeg bijten. Alles op zijn tijd, anders viel zijn masterplan om. Hij moest de mus die het record dominostenen omgooien bedreigde, uit de nok van het dak schieten, zonder geluid te maken of zoveel lucht te verplaatsen dat er alsnog een steen viel. En zonder de dierenbescherming, de vogeltellers en plofkippenneukers tegen zich in het harnas te jagen.

Tevreden over die metafoor keek hij op het grote scherm naar een wedstrijd op Fox Sports die hij vorige week al live had gezien. Hij concentreerde zich op de details die hem toen niet waren opgevallen. De kapsels, de maniertjes van de trainers, de handschoenen van de keepers, de spandoeken die door de censuur waren gekomen. Terwijl de onvermijdelijke ergernis zich als darmgas tijdens een crematieplechtigheid opdrong en hij de afstandsbediening bijna fijn kneep, bleef hij halsstarrig kijken tot het laatste fluitsignaal. Bij elke breedtepass mompelde hij het jaarsalaris van de betreffende speler en bij elke obligate terugspeelbal vervloekte hij zijn obsessie, als een huisvrouw op een kruk voor de fruitautomaat in het buurtcafé.

Nog een maand, beloofde hij zichzelf.

20

Ze hadden de desserts en de koffie overgeslagen en waren naar de overkant gelopen. Het huis, dat zoals de meeste huizen in deze buurt in de jaren twintig van de vorige eeuw was gebouwd voor de opkomende middenklasse, was functioneel en modern ingericht. Aan niets was te zien dat de hoofdbewoner politiefunctionaris was. Toen Nico daar een opmerking over maakte vroeg Frida wat hij dan had verwacht. Roodwit lint in de gang, of foto's van plaatsen delict aan de muur? 'Mijn jongens schamen zich sowieso al, wanneer ik af en toe in uniform de deur uit ga.'

'Grappig,' vond Nico. 'Over twintig jaar vertellen ze stoere verhalen over hun moeder. Wat doet je ex?'

'Architect,' zei Frida. 'Dat vinden ze dan weer wel interessant. Terwijl die man hoofdzakelijk maquettes zit te knutselen en cadcam-filmpjes maakt van projecten die nooit doorgaan.'

'Sprak zij rancuneus.' Nico ging op een diepe bank zitten, terwijl Frida voor sfeerverlichting en achtergrondmuziek zorgde. Het voelde een beetje illegaal, alsof hij vreemd ging met de vrouw van zijn baas.

'Zo,' zei Frida. Ze trok de kurk uit een wijnfles en schonk twee glazen in. 'Het is nogal ongebruikelijk, daar ben ik me van bewust, maar als we altijd ons decorum moeten ophouden, gebeurt er nooit meer iets in het leven. 'Proost.'

'*Keeping up appearances*,' lachte Nico, 'daar ben ik inderdaad mee opgegroeid. Terwijl de aso's en de textielbazen zich alles konden permitteren, moest de middenklasse zorgen dat ze niet opviel. Ik heb dat proberen in te halen tijdens mijn studententijd in kraakpanden en lekke woonboten, maar die mentaliteit sla je er met geen honderd stokslagen uit. Daarom ben ik ook tegen lijfstraffen.'

'Welke straf leg je jezelf op als je een stommiteit hebt begaan?' vroeg Frida.

'Onthouding. Geen sterke drank, hallucinerende tabak of kinky seks. En dat nu alweer zo lang ik terug ben in Enschede. Maar wat ik niet uit mijn systeem kan krijgen is FC Twente. Dat is een verslaving die je zelfs je ergste vijand niet toewenst: clubliefde. Ik bedoel een junk kan met een beetje goede wil afkicken en als je vrouw vreemd gaat, zoek je na een gepaste rouwperiode een ander. Maar een club die je als jongetje met de paplepel naar binnen hebt gekregen, krijg je er nooit meer uit. Ook al ken je geen speler meer van naam en zijn het allemaal verwende klootzakjes, het geheel is altijd groter dan de som der delen.'

Frida knikte. 'Het zit in deze regio diep. Alles draait om trots en respect, daarom voelen Twentesupporters zich meer verbonden met Feijenoord dan met Ajax. Ik heb collega's die nauwelijks functioneren wanneer Twente verloren heeft, maar als ze van Ajax verliezen melden ze zich ziek.'

'In Amsterdam ging ik wel eens naar de Meer, maar nooit als ze tegen Twente speelden. Dat kon ik niet aanzien. Toen Ajax in de Arena ging spelen, ben ik ermee opgehouden. Toen kwam de halve provincie naar het stadion om bij de winnaars te horen. Voor mij is Het Stadion trouwens nog steeds Diekman, waar je de spelers een half uur voor de wedstrijd kon zien opwarmen op het gras van het zwembad, om daarna slalommend tussen de geparkeerde auto's terug te gaan naar de kleedkamers. Heb jij een obsessie?'

Frida dacht even na. Ze hield van hardlopen in het bos, maar dat was geen obsessie. De kinderen waren ook nooit een obsessie geweest, daarvoor was ze te nuchter. 'Eigenlijk ben ik nogal saai. Geen drank, drugs of porno. Geen internetdating, zelfs geen yoga of vakantieveilingen. Het meest geobsedeerd ben ik eerlijk gezegd door een onopgelost misdrijf. Dat was een reden waarom ik mijn studie rechten heb verruild voor de politieacademie. Jammer genoeg ben ik als teamleider niet meer betrokken bij het echte handwerk.'

'Dus via mij probeer je nog een beetje rechercheromantiek op te snuiven. Maar als die Daallegger dat wist, zou je een berisping krijgen.' Nico vroeg zich af welke tussenstappen er nog meer genomen moesten worden, voor ze naar bed konden. Of was het verstandiger om na dit glas afscheid te nemen en naar huis te gaan?

'We kunnen hier nog een hele tijd blijven zitten,' zei Frida, 'maar ik moet morgen vroeg op, dus als je het niet erg vindt, stel ik voor om…'

Nico keek teleurgesteld. 'Nou ja, jammer. Maar iemand moet de verstandigste zijn.'

'Wat bedoel je?' vroeg Frida. 'Je gaat toch niet weg? Ik kan een oud Twenteshirt van één van de jongens aantrekken als je dat wilt.'

'Nee, alsjeblieft. Ik was bang dat je ging zeggen dat ik beter kon vertrekken, omdat jij morgen vroeg op moet. Ik wil trouwens wel naar het bureau bellen om te melden dat Frida een paar uurtjes later komt, omdat…omdat ze van Ajax heeft verloren of zo.'

'Ajax? Ik hoop niet dat je van plan bent om me de halve nacht wakker te houden, omdat je vindt dat je moet laten zien wat je op jouw leeftijd nog allemaal klaarspeelt. Het is geen test. Het is meer een…'

'Proefboring?' vroeg Nico. 'Nou ja, ik hoop wel dat ik gewoon mijn werk mag doen en dat je niet halverwege in slaap valt.' Hij pakte haar hand en trok haar gedecideerd naar zich toe. Op dat moment ging haar telefoon.

'Sorry, mijn alarmnummer. Die moet ik aannemen.' Ze nam op en luisterde. 'Oké. Kom je me halen?' Daarna verbrak ze de verbinding en keek Nico aan met opgetrokken wenkbrauwen. 'Ik ben bang dat we die proefboring, zoals jij het zo romantisch omschrijft, moeten uitstellen. Er is een melding gekomen van een man die door middel van een pistoolschot is vermoord. Het gaat, *off the record*, om Frans Snelders. Zijn vrouw heeft het misdrijf aangegeven.'

Nog geen twintig minuten later was Frida op de plaats delict aan de Ekersdijk in Glanerbrug. Haar forensische collega's waren al bezig om foto's en video's te maken. Mevrouw Snelders zat in de woonkeuken en leek totaal van de wereld.

'Bent u in staat om een paar vragen te beantwoorden?' vroeg Frida. 'Ik ben hoofdinspecteur Brandriet, toevallig hebben we elkaar vandaag aan de telefoon gehad.'

Jacky keek Frida aan zoals haar moeder keek, wanneer ze

haar in Bruggerbosch bezocht. Het verpleeghuis lag hier nog geen honderd meter vandaan.

'Vragen, wat vragen? Iemand heeft Frans doodgeschoten.' Ze stond op en haalde een pakje sigaretten uit een la.

'Wat trof u precies aan toen u thuis kwam?' Frida probeerde de opspelende woorden botox en houdbaarheidsdatum te wissen, maar dat was niet zo makkelijk.

'Precies?' Jacky zocht een aansteker en stak een sigaret op. 'Wat trof ik precies aan? Zeggen rechercheurs dat echt? Ik dacht dat je zo'n tekst alleen in Nederlandse politieseries hoorde.'

'Ik wil best even wachten met het stellen van vragen, maar het is…'

'Nee, het is goed,' snauwde Jacky Snelders. 'Ik kwam van een vriend en zag dat Frans thuis was. Alles was donker, de deur zat niet op slot en het alarm was afgezet. Ik kon geen licht maken, dus ik ben naar de kelder gegaan om de hoofdschakelaar om te zetten. Daar struikelde ik bijna over zijn benen. Ik dacht dat hij misschien gevallen was in het donker, terwijl hij naar de schakelaar zocht. Dus ik heb dat ding omgezet en licht gemaakt en toen zag ik dat hij met zijn hoofd tegen de muur lag en dat die onder het bloed zat. Met zijn hoofd tegen de muur gevallen, dacht ik. Maar toen ik beter keek…' Ze hield abrupt op en leek opeens te beseffen dat dit een goed moment was om in huilen uit te barsten. Door de harde lijnen in haar gezicht kon Frida niet goed zien of het een echte of een gespeelde emotie was. Haar vooringenomenheid tegenover Jacky was niet professioneel, realiseerde ze zich. Misschien was het beter om de leiding van het onderzoek aan een collega over te laten; of toch in ieder geval het contact met mevrouw Snelders. In dat geval zou ze moeten verklaren waarom ze zichzelf wraakte. Daar had ze nu even geen zin in. Ze had gevraagd of Nico op haar wilde wachten, maar dat leek hem geen goed idee. Ze hadden zonder beloftes afscheid genomen. 'Hoe laat kwam u thuis en kunt u vertellen bij wie u vanavond bent geweest?'

Jacky drukte haar half opgerookte sigaret uit. 'Rond elf uur. Frans had een vergadering bij De Brug om zeven uur en daarna heeft hij zich waarschijnlijk laten "masseren" in Gronau. Tenminste, dat was zijn gewoonte op donderdag. Ik ga je niet vertellen wat ik heb gedaan, dat lijkt me niet relevant.'

'U wilt het niet, lijkt me. Weet u toevallig waar uw man zich liet masseren?'

Jacky trok haar schouders op. 'In een massagesalon, neem ik aan. Ik liep hem echt niet achterna, om te kijken waar meneer zijn hobby beoefende, mocht je dat idee hebben. Ik was allang blij dat ik van die taak verlost was, zo'n zwetende halfzatte vetklep…nou ja, maar dit had hij niet verdiend.'

Frida knikte begrijpend. 'Wat wel of niet relevant is in het onderzoek, bepaal ik. Wanneer u, om welke reden dan ook, iemand in bescherming wilt nemen, zult u op een andere manier met een degelijk alibi moeten komen.'

'Je denkt toch niet echt dat ik Frans heb neergeschoten? Mens, ik heb nog nooit een pistool of een geweer vastgehouden. Maar als je het perse moet weten, bel ik hem even en vraag of hij wil bevestigen dat ik het grootste deel van de avond…' Jacky haalde haar telefoon uit haar D&G schoudertas en koos een nummer. Het duurde even voor ze verbinding kreeg, waarna ze zich discreet terugtrok in de zitkamer om haar ontlastende getuige bij te praten.

Frida bedacht dat ze mevrouw in ieder geval op kruitsporen moest laten controleren, maar ze geloofde niet dat Jacky haar man had vermoord. Als dat zo was, was ze niet alleen koelbloedig en brutaal, maar ook een buitengewoon goed actrice. Ze vroeg aan de inmiddels gearriveerde schouwarts of ze een eerste indicatie van het tijdstip van overlijden kon geven.

Dat stelde ze, met wat slagen om de arm, op ongeveer anderhalf à twee uur geleden.

Jacky kwam terug en reikte Frida haar iPhone. 'Hij wil het bevestigen.'

Ze nam de telefoon aan en vroeg met wie ze het genoegen

had.

'Nico ter Mors.'

Frida moest heel even van haar verbazing bekomen en draaide zich toen snel om, om de lach op haar gezicht te verbergen. 'Meneer Ter Mors. Ik begrijp van mevrouw Snelders dat ze u heeft gevraagd te bevestigen dat ze de avond, of althans een deel daarvan, in uw gezelschap heeft doorgebracht. U hebt ook begrepen waarom we dat willen weten?'

'Grappig toch,' zei Nico. 'Ik wil haar niet in verlegenheid brengen, dat laat ik aan jou over. Ik bedoel, eerst onze avond verpesten en dan ook nog voor alibi spelen...'

'Begrijp ik,' zei Frida, terwijl ze officieel probeerde te klinken. 'Dus u zegt met zoveel woorden dat mevrouw Snelders van acht tot half elf in uw gezelschap heeft doorgebracht. In uw flat neem ik aan?'

'Dat zeg ik helemaal niet,' zei Nico, 'dat zijn jouw woorden. Maar goed, zoiets heb ik haar beloofd te zullen zeggen. Jezus, hoe brei je dit allemaal recht tegenover de Daallegger?'

'Hartelijk dank voor uw medewerking,' zei Frida. 'Mocht het nodig zijn, dan wilt u dit natuurlijk onder ede bevestigen?'

'Echt niet,' zei Nico. 'Ik lig hier trouwens met een erectie van 't Zwik tot Glanerbrug...'

Frida verbrak de verbinding en gaf Jacky de telefoon terug. 'U hebt inderdaad een alibi, maar gezien het tijdstip van overlijden van uw echtgenoot, zullen we voor de zekerheid ook uw kleding en huid op kruitsporen moeten controleren.'

'Dit blijft wel onder ons,' zei Jacky. 'Ik heb geen zin om door iedereen te worden gezien als vreemdganger. Laten we de nagedachtenis van mijn man een beetje waardig houden.'

'Zo heb ik het ook niet begrepen,' zei Frida. 'En het kan me niet schelen wat u in die tijd samen hebt uitgespookt, misschien hebben jullie zitten scrabbelen of oude herinneringen opgehaald aan André Hammink. Iets anders is, hebt u enig idee wie het kon hebben voorzien op uw man? Had hij de laatste tijd kwestie met iemand, zakelijke geschillen of anderszins?'

'Geen idee.' Jacky zocht opnieuw naar een sigaret. 'Ik bemoeide me niet met zijn zaken. Hij had een webshop in erotische artikelen. Niet bepaald iets waarmee we te koop liepen, maar het marcheerde behoorlijk. Als je daar meer over wilt weten, moet je Leo hebben. Leo Voerman was zijn financiële man. Ook bij De Brug trouwens. Hij zal vanavond bij die vergadering hebben gezeten.'

'Kenden uw man en André Hammink elkaar?' vroeg Frida.

'Geen idee, misschien van vroeger, dat zou je ook aan Leo kunnen vragen. Leo kende Frans al van de lagere school. Ik zal hem bellen, hij woont vlakbij en ik wil niet dat hij het morgen in de krant moet lezen.' Ze verwijderde zich opnieuw.

Frida vroeg zich af waarom ze Nico had uitgezocht als alibi. Ze kon zich niet voorstellen dat Nico tegenover haar had gelogen over de avond daarvoor. Maar hij had wel iets aan Jacky beloofd. Kennelijk voldoende om als instant-alibi te fungeren. Dat betekende dat ze iemand anders in bescherming nam, iemand die kennelijk meer te verliezen had dan Nico ter Mors. Hoe ze het ook wendde of keerde, door deze verrassende vondst van mevrouw Snelders, werd haar eigen positie als teamleider steeds ongeloofwaardiger. Als ze dit allemaal moest uitleggen aan de officier van justitie…

Om vier uur werd ze thuis afgezet. Ze strompelde de trap op, liet haar kleren achter in de badkamer, trok een t-shirt aan en rolde zonder het licht aan te doen in bed. Om zich helemaal wezenloos te schrikken, toen ze ontdekte dat daar al iemand lag. Ze was onmiddellijk klaarwakker, deed het nachtlampje aan en constateerde dat Nico in diepe slaap was. Het besef van een halfnaakt mannenlichaam in bed hield haar vijf minuten wakker, daarna was ze vertrokken.

Ze werd om zeven uur wakker omdat ze werd gebeld door een hulpofficier van justitie, die namens haar baas wilde weten wat de stand van zaken was rond de moord in Glanerbrug en of ze zelf de leiding van het onderzoek deed. Frida moest even naar haar officiële stem zoeken voor ze kon melden dat ze voorlopig zelf de leiding had en over een uur of twee een briefing zou geven.

Nico was wakker geworden en bleef op gepaste afstand liggen. 'Ali Bibi staat weer geheel tot uw dienst.'

'Dat zou ik ook zeggen als ik jou was. Daar heb ik vannacht weinig van gemerkt. Snurken en stinken, maar aanpakken, ho maar.' Frida rolde naar hem toe en kroop tegen hem aan. Hij rook zoals een man 's ochtends hoorde te ruiken, vond ze. Een geheimzinnig aroma, waar ze ondanks het vroege uur en het lijk van Frans Snelders op de achtergrond, behoorlijk opgewonden van werd. En ook aan zijn erectie was niets gelogen, voelde ze. Ze speelde hem probleemloos binnen en bereed hem als een jockey tijdens de eerste honderden meters van de Grand National.

21

Jacky Snelders, inmiddels bijna een half etmaal weduwe, was uit tactische overwegingen de afgelopen nacht blijven slapen bij Timo, haar interieurarchitect. Ze had nooit precies begrepen wat zijn opleiding was, maar er zaten een paar imposante buitenlandse namen bij en hij kende Lidewij Edelkoort.

'Meid,' had Timo gekird toen ze hem op de hoogte bracht van het brute verscheiden van haar echtgenoot, 'dat meeeeen je niet...' Daarna had hij geïnformeerd naar haar welzijn en of de schilderijen en de wandkleden er nog hingen. Ze kon hem geruststellen, het ging niet om de kunst, Frans was het enige slachtoffer. Omdat hij ab-so-luut niet tegen bloed kon, durfde hij haar niet op te halen, dus was ze zelf naar zijn minimalistisch ingerichte appartement gereden, waar ze na een half uur al weer een beetje om de zaak konden lachen. Dat was het leuke van Timo, hij kon nooit lang serieus blijven, behalve als het om zijn facturen ging.

'Dus nou moet jij de seks en de voetbal doen?' concludeerde hij.

'Ja daaag,' zei Jacky. 'Dat mag Leo oplossen. Ik hoop wel dat er nog iets overblijft.'

'Waarom ben je niet bij hem gaan slapen?' vroeg Timo. 'Je hebt opeens vrij spel, ja toch?'

'Dat lijkt me niet echt verstandig, ik ben bang dat daar kamervragen over gesteld zouden worden. En jij weet niks over Leo en mij, dat heb je hopelijk goed begrepen.' Ze probeerde ernstig te kijken.

'Een gepaste rouwperiode, begrijp ik. *My lips are sealed* en jouw schaamlipjes ook. Voorlopig.'

Daarna was ze in de logeerkamer gedoken met twee mogadonnetjes en de volgende ochtend met een loodzwaar hoofd wakker geworden. Timo maakte ruzie aan de telefoon met een opdrachtgever en ze probeerde zich te herinneren wat er precies was gebeurd. Heel langzaam kwam de film van gisteravond in korte *sequences* terug. De enige beeldovergang die ze niet helemaal begreep was haar impulsieve beslissing om niet Timo als alibi op te voeren, maar Nico ter Mors. Misschien omdat ze Timo niet geloofwaardig genoeg vond; als hij moest liegen, ging hij enorm overdrijven. Nico kon ze om haar vinger winden, had ze in Dolphia gemerkt. Twee keer met haar ogen knipperen en hij gleed naar binnen. Een impliciete belofte was voldoende om hem als een veilig alibi te kunnen gebruiken. En door zijn betrokkenheid bij het hoofd van André Hammink, werd de politie ook nog op een mooi dwaalspoor gebracht.

Dat was de theorie, besefte ze. De praktijk moest uitwijzen of alles liep zoals ze hadden bedacht. Niet dat er een andere mogelijkheid was geweest. De dood van Frans was de enige kans om uit de problemen te komen. Volgens Leo. Een oplossing die niet de schoonheidsprijs verdiende, maar je kon in het leven niet altijd voor alle prijzen gaan. Uiteindelijk werd je afgerekend op de punten, het linker- of het rechterrijtje, boven of onder de streep. Leo was boekhouder, die begreep dat. Frans was een romanticus en dat kun je je alleen permitteren als je geen verantwoordelijkheden hebt. Zij had geen zin om terug naar af te moeten, ze had lang genoeg onder de streep geleefd. Nu was het *pay time* en dat wilde ze graag zo houden.

De onverwachte komst van die gladde bedrieger had haar ogen geopend, nadat ze zich in slaap had laten wiegen door haar nieuwe imago en haar nieuwe vrienden. Kunst en cultuur waren leuk en aardig, maar een plaats in de VIP-lounge van de Grolsch Veste was de hoofdprijs. Daar werden de echte deals gesloten en de mannetjes gemaakt, zoals vroeger in de Groote Sociëteit. Frans Snelders werd er gezien als een dwaze clown, die zich met zijn kamikazeclubje in de wereld waar de echte zaken werden gedaan wilde parachuteren. En die haar bijna had meegezogen in zijn financiële moeras. Leo had haar al een paar jaar geleden gewaarschuwd, maar het alarm was pas afgegaan toen JT belde. Ze kon bijna niet geloven dat het al weer twintig jaar geleden was dat ze hem voor het laatst had gezien. Ze was gevlucht, dat leek de enige mogelijkheid om zich uit het wespennest waarin ze terecht gekomen was, te bevrijden. Terug naar haar Twentse roots, waarvan ze wist dat ze er oude banden kon aanhalen. Ze had een jaartje de kat uit de boom gekeken en toen bewust gekozen voor Frans. Op dat moment een goeie keus, waarbij ze Leo altijd achter hand wist als zijn vliegende kiep en haar schoothondje, dat ze af en toe een worst moest voorhouden.

De komst van haar oude bondgenoot veranderde het hele spectrum. Hoe hij haar had opgespoord was nog steeds een raadsel, maar het grootste mysterie was natuurlijk zijn dood.

Volgens Nico, ook zo'n spook uit haar verleden, had hij Spaans of Portugees met iemand gesproken, vlak voor zijn verdwijning. Dat kon duiden op een tweede partij, die hem tot in Enschede was gevolgd. Of een partner, een zakenvriend die hij belazerde, zoals hij dat vroeger placht te doen. Zijn dood kwam haar natuurlijk goed uit, maar ze wilde wel weten wie erachter zat en waar de informatie was gebleven.

Ze had gisterochtend met Leo overlegd in hun *pied à terre*, over de grens in Epe. En ze waren het er al snel over eens. Frans was een ongeleid projectiel geworden en als ze de mogelijkheid die JT hen impliciet had voorgehouden, wilden gebruiken, dan moest hij verdwijnen. Voor hij alles met zich meezoog in zijn onvermijdelijke val.

Leo had zichzelf en Jacky natuurlijk zoveel mogelijk uit de wind gezet, maar nieuwe wetten en regels zouden ook hun ondergang kunnen betekenen. En dat terwijl de sterren op dit moment gunstig stonden. Na het aangekondigde vertrek van Joop Munsterman en de komst van tussenpaus Aldo "Kips" van der Laan, zag Leo kansen om op de Twente-trein te springen, waar gesnakt werd naar frisse lucht en gezond geld. Natuurlijk zouden Van der Laan, Wessels en Trebbe bijspringen als de locomotief in de afgrond dreigde te rijden, maar ze pompten geen geld in doodlopende sporen.

Dat vooruitzicht, doodlopend spoor, had het lot bezegeld van Frans Snelders.

De dood van Frans Snelders verraste ook de man die zichzelf opnieuw had uitgevonden. Hij wist niet of hij er blij mee moest zijn. Aan de ene kant hield hij niet van verrassingen, hij was liever *in control,* aan de andere kant verloste het hem van een probleem, waarvoor hij in deze drukke tijden nog geen oplossing had gevonden. Het probleem lag veilig in de oude vriezer, waar zijn vader vroeger het illegale wild bewaarde. Hij hield niet van wild, ook niet van gewoon vlees trouwens. Hij had zoveel grillparties en andere *meat-events* meegemaakt, dat hij al spontane buikkrampen kreeg bij het horen van het deuntje van Kips-leverworst. En uitgerekend die beenhouwer was de baas geworden bij FC Twente... Zoals altijd schoven de heren elkaar de biefstukken toe en bleef er voor de gewone supporter bakbloedworst over. Overigens was dat de enige uitzondering die hij op zijn vegetarische menu maakte, met kerst at hij Twentsche boeren bakbloedworst van Wiggers uit Hengelo. Daar kon geen *rib eye* of entrecote aan tippen.

Maar goed, de dood van de echtgenoot van de bitch, bood ontegenzeglijk een prachtkans, die zelfs good old Jan Jeuring in zijn tijd niet om zeep had kunnen helpen. Hij moest even lachen om die *inside joke,* die ze vroeger op de jongenstribune onder het scorebord maakten, wanneer de bonkige spits in zijn eentje op de doelman afstoof. Dan doken alle jongens spontaan naar beneden, uit gespeelde angst om niet door de bal, die naar verwachting hoog over zou gaan, geraakt te worden. Tegenwoordig mocht je blij zijn wanneer een van die gasten überhaupt op doel schoot.

De ergernis die hij probeerde in te dammen, klotste alweer tegen de plinten. Om niet opnieuw door een aanval van hevige gramschap te worden bevangen, pakte hij snel een van de oude plakboeken uit de kast en bladerde door jaargang '68 – '69, toen hij, op zijn achtste verjaardag niet alleen een nieuwe bal had gekregen, maar ook geld om met een vriendje naar het stadion te gaan. Het stadion waar die ouwe nog niet dood gevonden wilde worden, hoewel ze er bijna tegenover woonden.

Het was 3 november en het regende de hele dag. Dat was maar goed ook, anders zou je nog denken dat al die stoere kerels en knapen op de overvolle tribunes huilden van vreugde over de historische overwinning van 5-1 op het Ajax van Cruyff, Keizer en Michels. Alleen het landskampioenschap kon zich kwa impact meten met die victorie. Met het verschil dat er in 1968 liefst zes echte Tukkers in het elftal speelden. Hij kon ze moeiteloos opnoemen. Theóóó Pahlplatz die twee goals maakte, Jeuring, Willem de Vries, Jantje Bronkers, Benno Huve en Issy ten Donkelaar. Plus de aangenomen culthelden Eddy "de Keu" Achterberg en Epi Drost.

In 2010 was Woutje Brama de enige Tukker. Mensen vergaten vaak dat Sander Boschker uit Lichtenvoorde kwam. Je kon hem een scherpslijper en een muggenzifter noemen, maar Lichtenvoorde was toch echt de Achterhoek.

Hij sloeg het plakboek, dat hij eigenhandig had aangelegd, dicht en sloot even de ogen om de film van die kletsnatte wedstrijd terug te spoelen. Maar de beelden werden verdrongen door de tweede helft van die competitie, waarin ze het kampioenschap op potsierlijke wijze hadden verspeeld; gelukkig aan Feijenoord, niet aan Ajax. Maar toch. Niemand wist wat er precies was gebeurd tijdens de winterstop dat seizoen. Feit was dat topscorer Dick van Dijk al een aanbieding uit Amsterdam op zak had en dat trainer Rijvers geen controle meer had over de groep. De hartproblemen en de vroege dood van Van Dijk, Drost en ook het talent van dat jaar René Notten, hadden om een uitgebreid onderzoek geschreeuwd, maar meneer Olijve, die het waarschijnlijk had kunnen uitleggen, was al in 1974 verongelukt…

Hij liep naar de bijkeuken, waar de vriezer stond. Hij had geen tijd te verliezen voor mevrouw de hoofdinspecteur haar oestrogeengehalte weer op beroepspeil had geleveld. Helaas waren de beelden van de giro mislukt, maar zijn missie was ten volle geslaagd.

22

Nadat Frida de officier had bijgepraat en uitgelegd waarom ze het belangrijk vond om zelf het onderzoek te leiden, stapte ze met haar jonge collega Ferdy in een ongemarkeerde auto en reed naar het clubgebouw van De Brug. Het viel haar op dat de hele wereld van Frans Snelders op een zakdoek paste. Aan de Kerkstraat zat basisschool Gerardus waar hij was begonnen, even verderop café Dikke Toon en aan de overkant lag sportpark Bultserve. Dikke Toon was, niet geheel toevallig, shirtsponsor van De Brug, wist Ferdy.

Ferdy vertelde onderweg dat hij zelf uit Glanerbrug kwam en bij Eilermark speelde, waar ze een bloedhekel hadden aan alles wat met De Brug en Frans Snelders te maken had.

'Dus jij kent wel een paar kandidaten die ome Frans liever kwijt dan rijk waren,' zei Frida.

'Dat ligt subtieler. Frans Snelders was niet helemaal gek natuurlijk. Hij sponsorde in het geheim ook alle andere clubs hier. Avanti, Sportlust en Eilermark hebben allemaal geprofiteerd van zijn verdeel en heerspolitiek. Macchiavelli zou er nog een puntje aan kunnen zuigen.'

Ze keek haar gelegenheidspartner even verbaasd aan. 'Il Principe van Glanerbrug.'

'Ik denk niet dat Frans dat heeft gelezen,' dacht Ferdy. 'Wist je dat hij zijn geld verdiende met een webshop in seksartikelen. SexSells.com, weet ik toevallig. Voor discrete aanvoer van al uw hulpmiddelen. De Zalando van de onderbuik. Alleen zonder ruilmogelijkheid.'

Frida kende de jonge rechercheur niet zo goed, maar zijn toon beviel haar. 'Speelde Erik Dijkstra niet bij Eilermark?' vroeg ze.

'Ja, maar sinds hij zich een paar jaar geleden heeft geleend voor een vertellersrol in The Passion durft hij de kantine niet meer in, uit angst dat iemand hem met die teksten om de oren slaat. *Erik, Erik, waarom hebt u ons verlaten.* Of: *Vader vergeef hem, want hij weet niet wat hij doet.*'

'Echt?' lachte Frida.

Ferdy keek haar met een schuin hoofd aan. 'Leo Voerman. Wat willen we van hem weten?'

Leo had hen gevraagd of ze naar de kantine van De Brug wilden komen, waar hij was om een ingelaste bestuursvergadering voor te bereiden. Hij zat aan een grote tafel waarop een hoeveelheid ordners was uitgespreid. Frida had nog niet zo lang geleden gelezen dat grote amateurclubs met begrotingen werkten, die in de miljoenen konden lopen. Als Voerman het financiële brein van de vereniging was, zag zijn werkwijze er tamelijk retro uit.

'Nu ik er toch ben,' zei Leo, nadat ze zich hadden voorgesteld en hij naar een onzichtbare kantinemedewerker had geroepen dat ze koffie wilden, 'kan ik maar beter van de gelegenheid gebruik maken om te kijken hoeveel zwart geld we uit de kantine kunnen halen om onze jongens onder tafel te betalen.' Hij wachtte even. 'Grapje. Ja, ik maak ze zelf maar tegenwoordig, want er is niemand die je nog gelooft als je vertelt dat je als onbezoldigd vrijwilliger wekelijks tien uur in je liefhebberij steekt.'

'De Brug betaalt niemand?' vroeg Frida.

'Alleen de trainer. En dat staat allemaal keurig zwart op wit, met alle afdrachten en emolumenten. Maar ik dacht dat jullie het over Frans wilden hebben. De Brug is niet alleen een gepassioneerde en ambitieuze voorzitter verloren, ik zelf ben mijn oudste jeugdvriend en beste maat kwijt. Ik hoop dat jullie dat vreselijke misdrijf snel oplossen en dat we niet hoeven te wachten tot iemand Peter R. de Vries een tip geeft.'

'Daar hebben we in de eerste plaats uw hulp bij nodig,' zei Frida. 'U hebt hier gisteravond met de heer Snelders vergaderd, misschien bent u de laatste die hem heeft gesproken en gezien.'

'Afgezien van zijn moordenaar.' Hij wachtte even tot een oudere moslima met een bloemetjesschort en een hoofddoek, een blad met drie koffiebekertjes had neergezet. Ze verdween zonder een woord te zeggen en even later hoorden ze dat de radio in de keuken achter de bar werd aangezet. 'Maar je hebt gelijk. We zaten hier aan deze tafel, met zijn drieën. Ook bestuurslid Vlodrop was aanwezig.'

'Hans Vlodrop?' vroeg Ferdy. 'Droppi?'

'Zo stond hij vroeger inderdaad bekend,' gaf Leo Voerman toe. 'Dat was in zijn Vak-P tijd. Sindsdien is de ruwe bolster er wel een beetje af. Ach, die jongens worden allemaal ouder hè. Je kunt op je dertigste niet nog steeds treinen slopen en de ME uitdagen.'

'En toen,' vroeg Frida. 'Hoe laat was de vergadering afgelopen en gingen jullie tegelijk weg?'

Leo dacht even na. 'Vlodrop ging eerst. Daarna heb ik met

Frans nog een paar punten doorgenomen en toen hij weg was heb ik de kantine afgesloten en ben naar huis gegaan. Daar heb ik nog even tv gekeken en ik lag om half elf op bed.'

'Kan iemand dat bevestigen, hebt u een vrouw, huisgenoten. Heeft u iemand gebeld, bent u gebeld?'

'Ik woon alleen en ik zet 's avonds mijn telefoon uit. Ik begrijp dat u wilt weten of ik mijn goede vriend heb vermoord, maar ik kan u verzekeren dat dat niet het geval is. Helaas zult u mij op mijn woord moeten geloven.'

'Uw verhouding met mevrouw Snelders...' begon Ferdy.

'Wat? Wat insinueert u? Wat zijn dat voor...' Voerman viel opeens uit zijn rol als bedaagde boekhouder en verdrietige vriend.

'Ik bedoel niet dat u een affaire met mevrouw Snelders hebt, misschien druk ik me wat ongelukkig uit,' verontschuldigde Ferdy zich. 'Ik bedoel te zeggen dat mevrouw Snelders niet bij iedereen even populair was. En ik wilde weten, hoe u tegenover haar staat.'

'Wordt ze ergens van verdacht? Je denkt toch niet dat ik hier uitspraken over haar ga doen die haar kunnen contramineren.' Leo haalde een zakdoek uit zijn broek en veegde over zijn voorhoofd.'

'Compromitteren, bedoelt u, in een lastige situatie brengen?' vroeg Frida argeloos. 'Contramineren lijkt me een Vlaams begrip. Een tegenlist bedenken of zoiets. Heb jij daar ooit van gehoord, Ferdy?'

Ferdy schudde zijn hoofd. 'U wilt haar niet in een lastige situatie brengen, zegt u. Dat kan betekenen dat u het wel zou kunnen, als u dat wilt. Klopt dat?'

'Jezus, man, waar hebben jullie het over. Mijn beste vriend is dood. Zoek de moordenaar en zit mij niet te belazeren of zijn vrouw lastig te vallen. Hebben jullie nog meer vragen of kan ik mijn werk als vrijwillig bestuurslid van deze vereniging afmaken?'

'Heeft De Brug schulden?' vroeg Frida. 'Of Frans Snelders

zelf. Ik begreep dat u ook de accountant van zijn bedrijf bent. *SexSells*. Zo heet 't toch?'

'Ja. Maar dat ga ik niet zomaar even naar buiten brengen. Dat lijkt me weinig van doen te hebben met zijn dood. Als ik jullie was zou ik zoeken naar gestoorde gekken die vrij mogen rondlopen en met pistolen zwaaien. DNA-onderzoek levert tegenwoordig ook vaak iets op.'

23

Nico verkeerde in een vreemde stemming. Alsof hij zonder peddel in een kano op een snelstromende rivier voer. Hij had geen idee of hij in rustiger water kwam of meegezogen werd naar levensgevaarlijke watervallen. Hij liep door de stad en probeerde zijn gedachten op een rijtje te zetten. Hoe kon hij zijn lot weer zelf in de hand krijgen? Was het gunstig of juist niet dat hij plotseling intieme betrekkingen onderhield met de leider van het onderzoek naar het hoofd van André en de moord op Frans Snelders? Tegen de lusten van die intimiteit had hij geen bezwaar, maar betekende het ook, dat ze er van uitging dat hij haar – *quid pro quo* – deelgenoot moest maken van de lasten?

Hoe kon hij het verhaal van Jacky controleren en wat had die geheimzinnige dronepiloot met de affaire te maken? Die man, dacht hij, terwijl hij op de Oude Markt een terras zocht waar hij zijn aanhoudende dorst kon lessen, die man had kennelijk redenen om niet alleen hem, maar ook Frida in de gaten te houden. Als het zijn bedoeling was geweest om op die inventieve en volstrekt unieke manier als *mediator* tussen de politie en Nico ter Mors te fungeren, was zijn missie honderd procent geslaagd. De middelaar was zelfs *postiljon d'amour* geworden. Dat waren bonuspunten.

Hij vond een geschikte plek op het terras van het zoveelste

nieuwe grand café naast De Kater en bestelde, aangemoedigd door het lauwwarme zonnetje, een *Frisse Lentebok* van de jubilerende huisbrouwer. Hij leunde achterover en sloot even zijn ogen in het besef dat hij niet echt een volledige nachtrust had genoten. Hij kreeg precies tien seconden de tijd om van het moment te genieten, toen zijn telefoon nadrukkelijk begon te trillen. Hij zag dat het een geheim nummer was, wat hem er gewoonlijk van afhield om op te nemen, omdat het meestal een obligaat verkooppraatje betrof. Maar hij bedacht dat het ook Frida kon zijn en nam op.

'Je hoopte dat het de hoofdinspecteur zou zijn,' sprak de man met de nasale stem. 'Heb ik gelijk? Om die eerste prettige kennismaking een kloekmoedig vervolg te geven. Je mag me wel bedanken, want ere wie ere toekomt, ik ben toch ergens de *auctor intellectualis* van jullie *wild date* geweest. De geestelijke vader, weetjewel, mocht het latijn van de paters een beetje zijn weggezakt.'

Nico keek om zich heen en naar boven, maar zag nergens een voorwerp dat op een drone leek. Overal zaten mannen en vrouwen met telefoons, waarop ze met twee duimen toetsten.

'Wat wil je?' vroeg hij. 'En mag ik weten met wie ik het genoegen heb?'

'Nog niet, *amice*, nog niet. Geduld, *patience*, we moeten allemaal onze ziel in lijdzaamheid bezitten, zoals die arme Frans Snelders. Heb je dat meegekregen van de inspectrice; ik ben bang dat Frans een akelige onderbreking was van jullie net ontloken amourette. Even – om mijn nieuwsgierigheid te bevredigen – is matroos Frida in jouw mast geklommen of heb jij haar genomen, gelijk Ridder Radboud. *Heet van zinnen, drong hij 's jonkvrouws kamer binnen, ende hie stak zinne pinne zo fluks daarinne, dat hie klaar was alveurens te beginnen.*' De man giechelde even om zijn frivole schunnigheid en verbrak de verbinding.

Nico had het warm gekregen. Niet vanwege matroos Frida, maar omdat de man hem door dat versje had herinnerd aan de middelbare school – de paters – waar hij het voor het eerst had gehoord van een klasgenoot. Was de man een oud-klasgenoot? Hij probeerde ze stuk voor stuk terug te halen, maar de nasale stem en de eigenaardige woordkeus bleven nergens haken. De meeste klasgenoten had hij de afgelopen jaren uit nieuwsgierigheid wel eens op internet of via Schoolbank opgezocht, zich er telkens over verwonderend dat hij ze op foto's onmiddellijk herkende. Er waren er niet veel in Twente blijven hangen, viel hem op, of na hun studie teruggekeerd. Hij moest nog ergens een oude map met schoolspullen hebben, die zijn ouders hadden bewaard. Rapporten, zwemdiploma's en ook lijsten met namen en rugnummers. Voor het schooljaar begon, werden indertijd de namen van klasgenoten met hun adres en telefoonnummer rondgestuurd. Gestencild door de conciërge, nadat hij de auto van pater rector had gewassen…

Opeens overviel hem de weemoed over het verlies van zijn jeugd, zo bruut geaccordeerd door het hoofd van zijn voetbalvriend. De weemoed veranderde in boosheid, een emotie die hij, na zijn scheiding, nauwelijks nog kende. Het voelde best goed, weer eens boos te kunnen worden. Iemand had hem de kans ontnomen om hier op het terras oude herinneringen op te halen met André Hammink. Hoewel André in niets leek op de keeper uit zijn jeugd en zelfs niet meer wist waar Nico woonde, had hij toch even geproefd aan weleer. Toen het voetbal nog van de mensen was en ze zich dagen lang konden verheugen op een Europa Cup wedstrijd van Twente in een ver buitenland, live uitgezonden met commentaar van Herman Kuiphof en Henkie Terlingen langs het veld. Het wachten op de verbinding en de tune van de Eurovisie…

Als zijn anonieme stalker – hoe wist de man in hemelsnaam wat er tussen hem en Frida was gebeurd – een oud-klasgenoot was, kon hij wellicht met hem zijn hang naar nostalgie uitleven. Hier, op een terras op de Oude Markt.

Hij belde Frida en vertelde haar dat hij zojuist had gesproken met hun trouwe volger en dat de man wist dat hij bij haar was blijven slapen.

De matroos in de mast en Ridder Radboud liet hij weg.

24

Frida zat op het moment dat Nico belde naast Ferdy in de auto en was op weg naar de Ekersdijk. Ze probeerde neutraal te klinken, maar nadat ze de verbinding had verbroken, voelde ze dat Ferdy haar met een schuin oog bekeek en ze was bang dat de opkomende vlekken in haar hals verraadden dat het om een pikante privékwestie ging. Onzin natuurlijk, ze hoefde tegenover haar jonge collega geen verantwoording af te leggen, maar toch. De gevoelens die Nico's stem aan de telefoon opriepen, had ze niet volledig onder controle en de gedachte dat hun anonieme volger wist wat er de afgelopen nacht was gebeurd, was helemaal niet goed voor haar gemoedsrust. Hoe moest ze dat probleem oplossen, zonder gezichtsverlies?'

De woning aan de Ekersdijk was volledig onderzocht door de collega's van het sporenonderzoek. Ze hadden overal vingerafdrukken en dna-sporen gevonden, maar de meesten waren naar alle waarschijnlijkheid van het slachtoffer en zijn vrouw. De rechercheurs hadden twee scenario's bedacht. Of de verdachte was in het huis geweest op het moment dat Snelders binnen was gekomen. Voor dat scenario pleitte dat de hoofdschakelaar was uitgedraaid, waardoor Frans gedwongen werd om naar de kelder te gaan, waar hij in zijn hoofd was geschoten.

Of de dader was heimelijk achter hem aan gekomen, nadat hij het hek had geopend met de afstandsbediening en bij thuiskomst ontdekte dat de elektra was uitgevallen. In het eerste scenario moest de dader de toegangscode gekend hebben om het alarm uit te schakelen; in het tweede scenario was het niet duidelijk waarom het alarm niet was afgegaan, toen de elektra was uitgevallen. Het was een nieuw en geavanceerd alarm en de operator van het systeem meldde dat het zo goed als onmogelijk was dat het niet was afgegaan bij een storing. Dus moest het zijn uitgeschakeld. Of de bewoners waren vergeten het in te schakelen, dat kon ook. Bewust of onbewust, dat gebeurde, onvermijdelijk.

Het buurtonderzoek had ook niet veel opgeleverd, niemand had het schot gehoord, behalve twee bewoners van het nabijgelegen verpleeghuis. Maar die hoorden, volgens het personeel, elke nacht schoten.

Ferdy stelde voor om, nu ze toch in de buurt waren, een bezoekje te brengen aan Hans Vlodrop. Ze waren het erover eens dat Leo Voerman geen al te beste indruk had gemaakt tijdens het onderhoud in de kantine van De Brug. Als hij zijn beste vriend had verloren, was dat niet af te lezen aan zijn gemoedstoestand; maar Frida wist ook dat de manier waarop mensen hun verdriet verwerken, enorm kon verschillen. Iets anders was dat hij als door een slang gebeten had gereageerd op Ferdy's vraag over zijn verhouding tot Jacky Snelders. Of hij had iets met haar, óf het was precies het tegendeel. Hij haatte de vrouw. Natuurlijk had hij zich, als sluwe accountant, niet in de kaart willen laten kijken over de financiën van de club en SexSells. Daar kwamen ze snel genoeg achter. Het team economische delicten mocht vandaag nog aan de slag.

Vlodrop woonde niet in Glanerbrug, maar aan het Transvaalplein in het oude Dolphia. Het klooster van de paters kapucijnen aan de overkant van de Gronausestraat, was al sinds de jaren zestig van de vorige eeuw niet meer in gebruik als godsdienstig bolwerk en ook het beruchte woonwagenkamp was grotendeels ontmanteld en ingekapseld door de malle wijk Cascade en het bedrijventerrein aan de Euregioweg. Volgens Ferdy lagen in dat kamp de roots van Hans Vlodrop, die tegenwoordig, volgens zijn opgevraagde gegevens, in de ambulante handel zat.

Op dit moment was hij, gelukkig voor de speurders, niet ambulant, maar zat hij thuis. Volgens zijn vrouw, Gea, cassière bij de Emté, had hij vanmorgen naar de markt in Almelo zullen gaan. Maar hij voelde zich niet lekker en dus was hij thuis gebleven. Het was voor iedereen duidelijk dat Gea daar niet blij mee was en dat ze ook twijfelde aan de ernst van zijn kwaal.

Hans zat op de bank en keek naar een grote tv waarop snooker werd gespeeld. Hij droeg een trainingsbroek en een t-shirt zonder mouwen, zodat zijn gespierde en zwaar getatoeëerde armen goed zichtbaar waren. Zijn hoofd was, op een sikkelvormig litteken na, kaal. De sfeer en de geur in de huiskamer werden bepaald door een onvriendelijk kijkende pitbull, die nerveus heen en weer sprong in een kooi die bijna de helft van de kamer innam.

Frida vroeg of Vlodrop op de hoogte was van de dood van Frans Snelders.

'Ja, dat is mooi kut,' vond hij.

'U bent een van de laatsten die hem gesproken heeft. Volgens meneer Voerman hebben jullie tot half negen vergaderd. Hij is omstreeks tien uur, half elf, thuisgekomen. Enig idee wat hij in de tussentijd gedaan kan hebben?'

Vlodrop haalde zijn schouders. 'Ik heb een biljartje gelegd bij Toon. Daar is-ie niet geweest.'

'Ach man, dat weet je best,' zei Gea. 'Doe nou niet of die man een heilige boon was. Je hebt me zelf verteld dat hij meestal op donderdag naar Gronau ging om te wippen. Want dat kutwijf van hem was bang dat haar neptieten zouden scheuren als hij haar lag te prakken met zijn vette pens.'

Hans Vlodrop keek Frida aan alsof hij zich wilde verontschuldigen. Omdat hij die gezichtsuitdrukking niet helemaal beheerste, zag hij er uit als een pas zindelijke kleuter die het per ongeluk in zijn broek heeft gedaan.

Gea had nog meer op haar lever. 'Je kunt de plietsie beter gelijk vertellen wat er aan de hand is, voor je het weet komen ze je halen omdat je vroeger Droppi Droplul was.' Ze stond in de deuropening met haar armen over elkaar en was niet van plan om haar echtgenoot met halve waarheden te laten ontsnappen. Had-ie maar naar de markt moeten gaan.

'Leo en Frans hadden het over persoonlijke aanspraak,' zei Hans, terwijl hij naar de tv keek, waar een dikke snookerspeler half over de tafel lag om een lastige kleur te potten. 'Dat je als bestuur zelf verantwoordelijk bent voor schulden van de club of zo. Als ze de belasting niet hebben betaald. Ik heb me nooit met de kas of met geld bemoeid. Dus waarom zou ik aanspraak moeten hebben voor wat hunnie deden.'

Frida keek naar Ferdy, die zijn wenkbrauwen optrok. 'Dat is niet zo best, Vlodrop. Je hebt natuurlijk al een strafblad en als daar nog eens valsheid in geschrifte, belastingontduiking en het bezit van een illegaal wapen bijkomen, ziet dat er niet best uit.'

'Watdefuk man. Wapenbezit? Hoe kom je daarbij, wie heeft dat gezegd?' Droppi was rechtop gaan zitten, de spieren in zijn nek zwollen gevaarlijk op.

Ook Frida vroeg zich verbaasd af waar Ferdy dat wapen zo snel vandaan haalde.

'Ik bedoel de hond. Tenzij u mij de vereiste invoerpapieren, stamboom en het betalingsbewijs voor de hondenbelasting kunt laten zien, zijn wij genoodzaakt het beest in beslag te nemen op grond van de wet op agressieve dieren. Het is duidelijk dat uw hond geen American Staffordshire terriër is, hoewel ik onmiddellijk aanneem dat de illegale fokker, waar u het beest hebt gekocht, dat als verkoopargument heeft genoemd.' Ferdy boog zich naar de kooi en keek als volleerd kynoloog naar het opgewonden beest. 'Vechthond. Duidelijke zaak.'

'Wat heb ik je gezegd, klootzak,' riep Gea, 'nee meneer Droplul moest zonodig naar een adresje in Emsbüren. Hij had helemaal niks te maken met de hondenbelasting of wat dan ook.'

'Wat weet jij nou van honden, mens,' schamperde haar man. 'Jij kunt nog geen tekkel van een herder onderscheiden.'

'Ik weet wat die schijtbak ons kost en omdat meneer de hondenkenner te lui is om met zijn trouwe vriend naar het bos te lopen, mag ik de stront van het plaatsje spuiten.'

'Misschien kunnen we even terug naar de moord op Frans Snelders,' zei Frida, hoewel ze het jammer vond om het stel te moeten onderbreken. 'Waren er verder nog punten tijdens de vergadering die voor ons onderzoek van belang kunnen zijn?'

Vlodrop keek kwaad naar zijn vrouw en toen weer naar het snooker. 'Iets met een journalist. Die gast die vroeger lulverhalen schreef over Twente. Daar was iets mee.'

'Wat was daar mee?' wilde Frida weten, omdat Vlodrop een bal volgde die eerst zijn schoenen veegde voor hij besloot om in de pot te duiken.

'Iets met informatie die hij gejat heeft of zo, van die gast die ze in het kanaal hebben gevonden. Hun kenden die van vroeger. En hun wilden die ook.'

Ferdy pakte de afstandsbediening van de bank en zette de tv uit. 'We kunnen dit gesprek ook op het bureau voortzetten, als dat helpt om je korte spanningsboog wat op te rekken. Wie bedoel je met hun? Voerman en Snelders?'

'O ja,' kwam Gea er weer tussen, die de logica van haar echtgenoot gewend was. 'En jij hebt hunnie zeker aangeboden om die gast manieren te leren.'

'Weet je wat die schreef?' foeterde Droppi. 'Dat ze bij Twente alleen in de breedte voetballen en dat ze eerst achter moeten komen voor ze beginnen te spelen.' De verontwaardiging spoot uit zijn oren.

'Dat is tien jaar geleden man, nog voor Blaise werd geboren,' meende Gea, 'en jij vond dat zelf ook.'

'Dat is toch heel wat anders. Of ik het zeg of iemand die er geen verstand van heeft, zo'n arrogante kloot van dat jodenblaadje. En wat heeft Blaisy er mee te maken?'

Gea zocht steun bij Frida om haar verontwaardiging kracht bij te zetten. 'Krijgen we dat weer. Hij moest mijn zoon zo nodig naar een neger noemen, ook zo'n zakkenvuller die hier een paar jaar komt voetballen en waar je nooit meer iets van hoort.'

'Nou ga je te ver, bitch.' Vlodrop stond op van de bank en

kwam dreigend in de richting van zijn vrouw. 'Blaisy Nukoevo staat wel naast Boschker voor het stadion, hè. In brons. Respéct mens. Jóuw zoon mag blij zijn dat hij die naam heb en jóuw zoon mag helemaal blij zijn dat ik hem heb verteld dat ik zijn vader ben en niet die mongool uit Losser door wie jij je liet naaien.'

Zelfs Ferdy begreep er niets meer van, hoewel hij in de kleedkamer van Eilermark toch heel wat discussies had gevolgd, die verdacht veel leken op een echtelijke ruzie. 'Het gaat om Nico ter Mors, neem ik aan. Wat is daar precies mee?'

Frida vroeg zich af hoe Ferdy wist dat het over Nico ging, maar het antwoord van Vlodrop verontrustte haar nog meer.

'Die moet heel goed achterom blijven kijken, die loser. Waarschijnlijk heb hij zelf die Hammink omgelegd en het zou mij niet verbazen als hij ook met de moord op Frans te maken heb.' Hij maakte ter ondersteuning een snijbeweging langs zijn hals. Onthoofding leek nog nooit zo populair sinds de Franse revolutie.

Van een vals alibi was die arme Nico opeens tot verdachte gebombardeerd, bedacht Frida. Maar met Vlodrop en zijn beminnelijke vrouwtje kwamen ze niet verder. Misschien was een tweede bezoek aan Leo Voerman gewenst.

'Weet je toevallig waar Snelders in Gronau ging wippen?' vroeg haar collega aan Droppi.

Frau Müller aan de Ochtruper Strasse was een tijdje gesloten geweest na het schandaal van vorig jaar, waarbij klanten werden afgeluisterd, gefilmd en gechanteerd.

Frida had dat zijdelings gevolgd. Inmiddels was er een nieuwe eigenaar, die de inrichting grondig had gemoderniseerd en er zelfs een sausje *Salonfähigkeit* overheen had gegoten door het een duurzame massagesalon te noemen. Er konden gezonde en heilzame baden worden gebruikt onder het genot van glaasjes tarwesap en onbespoten vruchten.

Ferdy las het voor van de website van *Frau Müller*, die kennelijk nog wel haar naam had behouden om de klandizie niet al te zeer van zich te vervreemden.

De *vrijmibo* in de loungebar leek nog niet begonnen en de twee enige mannen die er zaten dronken geen tarwesap maar gerstenat. Het bleken broers uit Overdinkel, die de zaak hadden overgenomen en het nieuwe concept hadden bedacht. Een interieurarchitect uit Enschede had de zaak gepimpt.

'Mooi,' vond Frida. Ze had ooit een inval geleid op een bordeel waarachter een hennepplantage werd vermoed. Dat was een donker hol met veel rood pluche en smoezelig hoogpolig tapijt. Hoerenlopen was niet meer wat het geweest was, kennelijk was het woord transparant ook hier doorgedrongen. Volgens broer 1 was de nieuwe trend de *mixed club*. Dat was de volgende fase van hun bedrijfsplan. Ook vrouwen konden hier komen om gemasseerd en verwend te worden. De inrichting speelde daar al op in, vrouwen wilden niet in een donker hol zitten.

'Was Frans Snelders een geregelde bezoeker,' vroeg Ferdy, omdat Frida er even met haar gedachten niet bij leek.

Broer 2 meende van wel. Hij wist niet precies wie Frans frequenteerde, Maláya of Cōrazon. Die meiden leken zo verdomd veel op elkaar, dat hij nooit wist wie hij voor zich had. Hij had Frans gisteren niet zelf gesproken, maar broer 1 had Frans begroet en om een uur of tien zien vertrekken. Alleen. Hij wist dat Snelders in ieder geval geheel bevredigd aan zijn eind gekomen was. Hij had betaald voor een *happy end* en dat kon je wel overlaten aan de meisjes. Die konden een opgegraven dinosaurus nog tot leven brengen...

25

Niet veel verderop, in Epe, keek Leo Voerman uit het raam van zijn appartement uit over de Dinkel, terwijl Jacky in een diepe stoel zat en een sigaret rookte. Hij had de woning vijf jaar geleden op haar initiatief gehuurd. Sinds ze een intieme verhouding waren begonnen, was het niet handig om bij hem of bij haar thuis samen te komen. In het dorp werd al genoeg gekletst. Waarom ze hem opeens serieus was gaan bepotelen, nadat hij jarenlang alleen maar kleine stukjes worst kreeg toegeworpen, wist hij toen nog niet precies. Ze had daar beslist een bedoeling mee, maar na de vernederingen die hij al die tijd moest doorstaan, was hij allang blij dat hij op deze manier wraak kon nemen.

Inmiddels wist hij natuurlijk donders goed wat haar verborgen agenda was. Ze was bang dat Frans haar, door zijn kamikazegedrag, volledig zou ruïneren. En dus zocht ze een bondgenoot die ze honderd procent kon vertrouwen. Hij zou willen dat het anders was, maar zo lagen de zaken. Natuurlijk was er niets meer over van de Jacky die hij van vroeger kende, tenslotte waren ze allemaal ouder en werden ze niet mooier. En ze had hem uitgelegd waarom ze voor Frans koos, toen ze na vijftien jaar te zijn weggeweest, terug was gekomen. Omdat Frans geen vragen stelde. En omdat Frans het breed kon laten hangen, natuurlijk. Leo was niet gek. Hij zou ook geen vragen hebben gesteld over haar verleden, dat deed hij nog steeds niet trouwens. Leo was op dat moment een onbeduidend boekhoudertje. Dankzij Frans had hij zich kunnen opwerken, zo eerlijk moest hij natuurlijk zijn.

'Heb je het pistool weggegooid?' vroeg Jacky.

'Nee, het leek me handig om het nog even te houden. Als jij niet zo dom was geweest om Ter Mors op te voeren als jouw alibi, had ik het...'

'Ja, dat heb je al gezegd. Dat was niet slim, maar ik zag even geen andere mogelijkheid. Timo heeft natuurlijk helemaal geen *credibility* en er is verder niemand die ik zomaar kan vertrouwen.'

Leo draaide zich om en keek haar wantrouwend aan. Moest hij zich nu al zorgen maken over deze nieuwe situatie? Eerst had ze hem zover gekregen dat hij Frans hoogstpersoonlijk de nek omdraaide, waarbij ze al haar trucs en charme uit de kast had getrokken. Frans vernederde haar, had haar creditcards afgenomen, trok haar gangen na zodat ze niet meer naar Epe durfde en zo kon ze nog een tijdje doorgaan. Wat ze ook deed. Maar het belangrijkste was dat Frans scheen door te krijgen, dat Leo achter zijn rug de winst uit de webshop in andere zaken had geïnvesteerd dan ze hadden afgesproken. Volgens Jacky.

Leo had zelf nooit iets gemerkt van enig wantrouwen. Maar hij had zich behoorlijk laten opnaaien. Vooral het feit dat ze de laatste tijd niet meer naar Epe kwam, vergrootte zijn blinde vlek. En die zaak met André Hammink deed deur dicht. Volgens Jacky zat Frans zelf achter die moord. Hammink probeerde hem een waardeloze speler in de maag te splitsen en als Frans niet zou toehappen, kwamen er zaken aan het licht waardoor de hele, door Leo zo mooi opgetuigde constructie, als een kaartenhuis in elkaar zou ploffen. Jacky had geen idee welke zaken dat konden zijn en Leo begreep er helemaal niets van, maar na haar gesprek met Ter Mors, was Jacky in paniek naar hem toegekomen. Frans moest verdwijnen, anders begonnen de poppen te dansen.

Het pistool dat ze hem gaf was van Frans zelf trouwens, daar had hij haar nog niet zo lang geleden mee bedreigd. Als hij terugkwam van zijn bordeelbezoek in Gronau, moest Leo hem te grazen nemen. Ze gaf hem een paar pillen die hij moest slikken voor wanneer zijn moed hem in de schoenen zakte en liet hem zien hoe hij het pistool moest gebruiken.

26

Nico vond de map met oude diploma's en rapporten. Er zaten inderdaad lijsten bij van klasgenoten. De meesten kon hij zich nog voor de geest halen, maar van sommigen had hij geen idee meer. Wie waren Ben Vader, Harrie Opdam en Steven Fiselier? Hij zocht eerst naar alle onbekende namen. Alleen de jongens natuurlijk, hoewel hij uit nieuwsgierigheid ook een paar meisjes googelde. Na een paar uur had hij een shortlist met vijf namen van jongens, mannen inmiddels, die in Twente waren gebleven of daar waren teruggekeerd. Er zat een advocaat bij, een prominent CDA-lid, een professor aan de UT, een communicatieadviseur en iemand die kunstschilder was geworden. Hoewel hij weinig fiducie had in zijn opsporingswerk, besloot hij ze te bellen om erachter te komen of een van hen die karakteristieke nasale stem had. Via Hedwig was het niet moeilijk om achter hun privénummers te komen, hoewel ze opeens moeilijk deed en vijftig euro per nummer vroeg.

'Ben je aan het sparen voor een uitzet?' wilde hij weten. Hij herinnerde zich dat ze vorige week ook al zo uitgelaten was geweest, maar hij kon zich met de beste wil van de wereld niet voorstellen welke deksel op haar potje paste.

'Gewoon betalen gast en als ik het morgen niet heb, haal ik het zelf van je rekening.'

Daar twijfelde hij geen moment aan. Maar hij wist zo snel geen andere mogelijkheid en dus gaf hij toe. Vijf minuten later had hij alle nummers. De kunstschilder had geen mobiel nummer en stond gewoon in het telefoonboek. Deze Steven Fiselier was ook de enige die hij niet te pakken kreeg, alle anderen namen op en vroegen zonder uitzondering hoe hij aan hun nummer kwam. Gewoon punten sparen bij de Emté, antwoordde hij, of een andere smoes waardoor hij ze wat langer aan de lijn had, zodat hij hun stemmen kon vergelijken met de dronepiloot. De CDA-politicus was verkouden, maar tussen de snotgolven door herkende Nico een gemaakt joviaal ondertoontje, waardoor ook hij door de mand viel.

De kunstschilder had een website, maar behalve een bio van drie zinnen en een zweverig gedicht van Rogi Wieg, was er geen schilderij te zien. Als hij dezelfde soort schilderijen maakte als Wieg, was dat natuurlijk verstandig. Een half uur later probeerde hij het opnieuw en nu nam er wel iemand op. Een vrouw met een donkere, doorrookte stem.

'Is dit het nummer van Steven Fiselier,' vroeg Nico.

'Nog wel, maar niet lang meer.'

'Hoezo?' wilde Nico weten. 'Gaat hij verhuizen of moeten we iets ergers vrezen?'

'Je hebt je nog niet voorgesteld, maar ik herken jouw stem,' zei de vrouw. 'Dat is een soort gave, hoewel ik niet weet of ik daar dankbaar voor moet zijn. Nico ter Mors, heb ik gelijk? We zijn drie jaar klasgenoten geweest, toch?'

'Ik sta paf. Klopt. Bent u getrouwd met Steven? Ik herinner me eerlijk gezegd uw stem niet,' zei Nico.

'Dat zijn de hormonen. Ik zit namelijk in de aanloopfase. Over een paar maanden neem ik op als Stefanie Fiselier. Maar vertel, waarom bel je?'

'U bent een transman, of een transvrouw,' concludeerde Nico. 'Ik weet nooit precies hoe dat werkt. En volgens mevrouw, nee meneer Februari, is het *not done* om transgenders naar hun geslacht te vragen.'

'Hoho,' lachte Steven of Stefanie. 'Ik ben een vrouw, die altijd in een mannenlichaam heeft gezeten. En nu zit ik in een proces, waarbij ik ook fysiek vrouw probeer te worden. Wat meneer Februari bedoelt is, dat hij het niet *comme il faut* vindt dat buitenstaanders dan onmiddellijk van je willen weten of je geval er nog aan zit, of dat je inmiddels een vagijntje hebt gekregen.'

Nico moest even nadenken. 'Moet ik nog Steven zeggen, of is

het al Stefanie?'

'Als je tijd hebt, kun je even langskomen. Misschien bel je me wel omdat jij ook die foto in de krant hebt gezien van een man die ze hebben geïdentificeerd als André Hammink. Dat was toch een vriendje van je?' Steven of Stefanie zweeg even. 'Ik moet je zeggen dat ik daar m'n twijfels bij heb.'

Een half uur later zette Nico zijn fiets naast de ingang van het voormalige hoofdstroom verdeelstation aan de GJ van Heekstraat, waar een aantal kunstenaars atelierruimte had gekregen, tot er een andere bestemming voor het pand was gevonden. De voordeur was niet op slot. Volgens de aanwijzingen van Fiselier liep hij de trap op naar de eerste verdieping van het monumentale pand en zocht het atelier van de kunstenaar.

De ruimte waar zijn oud-klasgenoot doeken beschilderde en installaties bouwde was groot en hoog. Zelf zat ze aan een kleine formicatafel in het midden van de ruimte en rookte een zware Van Nelle. Er was niets mannelijks aan haar. Ze droeg een ruimvallende veelkleurige rok, met daarboven een vlekkerige trui, waarin zich een behoorlijke boezem aftekende. Het lange blond geverfde haar was losjes opgestoken en ze had zich opzichtig opgemaakt.

'Nou?' vroeg ze, nadat ze Nico een stevige hand had gegeven. 'Herken je nog iets? Jij bent trouwens nog hetzelfde jongetje gebleven.'

Nico schudde zijn hoofd. 'Dat kan ik van jou niet zeggen. Maar eerlijk gezegd herkende ik André Hammink ook nauwelijks, toen ik hem na veertig jaar terugzag. Ik was overigens wel degene die met de politie heeft gesproken, nadat ik zijn hoofd in de krant zag.'

Stefanie knikte. 'Dus jij herkende hem ook niet meer. Als ik later niet had gelezen dat het André Hammink was, had ik het niet geloofd. En dat doe ik nog steeds niet.'

Nico vertelde wat er gebeurd was en ook dat André zich niet veel kon herinneren uit hun jeugd. Meestal zag hij op foto's van ouder geworden klasgenoten nog wel trekken van het jongetje of meisje dat ze ooit waren geweest, bij André had hij dat niet echt gehad. Misschien wel omdat hij hem indertijd zo goed had gekend en daaraan een andere perceptie had overgehouden. Maar het verhaal van Jacqueline Wermers – kon Stefanie zich haar nog herinneren als meisje? – had de doorslag gegeven. Nico twijfelde er na zijn ontmoeting met haar niet meer aan dat de man die hij in het InterCityHotel had ontmoet, inderdaad André Hammink, de doelman, was.

'Jacky Wermers,' zei Stefanie Fiselier, 'die bitch die getrouwd is met Frans Snelders.'

'Was,' informeerde Nico haar. 'Misschien volg je het nieuws niet zo. Snelders is gisteravond neergeschoten in zijn huis in Glanerbrug.'

Stefanie sloeg een hand voor haar mond. 'Oh…my… Da's niet waar hè? Wat een zootje. Maar ja, als zij ergens bij betrokken is, kun je er donder op zeggen dat er vroeg of laat slachtoffers vallen. Waarschijnlijk heeft ze jou ook geprobeerd om haar vinger te winden. Jullie zaten allemaal op dat wijf te geilen, vroeger. God, wat had ze dat goed door en wat heeft ze daar smerig gebruik van gemaakt.'

Nico keek haar verbaasd aan. 'Hoe bedoel je? Op welke manier maakte ze gebruik van ons?' Hij realiseerde zich, terwijl hij die vraag stelde, dat ze hem nog geen etmaal geleden had gebruikt om een alibi voor de moord op haar man te verzorgen. Maar vroeger?

'Blind waren jullie. Vooral André. Die jongen wist niets van wat hem overkwam wanneer zij maar even naar hem glimlachte, dat secreet. Hij was natuurlijk zonder moeder opgegroeid en had geen idee van vrouwen. En toen verdween zijn vader ook nog.' Stefanie schudde haar hoofd.

'Jij had dat allemaal toen al in de gaten?' vroeg Nico. 'En je kende ook de geschiedenis van André.'

'Ik was verliefd op die jongen,' bekende ze. 'Smoorverliefd. Ik kon met mijn gevoelens natuurlijk geen kant op, maar ik hield hem wel in de gaten. Beter gezegd, ik liep als een straathond achter hem aan, zonder dat hij het in de gaten had. Daarom zag ik hoe zij gebruik van hem maakte en zijn hoofd op hol bracht. Zij had besloten dat hij haar *ticket to heaven* was. Door hem kwam ze in contact met de glamour van de voetbalwereld. Voetbalvrouw worden was ook toen al de snelste weg naar succes, geld en roem. Toen hij terugkwam uit Deventer en een contractje kreeg bij Twente, deed ze er alles aan om voorgesteld te worden aan Epy en Kick van der Vall. En zij was ook de reden dat hij ruzie kreeg met de trainer.'

Nico dacht aan het verhaal dat Jacky hem in vertrouwen had verteld. 'Wist jij waar André naar toe ging, nadat hij geclashed was met trainer Hollink?'

Stefanie knikte. 'Hij woonde toen in Glanerbrug. Daar had zij een woning geregeld, waar ze hem in de weekenden opzocht. Ze studeerde in Nijmegen, maar dat stelde niet veel voor. Hij was daar nogal alleen en hij was blij dat ik 's avonds op bezoek kwam. Ze mochten niet stappen hè. Als ze ergens werden gezien door de trainer of de leiding van Twente, kregen ze een boete. Ik had zelf geen idee wat ik met mijn leven moest. Ik kon aardig tekenen, maar ik had er nooit aan gedacht om kunstenaar te worden. Dat paste niet in mijn milieu. En seksueel zat ik helemaal in de knoei. André begon toen voor het eerst te twijfelen aan zijn keus voor profvoetbal. Hij had dat natuurlijk altijd gedaan voor zijn vader. Hij wilde aandacht en respect van zijn vader. Zijn vader was immers ook voetballer geweest. Maar Joop Hammink raakte geblesseerd en daarna werd er een smerig spelletje met hem gespeeld. Dus de man was nogal rancuneus tegenover die hele voetbalwereld en niet blij met de keus van zijn zoon.'

Nico probeerde zich voor te stellen hoe André en Stefanie, die toen nog Steven was, in een woninkje in Glanerbrug met elkaar zaten te praten. 'Ik dacht dat Joop Hammink overleden was en dat André daarom van school ging en naar dat internaat in Deventer vertrok.'

Stefanie rolde een nieuw sjekkie. 'Joop Hammink werkte over de grens, volgens André. Wat hij precies deed heb ik nooit begrepen. Het waren geen grote praters, die twee. André was tegen de zin van Joop van Vogido naar Sportclub gegaan. Op zijn vijftiende zou hij daar al in het eerste kunnen spelen. Daarover kregen ze grote bonje, omdat Joop in '65 door Sportclub besodemieterd was. Ze hadden hem gebruikt als een soort ruilmiddel om de Boys over de streep te trekken voor de fusie, terwijl ze wisten dat hij voorgoed afgekeurd zou worden. Die overgang bleek grote gevolgen te hebben voor zijn invaliditeitsverzekering. Hoe dat precies zat wist André niet, maar Joop kreeg geen uitkering en had ook geen zin meer om voor Olijve te werken. Olijve had er overigens niets mee te maken, het was een één-tweetje tussen twee textielbaronnen, die precies wisten wat goed voor Enschede was... Enfin, toen André net zo koppig bleef als zijn vader, wilde Joop niets meer met hem te maken hebben en is hij weggebleven. Daarom heeft André hem nooit als vermist opgegeven, maar zweeg hij zijn vader letterlijk dood.'

'Wat een verhaal,' vond Nico, 'en dat vertelde hij jou allemaal?'

'Ik kan goed luisteren,' lachte Stefanie. 'Alleen jammer dat hij me niet zag als een lekker stuk en zich liet gebruiken en beïnvloeden door Jacky the Bitch. Zij wilde niet in deze streek blijven en daarom vond ze dat hij een breuk met FC Twente moest forceren. Ze zei dat de trainer en de oudere spelers geen respect voor hem hadden en hem achter zijn rug uitlachten. Ondertussen belazerde ze hem met de halve selectie. Dat vertelde ik hem, maar hij geloofde me niet en zij ontkende natuurlijk alles. Omdat ik geen ruzie met hem wilde – ik was ongezond geobsedeerd, dat begrijp je – gaf ik hem maar gelijk.'

'Heeft hij met jou over Zuid Amerika gesproken?' vroeg Nico. Zijn blik dwaalde af en toe naar de schilderijen waarop, op het eerste gezicht, borrelende kraters te zien waren. Als je goed keek hadden de kraters de vorm van een vulva. Het leidde nogal af.

'Sterker nog,' zei Stefanie, 'ik heb hem zelf geadviseerd om een heel nieuw leven te beginnen, liefst zo ver mogelijk van hier. En ook zo ver mogelijk van haar. En van mij.'

'Dat was nobel,' vond Nico. 'Je offerde je eigen gevoelens en belangen op om hem een nieuwe kans te geven.'

'Niet echt. Ik voelde dat ik me van hem los moest scheuren, om er niet aan onderdoor te gaan. Ik moest een eigen leven beginnen en met hem in de buurt was ik daar niet toe in staat. Maar ik wilde ook niet dat zij hem kreeg en misbruik van hem maakte. Dus heb ik, als een soort privé-detective bewijzen verzameld van haar bedrog. Ik liet hem foto's zien waarop ze met drie verschillende spelers van Twente een appartementje in Bad Boekelo uitkomt. Op de volgende training heeft hij een van die jongens bijna een doodschop gegeven. Toen de trainer hem daarover onderhield, is hij hem aangevlogen. Ik was er zelf bij.'

'En toen?' vroeg Nico, omdat Stefanie even zweeg.

'Niks. Nou ja, hij beschuldigde mij natuurlijk ook. De boodschapper heeft het altijd gedaan. Dat had ik ingecalculeerd en het was goed om daardoor afstand te kunnen nemen. En toen was hij opeens weg, zonder iets van zich te laten horen. Ik had natuurlijk wel een vermoeden waar hij naar toe kon zijn gegaan. Hij had me een brief laten zien van iemand die in Uruguay iets met jeugdvoetbal deed. Maar dat was Jacky kennelijk ook bekend...'

27

Hij had gelezen dat Jimmy, de zoon van Boudewijn de Groot, de rol kreeg van Jezus in The Passion. De zoon die geen voetballer was geworden omdat ze hem misschien halfdood zouden schoppen. (*"Maar liever dat nog..."*)

De zoon die zijn eigen vader moest wreken, omdat hij halfdood geschopt was en daarom zijn carrière als voetballer misliep, liep over het erf van de boerderij. Het lag er bezaaid met voorwerpen die zijn vader in de loop der jaren had verzameld, omdat hij dacht dat hij er ooit nog iets aan kon hebben. Het kerkhof van de verloren illusies, vond de zoon. Nadat zijn vader was gestorven had hij hem op dat kerkhof begraven. De kist was een oude zwarte dekenkist, die zijn vader voor dat doel had bewaard. Op het deksel had zijn zoon een witte V geschilderd, zoals op het shirt van Sportclub Enschede. Als zijn vader het had geweten, zou hij zich in zijn graf hebben omgedraaid en had de V op zijn rug gezeten. De zoon hoopte dat hij zich in het hiernamaals met zijn oude liefde kon verzoenen.

De zoon was rusteloos. De tijd begon te dringen. Hij voelde zich als een trainer die een paar weken voor het seizoen begon niet wist of de belangrijkste spelers in zijn selectie zouden blijven, of op het laatste moment verkocht werden.

Voor een speler drong de tijd nooit. Integendeel, de tijd kroop. Het duurde eeuwig voor het weer zondag was. Of voor het seizoen begon. Althans dat was vroeger zo, in zijn tijd. Het leek of de spelers daar tegenwoordig geen last van hadden, er was zoveel afleiding en er waren zoveel wedstrijden, dat ze nauwelijks kans kregen om te herstellen van de vorige. Aanstellers, vond de zoon, terwijl hij de deur van een oude camper opende. Hij stond op wielblokken en het kunststof aan de buitenkant was vergeeld en verweerd. Zijn vader was er heel Europa mee doorgetrokken, als een nomade op zoek naar eerherstel en erkenning. Boven het opklapbed waar hij de nachten doorbracht op afgelegen campings of parkeerplaatsen van supermarkten aan de rand van de steden, hing een grote geplastificeerde kaart van Europa. Daarop had hij kleurige punaises geprikt die duidden op talenten die hij gescout had. Groen voor spelertjes die een belofte inhielden, maar er nog lang niet waren. Geel voor talenten die klaar waren om geplukt te worden. Rood voor de supertalenten die onmiddellijk een contract moest worden aangeboden.

Het punaisespoor liep van Finland tot de laars van Italië, met een opvallende concentratie in Joegoslavië. Het voormalige Joegoslavië was zijn belangrijkste werkterrein, wist de zoon. Dat kwam, had de vader hem verteld, omdat zijn opdrachtgever een Kroaat was, die hij had leren kennen via zijn vriend Ned Bulatovic.

Nedeljko "Ned" Bulatovic was de enige speler van de Enschedese Boys die in het eerste basisteam van FC Twente speelde. Niet lang overigens. Hij werd verhuurd aan NEC, speelde ook nog voor Sittardia en vertrok daarna naar West Duitsland. Daar had de vader hem teruggevonden en was het idee ontstaan om hem op pad te sturen. Na de ruzie met zijn zoon hield niets hem meer tegen. Hij kocht een camper en vertrok.

De eerste jaren van zijn zoektocht had hij weinig succes. Hij moest de weg vragen en een netwerk opbouwen. Van het geld dat hij verdiende kon hij amper de camper onderhouden, dus toen hij de gelegenheid kreeg om wat bij te verdienen, greep hij die kans met beide handen aan. De vader van een jonge speler uit Zagreb, maakte deel uit van een groepje balletje-balletje oplichters. Ze verplaatsten zich tussen de grote steden in het noorden van Europa, waar ze met het spel grote bedragen wisten te verdienen. Het spel was gebaseerd op een oude goocheltruc met drie bekers, waaronder een balletje heen en weer wordt geschoven. De toeschouwers kiezen de beker waaronder ze het balletje vermoeden. De speler heeft minimaal twee handlangers. Een om op de uitkijk te staan voor de politie, een ander die als eerste een inzet doet en een leuk bedrag wint. Die *running mate* moest natuurlijk niet teveel op de speler lijken. Een open blond westers gezicht, zoals dat van zijn vader, zorgde voor vertrouwen bij de toeschouwers, waardoor de verdienste van de *truceurs* met sprongen omhoog ging.

Als de bende genoeg verdiend had, gingen ze terug naar huis, waar ze hun winst omzetten in vastgoed. Maarschalk Tito kneep een oogje dicht en in 1980 zelfs beide ogen, waarna zijn levenswerk razendsnel verbrokkelde.

In Skopje ontmoette zijn vader Zoran Misíc, de voormalige Twente-doelman, die in 1968 werd afgeserveerd, nadat Piet Schrijvers was gehaald door Kees Rijvers. Misíc, de immer in onberispelijk zwart geklede gentleman-keeper, hielp zijn vader aan diens eerste successen als spelerscout.

De zoon ging op het smalle bed liggen en keek naar het plafond, waar verkleurde foto's hingen van jonge talenten, die via zijn vader werden aanbevolen aan clubs in met name West Duitsland en België. De meesten waren nooit doorgebroken en allang vergeten, sommigen hadden een leuke carrière opgebouwd. Een enkeling was in het collectieve geheugen van de liefhebbers achtergebleven. De vergankelijkheid plakte tegen het dak van de camper, besefte hij.

De droom van het jongetje dat voetballer wilde worden, werd vaak al vertrapt nog voor er van enig succes sprake was. Vaders, ooms en vage kennissen bemoeiden zich ermee, meestal met dollartekens in hun ogen en dat was voor de meesten het begin van het einde. Dankzij zijn eigen vader was die tocht hem bespaard gebleven. Maar toch had de zoon het liever anders gezien.

The Passion werd zijn laatste kunstje.

Hij stond op en verliet de camper om te beginnen aan de taak die hij zich voor vanavond had gesteld.

28

Leo Voerman was niet thuis, waar hij ook kantoor hield en zijn telefoons werden niet opgenomen. Weduwe Snelders was eveneens niet bereikbaar.

Cōrazon, het Filipijnse massagetalent, vond het jammer dat een van haar vaste klanten was overleden, maar ze kon geen zinnig woord zeggen over zijn laatste gemoedstoestand, of een andere bijdrage leveren aan het moordonderzoek.

Dus had Frida besloten dat het tijd werd om de dag af te sluiten op het bureau en te genieten van haar laatste avond zonder kinderen. Het zou een iets te gretige indruk wekken om Nico uit te nodigen, maar misschien kon ze hem bellen, met de voortgang van het onderzoek als neutrale aanleiding.

De waarnemend korpschef zorgde hoogstpersoonlijk voor een betere oplossing. Hij bleek een uitnodiging te hebben gekregen, om vanavond, samen met zijn partner de wedstrijd van FC Twente bij te wonen. De man zat er zichtbaar mee in zijn maag. Hij hield eerlijk gezegd niet van voetbal en hij had geen officiële partner, als mevrouw Brandriet begreep wat hij bedoelde.

Dat begreep ze en ze vond het geen probleem om de honneurs namens het korps waar te nemen. Ze had zelf ook geen officiële partner, maar wel een geïnteresseerde vriend. De opluchting bij haar chef was zo groot, dat hij verder niet meer informeerde naar de stand van het onderzoek, maar haar een hele prettige avond wenste en daarna schielijk vertrok.

Ze belde Nico om te vragen of hij zin had om vanavond mee te gaan naar de Grolsch Veste. Omdat hij er even over na moest denken, voelde ze haar hart als een bakvis tekeer gaan. Het was lang geleden dat ze zich zo kwetsbaar en afhankelijk had geweten en dat was geen prettige constatering. Graag of niet.

'Ik ga mee omdat jij het vraagt,' zei Nico. 'En omdat ik nog nooit in het stadion ben geweest. Sinds ze hebben bedacht dat je een clubkaart nodig hebt om naar een wedstrijd te kunnen, ga ik principieel niet meer naar het voetbal. En bij Twente hebben ze ook nog eens de duurste clubkaart van het land.'

Ze begreep niet precies waarom hij zich zo opwond. Omdat ze VIP-kaarten had, was zo'n clubkaart niet nodig. Als hij zin had konden ze zelfs aanschuiven bij een koud en warm buffet voor de hoofdsponsors en genodigden.

'Een lopend buffet,' aarzelde Nico. 'Alleen als je belooft dat jij het toetje van de avond bent en tijdens de wedstrijd geen malle vragen stelt. Zoals…'

Frida lachte. 'Zo kan-ie wel, Ter Mors. Waar zie je me voor aan? Ik leef de hele dag in een mannenwereld.' Het woord toetje vond ze dan weer wel lief.

Ze spraken af bij het standbeeld van Blaise N'kufo.

Jacky Snelders had ook wel naar het stadion gewild, om onmiddellijk gebruik te kunnen maken van haar nieuwe status, maar ze begreep dat dat niet hoorde. En ze moest Leo *pleasen,* voor hij gekke dingen zou gaan doen.

In de loop van de dag was zijn daad ingedaald en tijdens een middagslaapje op de driezitter was hij hevig gaan zweten en bijna gillend wakker geworden. Ze had gezegd dat hij een van de pillen moest slikken die ze hem gisteren had gegeven en daardoor was hij voorlopig gekalmeerd. Maar het was, zonder dat je daarvoor had doorgeleerd, duidelijk dat de man niet alleen een gevaar voor zichzelf was, maar ook voor haar. Zeker nadat die idioot van een Vlodrop had gebeld, met een schreeuwende vrouw op de achtergrond. Wat hij precies tegen hem had gezegd was niet helemaal duidelijk, maar het had Leo niet opgevrolijkt. Als iedereen rustig bleef was er niets aan de hand. Ze moest Ter Mors nog wat bijpraten en oppoetsen, zodat haar alibi overeind bleef. En verder niet te snel handelen en er van uit gaan dat het onderzoek dood zou lopen op de financiële constructie van Leo. Maar de mens was de zwakste schakel in die ketting, realiseerde ze zich. En Leo leek geen sterke zenuwen te hebben. Wanneer De Brug geliquideerd was, met Frans Snelders als zondebok, kon ze over het zorgvuldig weggesluisde geld beschikken. Samen met Leo, was de bedoeling. Althans, zo had ze het gebracht. Uiteraard was ze van plan om hem op dat moment in diskrediet te brengen of op een andere manier kwijt te spelen. Maar voortschrijdend inzicht vertelde haar dat ze het niet zolang kon en mocht rekken. Ze moest handelen, beslissingen nemen, zoals ze al vaker in haar leven beslissingen had genomen.

'Je hebt frisse lucht nodig. Je ziet er uit of je elk moment een hartaanval kunt krijgen,' vond ze.

'Dat zou jou goed uitkomen,' zei Leo. 'Dat ik plotseling de pijp uitga. Maar dat plezier doe ik je niet. Ik heb jarenlang op deze kans gewacht en…'

'Weet ik toch, jongen.' Ze ging naast hem zitten en knuffelde hem zoals een moeder een ziek kind knuffelt. Ze hoopte niet dat hij op dit moment meer van haar verwachtte, want daar was ze echt niet toe in staat. Maar toen hij onhandig aan de knopen van haar Prada-jeans begon te frunniken, liet ze hem voorlopig zijn gang gaan.

'Wacht, ik heb een beter idee,' riep ze. Zonder hulp zou het hem nooit lukken om de huidstrakke broek over haar gelifte billen te krijgen. 'Ik heb eerlijk gezegd geen zin om als een goedkope hoer op een kloterig flatje in Epe te worden genomen. Kunnen we niet eerst champagne drinken om daarna op niveau in een suite met een jacuzzi verder te gaan.' Ze sprong op en trok een gezicht alsof ze meende wat ze zei.

Leo trok zijn schouders op. Champagne en jacuzzi waren prima, als hij daarna kreeg wat hij wilde. Die onhandelbare jeans had zijn voorzichtige erectie toch al bedorven. Hij stelde voor om naar Bad Bentheim te gaan, maar Jacky kende een designhotel – tipje van Timo – waar ze precies hadden wat zij wilde. En het was anoniemer dan Bentheim, waar je half Oldenzaal tegen kwam als je pech had.

'Laat je verrassen, Leeuw,' lachte ze, terwijl ze met een zorgvuldig gemanicuurde hand zijn ballen kneedde. 'En je mist niets, want je hebt hier toch geen Fox Sports,' voegde ze eraan toe.

'Ik ben Frans niet,' antwoordde Leo.

29

Nico was rechtstreeks vanuit de GJ van Heekstraat naar het stadion gefietst, waar de eerste in rood en wit getooide supporters zich verzamelden rond de fanshops en supporter homes. De sponsors en genodigden gingen via de hoofdingang met de roltrap of de lift naar de zalen waar de buffetten zich bevonden. Hij had gelezen dat voor de laatste thuiswedstrijd tegen Ajax een recordaantal van meer dan 1700 diners in de Grolsch Veste was verzorgd. Zelfs het Twentemuseum zat vol gasten die tussen de parafernalia genoten van een vijf gangen vorkjesdiner...

Hij wachtte naast het beeld van Blaise Nkufo, zoals de juiste spelling luidde van de achternaam van de sympathieke spits. Nadat hij zes seizoenen achter elkaar topscorer van de club was geworden en het record van de legendarische Jan "hoog over" Jeuring verbrak, besloten de fans een inzameling te houden om voor de Congolese Zwitser een blijvend gedenkteken op te richten. Het moest het begin worden van een heuse beeldentuin met clubiconen. Doelman Boschker was de tweede die na zijn afscheid werd vereeuwigd, trots met de KNVB-beker boven zijn hoofd.

Nkufo stond er eerlijk gezegd bij alsof hij zijn volk door de Rode Zee wilde leiden, of een overmacht aan vuurgevaarlijke bendeleden van zijn onschuld tijdens een *ripdeal* moest overtuigen. Nico vroeg zich af wie de volgende held zou zijn die in brons gegoten werd. Joop Munsterman zelf?

'Ga je mee naar binnen?' vroeg Frida, die hem van achteren was genaderd. 'Ik heb twee Skybox VIP arrangementen en je weet hoe dat gaat bij die buffetten; als je niet op tijd bent sta je een half uur met je bordje in de rij.'

'Ik haat buffetten,' zei Nico, terwijl ze het stadion binnenliepen. 'Ik kan geen keus maken en als ik eindelijk mijn bord vol heb, is er geen plek meer om te zitten en ben ik de servetten of het bestek vergeten.'

'Loop maar achter mij aan,' zei Frida, 'en dan neem je hetzelfde als ik. Ik hoop niet dat mijn collega uit Zwolle zichzelf heeft uitgenodigd, want dan ben je me de hele avond kwijt.' PEC Zwolle was de tegenstander vanavond.

Ondanks de massale belangstelling voor de koude en warme buffetten, zaten ze dankzij de ervaring en doortastendheid van Frida binnen tien minuten aan tafel. Het Twente-sjaaltje dat Nico bij binnenkomst had gekregen van de VIP-hostess, was helaas slachtoffer geworden van de pindasaus. Het was hem niet gelukt om zijn bord vast te houden, op te scheppen en tegelijk de sjaal te beletten om vrijelijk in de pannen te duiken. Frida vroeg of ze een nieuwe sjaal voor hem moest vragen, maar dat vond Nico niet nodig. Hij was geen liefhebber van clubsjaaltjes.

'Vertel,' vroeg hij. 'Weet je al wie het heeft gedaan?'

'Moeten we het over mijn werk hebben? Ik had gehoopt op een relaxte avond waarbij alleen de spanning van de wedstrijd voor een gezonde prikkel zorgt.' Ze knikte naar iemand die haar vanuit de verte begroette.

'Ik ben op bezoek geweest bij een oud-klasgenoot,' vertelde Nico. 'Nadat onze vriend met de nasale stem me belde, realiseerde ik me dat het iemand moest zijn die mij van vroeger kent. Hij citeerde een schunnig versje uit mijn middelbare schooltijd en wist dat ik latijn van de paters heb geleerd. Dus ben ik…'

'Op eigen houtje op onderzoek uitgegaan,' concludeerde Frida. 'Ik weet niet of dat wel zo'n goed idee is. Je kunt het beter aan ons overlaten, want als die man iets te maken heeft met de moord op Hammink en Snelders, hebben we van doen met een gevaarlijke gek. En ik zou het, niet in de laatste plaats voor mezelf, behoorlijk slordig vinden als jou ook iets overkomt.'

'Dat is aardig, maar je weet net zo goed als ik, dat het weinig zin heeft om te doen alsof ik veiliger ben wanneer ik in bed ga liggen met de dekens over mijn hoofd. En ik ben echt niet suïcidaal.'

Frida werd afgeleid omdat opnieuw iemand haar herkende die ze snel wist af te wimpelen.

'Dus,' vervolgde Nico, 'heb ik gekeken welke oud-klasgenoten een nasale telefoonstem hebben.'

'Oké,' vond Frida. 'En hoe kwam je aan hun namen en nummers?'

'Ik ben journalist. Ik heb bronnen, die ik niet mag onthullen,' glimlachte Nico, terwijl hij een onwillig stukje saté van een stokje probeerde te trekken. Dat lukte, maar het vlees vloog door de kracht die hij moest zetten over zijn bord, stuiterde op de grond en werd een paar seconden later aan de naaldhak gespietst van een vrouw in wie Nico vagelijk een wethouder uit Hengelo meende te herkennen.

'Touché,' knikte Frida die het kleine drama bezag. 'Zal ik het vlees van je stokje trekken?'

'Waarom word ik altijd als een kleuter behandeld door vrouwen,' vond Nico, 'of was dat laatste een dubbelzinnigheid die ik niet onmiddellijk als zodanig herkende?'

'Kwam onze man aan de telefoon?' lachte Frida. 'Nee natuurlijk, anders had je me dat wel verteld.'

'Klopt, maar ik had wel geluk, want ik kwam in contact met Steven Fiselier, aan wie ik totaal geen herinnering had omdat hij me nooit was opgevallen, of altijd een *backbencher* was. Maar hij, of liever zij, herkende mijn stem. Moet je nagaan, na veertig jaar wist ze nog dat ik Nico ter Mors was.'

'Je hebt inderdaad een wat vlakke, onopvallende, bijna saaie stem,' vond Frida. 'Maar hij is inmiddels een zij? Begrijp ik dat goed?'

'Dankjewel, ik zal dat compliment te gelegener tijd retourneren. En inderdaad, het komt er op neer dat Steven nu zo goed als Stefanie is. Dat is belangrijk om te weten, want zij blijkt op school, in haar verkeerde lichaam, verliefd te zijn geweest op André Hammink. Ze had de foto ook gezien in de krant, maar ze herkende hem niet. En toen later bekend werd, door mijn onthulling, dat het André was, kon ze het niet geloven.' Nico hield een kleine betekenisvolle pauze. 'Ik sla even een stuk over, waar ik later op terug kom, maar vlak voor ik wegging vroeg ze of ik me die speciale, wat lijzige uitspraak van André kon herinneren. Een beetje nasaal, zei ze letterlijk. Dat was ik eerlijk gezegd vergeten, maar Stefanie niet. En toen ze me er aan herinnerde, wist ik het ook weer. De man die ik had ontmoet in het InterCityHotel had beslist geen lijzige, nasale stem. In tegenstelling tot onze dronepiloot.'

Frida had haar bestek neergelegd en veegde nadenkend met een servet haar mond af. De eerste gasten verlieten het buffet om hun plaats te zoeken in de lounges en business seats. De wedstrijd begon over een half uur, de spelers kwamen rond deze tijd op het veld om te rekken en te strekken en de bankzitters mochten in de hoek een rondootje spelen. De reservedoelman schoot op de keeper, zonder te laten merken dat het eigenlijk andersom moest zijn. Een verslaggever van Fox praatte aan de rand van het veld met een analist.

Joop Munsterman liep handenwrijvend en links en rechts groetend door de zaal. Frida kreeg een persoonlijke handdruk. 'Fijn dat je tijd hebt om naar de wedstrijd te komen, wat een toestand met collega Snelders.' Het woord collega beklemtoonde hij op de tweede lettergreep. 'Al nieuws?'

'Meestal weet jij die dingen eerder dan ik, Joop,' lachte Frida. 'Maar nee, elke tip is welkom.'

Joop had alweer een paar nieuwe gezichten herkend en nam vluchtig afscheid.

30

Niet veel verderop hoorde de man die aan zijn laatste kunstje toe was de geluidsgolven van de tribunes komen. Als de wind zijn kant op stond kon hij de stand bijhouden en voelde hij de fysieke teleurstelling bij een gemiste kans. Hij had vandaag geen tijd om de wedstrijd op de tv te bekijken. De ongewenste gast in de vriezer begon, zoals dat gaat met gasten, over zijn houdbaarheidsdatum te raken.

Het hoofd vol bloed en wonden, dat gehate hoofd, inmiddels voorgoed gescheiden van de even schuldige romp, had hij gedumpt. Om daarmee, aan de goede verstaander, een teken te geven. Hij wist niet of ze een goede verstaander was. Ze hoorde alleen zichzelf. Zoals de meeste mensen alleen zichzelf horen. Luisteren was een kunst geworden die nauwelijks nog werd beoefend. De wereld was verworden tot een narcistisch spiegelbeeld, een treurige *selfie* in een landschap van sociale media. Hoezo sociaal? Welk zelfbeeld hadden de meeste mensen? Het beeld dat ze werd opgedrongen door praatjesmakers in talkshows en radioprogramma's voor ongeletterden. Het was een deerniswekkend beeld, omfloerst door tranen uit medelijden met het eigen ego dat niet voldeed aan de gewenste norm.

De man trok uit alle macht aan de ijzige romp in de vriezer. De laatste levenssappen hadden het lichaam verlaten en vastgevroren tegen de wanden van het oude apparaat, dat nooit een energielabel had gezien. Hij dacht aan de verrassing toen hij zijn gast had gebeld in de enige taal die de man verstond, de taal van het geld. Hij had hem naar het Stationsplein gelokt met het verhaal dat er een bod was gedaan op de jongen en dat hij onmiddellijk alle andere onderhandelingen moest afbreken. Op het plein wachtte een auto met chauffeur. Dat was hij zelf. De gast had hem niet herkend. Hij had zich verkleed met een pet, een bril en een baard en vroeg hem in te stappen in de BMW, die hij speciaal voor dat doel had gehuurd. Na een korte rit had hij hem hier naar de boerderij gebracht en daar had hij zijn vermomming afgedaan en de gast onder dreiging van een pistool naar de schuur gebracht, waar hij hem snel en vakkundig had vastgebonden.

De verbazing van de man, toen hij zag wie zich achter de baard verschool, was in eerste instantie groter dan zijn angst. Van de zenuwen was hij zelfs gaan lachen. 'Dat kan niet, dat bestaat niet. Wie ben jij in godsnaam?'

'Dat weet je donders goed. Ik ben mezelf. Ik ben herrezen, zoals je ziet. Gelijk de zoon van God ooit is herrezen. Misschien ben je niet gelovig, maar als ik jou was, zou ik daar heel snel mee beginnen. Geloof is het enige dat je nog kan redden. Geloof in een snel en niet al te naar einde.'

'Je bent gek, wie ben je echt en wat wil je van me?'

'Je weet wat ik wil,' had hij gezegd. 'Ik wil dat je gestraft wordt en dat het kind vrij is om te doen wat het wil. Het was niet verstandig om hier te komen.'

'Ik begrijp geen woord van wat je zegt,' probeerde de ander. 'Als het je om geld gaat, kunnen we zaken doen. Maar dan moet je me eerst losmaken.'

'Geld, geld, geld,' had hij geschamperd. 'Het gaat om idealen, dat begrijpt jouw soort niet. Het gaat om jongens die een droom hebben en respect willen. Het zijn geen beesten die je een kunstje kunt leren om ze daarna te verkopen. Het is geen handel.'

De man die vastgebonden zat schudde bedroefd het hoofd. 'Wat een onzin. Weet je wat ik allemaal moet doen om die jongens en hun hele familie tevreden te stellen. Je hebt geen idee wat daar allemaal bij komt kijken. Die jongens zijn niet meer achterlijk, zoals dertig, veertig jaar geleden. Iedereen heeft internet en weet wat er in de wereld te koop is.'

'Hou die praatjes maar voor je,' had hij gezegd. 'Je hebt genoeg onzin geluld in je leven. Het wordt tijd voor de finale kwijting.'

Voor het eerst begon de man iets van angst te tonen. Hij was gewend om alles onder controle te hebben en dit was niet alleen een onaangename verrassing, dit leek op een vernedering. En wie vernederd wordt voelt schaamte en angst.

De man die herrezen was haalde zijn zakken leeg en fouilleerde hem. Hij bekeek de identiteitspapieren en werd even overmand door lichte euforie, onmiddellijk gevolgd door kwaadsappige agressie. Hij rukte zijn gast de kleren van het lijf, waarna hij een paar minuten op adem moest komen. Om te kalmeren ging hij naar buiten, huilde om zijn herwonnen identiteit, rookte een sigaret uit het pakje dat de man in zijn zak had gehad en lachte demonisch.

Daarna ging hij terug om het vonnis te voltrekken.

31

Ze had niet verteld waar dat designhotel stond, maar het was verder dan Leo had verwacht.

'Weet je zeker dat je de weg kent?' had hij al een paar keer gevraagd, omdat ze zonder hulp van een gps-systeem over lokale wegen en door dorpen reden waar hij nog nooit van had gehoord. Ze had de radio aangezet op een klassieke Duitse zender, waar onbegrijpelijke atonale muziek werd gedraaid. Het was niet Leo's kopje thee, maar hij wilde haar stemming niet bederven.

'Prachtig,' vond ze, 'ik ben blij dat jij het ook kunt waarderen. Frans zou het onmiddellijk hebben afgezet en een schlagerzender opzoeken.'

Leo gaf geen antwoord, maar begon iets meer begrip te krijgen voor de gemoedstoestand van haar betreurde echtgenoot, de afgelopen jaren. Als je deze muziek moest aanhoren, kwam je bijna vanzelf tot huiselijk geweld.

'Hij begreep ook niets van moderne kunst,' vervolgde Jacky. 'Dat werkte bij hem als een rode lap op een stier. Vreselijk dat mensen zich niet kunnen openstellen voor iets dat ze niet begrijpen. Ik heb het zelf ook moeten leren, hoor. Je wilt niet weten wat een opluchting het is, om niet meer die strijd met hem te hoeven voeren. Ik weet zeker dat jij anders over die dingen denkt, opener. Frans was een echte boeren braadlul, jij hebt veel meer gevoel voor de mooie dingen van het leven. Als deze toestand achter de rug is, kunnen we eindelijk samen dingen gaan doen. Heerlijk, concerten bezoeken, tentoonstellingen. Leuke galerietjes en vintage shops.'

'Ja, leuk,' vond Leo. 'Hebben ze in dat hotel een restaurant?' Hij had trek. Ze reden door een heuvelachtig gebied. Warstein was de laatste plaatsnaam die hij herkende en associeerde met een biermerk. De wegen werden steeds smaller en ze kwamen nauwelijks andere weggebruikers tegen. Jacky aarzelde even bij een tweesprong en sloeg toen een landweggetje in dat aan weerszijden werd geflankeerd door dicht naaldbos. Na een paar honderd meter stopte ze omdat ze een plas moest. Ze stapte uit en verdween tussen de bomen.

Door de plotselinge stilte kon Leo zijn hart horen kloppen. Hij keek op zijn smartphone en zag dat het al bijna negen uur was. Geen wonder dat hij trek had. Het duurde lang voor ze terug kwam, vond hij. Misschien werkten de zenuwen ook op haar darmen, hoewel ze geen blijk had gegeven van enige nervositeit. Maar ja, Leo had het vuile werk mogen opknappen.

Toen ze eindelijk het portier opende, vroeg ze of hij achter het stuur wilde gaan zitten. Ze wisselden van plaats, maar toen hij de auto wilde starten, hield ze hem tegen. 'Je moet even een app-je sturen,' zei ze.

Hij keek haar verbaasd aan, maar haalde gehoorzaam de smartphone uit zijn zak. 'Waarom kun je dat niet zelf?' vroeg hij.

'Omdat je het naar mij moet sturen,' glimlachte ze raadselachtig.

'Hoe bedoel je, jij zit naast me, ik begrijp niet…'

'Je hoeft het niet te begrijpen, ik heb er zelf de hele weg over nagedacht en ik heb zojuist in het bos een beslissing genomen,' zei Jacky.

'Waar heb je over nagedacht, wat ben je van plan?' Hij keek haar aan en zag in het vage schijnsel van het dashboardlicht een verbeten, harde trek rond haar mond.

'Je houdt niet van Stockhausen, jij hoort ook liever Freddy Quinn. Ik bedoel, wat schiet ik ermee op wanneer ik Frans vervang door Leo? Maar goed, dat wist je natuurlijk al lang. Maar je dacht, wanneer ik Frans voor haar uit de weg heb geruimd, staat ze bij mij in het krijt. En laat ik eerlijk zijn, dat klopt. Ik ben heel blij dat je het vuile werk voor mij hebt opgeknapt, maar ik ben bang dat je niet de harde jongen bent, die je graag wilt lijken.'

Leo snapte er geen woord van. 'Hoezo, harde jongen? Ik heb gedaan wat je me gevraagd hebt, omdat Frans niet alleen jou intimideerde, maar ook een gevaar vormde voor onze toekomst.'

'Precies,' zei Jacky. 'Maar nu denk ik dat het gevaar niet alleen van Frans kwam. Jij gaat mij net zo goed belazeren. Of je zenuwen begeven het en je bekent alles aan de eerste de beste inspecteur.'

'Waarom zou ik je belazeren? En natuurlijk heb ik last van zenuwen. Maar ik ben niet gek.' Leo begon harder te praten en wilde het liefst die valse glimlach van haar gezicht slaan.

Ze opende het handschoenenvak en pakte het pistool, dat daar lag opgeborgen. 'Dit bedoel ik. Je had het pistool zullen weggooien. Dat heb je niet gedaan. Als we elkaar niet kunnen vertrouwen, kunnen we er beter onmiddellijk een eind aan maken. Waarom heb je het meegenomen en hier verstopt?'

Leo was te verbaasd om goed gearticuleerd te kunnen antwoorden. 'Jezus. Ik heb niet…dat pistool…dat heb je zelf…'

Ze richtte het pistool op zijn hoofd en haalde geroutineerd de veiligheidspal over, zoals ze hem had geleerd. 'Oké, genoeg.

We gaan een keurig briefje schrijven.'

Hij deinsde achteruit, voor zover de autogordel dat toeliet.

'Doe dat ding weg, idioot. Ik ga echt geen briefje schrijven.'

'Echt wel. Je begint met: Hoi Jacky. Het spijt me.' Ze boog zich naar hem toe en hield het pistool tegen zijn voorhoofd. 'Tikken.'

32

De sfeer in het stadion was, vanuit de VIP-box hoog achter het doel, moeilijk te omschrijven. De gasten van de hoofdsponsor zaten en stonden, verspreid over de ruimte. Sommigen keken naar de wedstrijd, anderen hadden meer oog voor elkaar en voor de *opportunities* die deze informele bijeenkomst bood, zoals beloofd door *event-marketeers* en *public relation officers*. Nico was geen vriend van deze beroepsgroepen, met hun eeuwig gebeitelde glimlach, kekke haartjes en slicke praatjes. Hun wereld bestond uit kansen en uitdagingen; teleurstelling en verlies kwamen in dat woordenboek niet voor. Het was een doorzichtig spel, maar iedereen leek het mee te willen spelen. Wie niet meespeelde hoorde er niet bij. En daar ging het om in het leven: erbij horen.

Dat was vroeger niet anders geweest, bedacht hij, maar toen waren de sociale structuren vanzelfsprekender. De familie, de school, de kerk. De sportvereniging. De media hadden daar verandering in gebracht. Het leven was één groot feest geworden, waarvoor je jezelf elke dag kon uitnodigen. Maar nog leuker was het om uitgenodigd te worden door je nieuwe vrienden, zakenpartners die het te gek vonden als je op hun symposion kwam of hun opgetuigde beursstand bezocht. Je kon er *celebrities* aanraken, die voor een leuk honorarium van de tv waren afgedaald naar het volk.

'Wat denk je?' vroeg Frida. 'Ik heb het gevoel dat je niet naar de wedstrijd kijkt.'

'Een enorm driedimensionaal tv-scherm, zonder herhalingen en close-ups.' Hij betrapte zich erop dat hij daadwerkelijk naar de in de ruimte opgehangen schermen keek om het spel beter te kunnen volgen. 'Ik vind het inderdaad moeilijk om mee te leven. Maar het is interessant om het een keer van deze kant te bekijken.'

'Ik verwacht geen beleefde dankbaarheid,' zei Frida. 'Ik heb die kaartjes ook maar gekregen. Eerlijk gezegd kijk ik op zaterdagmiddag liever naar een van mijn jongens op een koud veldje in Glanerbrug, dan in deze VIP-box naar spelers waarvan ik nog nooit gehoord heb. Maar die wel mijn stad en streek vertegenwoordigen. Als ik jou er ook geen plezier mee doe, kunnen we beter weggaan.'

Nico wierp nog een laatste blik op het veld. De spelers van Twente droegen een mal jubileumshirt, dat de verbintenis uit 1965 moest symboliseren door een groenzwarte diagonale baan op een witte achtergrond. Voor nog geen zeventig euro kon de echte diehard het in een fanshop kopen. Waar maakte hij zich druk over? Elk zijn meug en als er gewonnen werd, deelde iedereen in de feestvreugde. Het verlies kon worden afgewenteld op de trainer of een ongelukkige spits. Maar wie dat shirt had verzonnen…

Ze wachtten tot de rust en vertrokken zonder van iemand afscheid te nemen. Als ze snel waren konden ze bij Frida op de bank verder kijken.

Ze fietsten via het Twekkelerveld terug. Nico wees haar het atelier van Stefanie Fiselier en vertelde wat de kunstenares hem nog meer had verteld over André Hammink en Jacky Snelders.

'Dus jij suggereert dat onze dronepiloot misschien de echte Hammink is,' zei Frida. 'Maar van wie is ons hoofd dan en wie heeft het van de romp gezaagd? Volgens onze deskundigen – maar dat vertel ik je in het diepste geheim – is het hoofd afsneden met een Bosch tafelcirkelzaag. Het blad had een fijne snede, als je dat zo kunt zeggen. Het was al een tijd niet gebruikt, want er was sprake van roestvorming. Het hoofd was behoorlijk beschadigd, maar de man moet nog hebben geleefd toen het werd afgezaagd.'

'Fijn om te weten,' vond Nico. Hij voelde het buffet langzaam omhoog komen. 'Je denkt toch niet dat ik met dat beeld in mijn hoofd, jouw fijne snede ga verkennen, als ik dat zo mag zeggen.'

'Welkom bij de recherche,' lachte Frida. 'Je moet bij ons een sterke maag hebben. Dan had je de zaak maar aan professionals moeten overlaten.'

'Voorlopig hebben jullie de meeste informatie in deze zaak via mij gekregen,' vond Nico.

'Als je gisteravond niet bij mij was geweest, zou je in deze zaak behoorlijk verdacht zijn.' Ze vertelde niet dat hij, behalve als alibi voor Jacky, ook als verdachte door Hans Vlodrop was gekenmerkt.

Ze hoorden aan het geluid uit het stadion, dat de wedstrijd weer begonnen was. Maar toen ze bij Frida thuis waren, hadden ze geen van beiden zin om verder te kijken. De resultaten van de afgelopen maanden van FC Twente beloofden ook niet veel goeds. Zoals bij een echte topclub die Twente was geworden hoorde er ook bij dat drie of vier nederlagen op rij tot een onvermijdelijke crisis leidden.

Nico besloot om Frida het gekke verhaal te vertellen dat Jacky hem in vertrouwen had verteld. Hij vond het al moeilijk te geloven, maar door de ontwikkelingen van gisteren en vandaag, kwam die geschiedenis helemaal in een vreemd daglicht te staan.

'Dat mens is een fantast. Een gevaarlijke fabulante,' vond Frida. 'Ik begin te geloven dat deze toestand wortels heeft die teruggaan naar een diepgrijs verleden.'

'Omdat ik een paar jaar ouder ben dan jij, hoef je mijn verleden nog niet grijs te vinden,' zei Nico. 'Ik heb er erg kleurrijke herinneringen aan en ik vraag me af…'

'Niet doen,' waarschuwde Frida. 'Geen vergelijkingen trekken. Mijn jongens zeggen over veertig jaar precies hetzelfde als jij; dat het in hun tijd allemaal beter was. Onzin. Ik heb ook met bevroren tenen op de tribune van het Diekman gestaan, terwijl ik mijn plas moest ophouden omdat er geen fatsoenlijke damestoiletten waren. Of als lid van de ME tegenover een stel rabiate en gedrogeerde hooligans, die niets liever wilden dan een steen tegen je hoofd gooien. Dus leve de moderne tijd en het comfort.'

Het was een discussie die Nico graag voerde en hij ging er eens lekker voor zitten. Maar ze werden onderbroken door Frida's huistelefoon. Ze nam op omdat het waarschijnlijk een van de kinderen was die iets wilde regelen voor zaterdag.

'U zit met de voetjes omhoog op de sofa van de tweede helft te genieten, mevrouw.' Het was de nasale dronepiloot. Om Nico te laten meeluisteren zette Frida de luidspreker aan. 'Toch niet alleen, hoop ik. Helaas ben ik niet in staat om alles in de gaten te houden, we moeten af en toe ons straatje kuisen.'

'Leuk u weer te spreken,' vond Frida. 'Maar eerlijk gezegd begrijp ik niet helemaal waar ik die belangstelling aan te danken heb. En, als ik het zeggen mag, u bent nogal cryptisch.'

'Cryptisch, haha, die is goed. Dat is een vroeg christelijk begrip. De crypto gelovigen moesten zich verbergen om in duistere kelders en kerkers hun geloof te belijden. Dat doe ik al heel wat jaren, maar nu mevrouw, nu is het tijd voor een glorieuze herrijzenis.' De man giechelde.

'Het hoofd, mevrouw, het hoofd vol bloed en wonden, dat door uw nieuwe vriend Nicolaas ter Mors zo krachtig is getypeerd als zijnde van doelman Hammink, dat hoofd is van de romp gescheiden door niemand minder dan de voormalige voorzitter van De Brug, met behulp van zijn aanminnige vrouwtje Jacqueline. Helaas pindakaas. Want de goede Frans heeft daar maar een korte wijle plezier van gehad. De echtelijke ruzie die op de *decapitatie* volgde, mondde uit in een koelbloedige executie. Mevrouw Jacqueline vluchtte naar haar minnaar, medebestuurslid Leopold Voerman, die speciaal voor dat doel beschikt over een *pied à terre* in het idyllische plaatsje Epe. Niet ver daarvandaan, in het Aamsveen, hebben mijn verkenners de romp ontdekt van voornoemde Hammink. Ik zal u de coördinaten opgeven, zodat u niet lang naar de naakte waarheid hoeft te zoeken. We gaan er geen puzzeltocht van maken.' Hij vroeg of ze een "vers geslepen potlood" bij de hand had en gaf haar de coördinaten van de plek waar ze de romp van Hammink konden vinden.

33

De rest van het weekend en de eerste dagen van de week die daarop volgden, hoorde Nico weinig van Frida en het onderzoek naar beide moorden. Dankzij de aanwijzingen van de dronepiloot – hoewel dat nergens werd gemeld – was de politie er in geslaagd om ook de bijbehorende romp van het eerder gevonden hoofd op te sporen. Nico begreep uit de verslaggeving op rtv-oost dat de romp half bevroren was aangetroffen in een vrieskist, midden in het natuurgebied ten zuiden van Enschede. Volgens een voorlichter van het regioteam Twente, was de politie twee verdachten op het spoor. Ze waren beiden voortvluchtig en er was een uitgebreide zoektocht naar het duo begonnen.

Dat moesten Jacky en Leo Voerman zijn, vermoedde Nico. Hij kon zich voorstellen dat ze betrokken waren bij de moord op Snelders, maar wat ze met het lijk in die vriezer te maken hadden, was onduidelijk voor de verslaggevers. De man bij wie alle lijnen samenkwamen, was de nasale beller. Over hem werd niets gezegd in de media. Frida hield hem voorlopig onder de pet. Wel las hij ergens in een bericht dat de politie vermoedelijk het instrument had gevonden waarmee het hoofd van de romp was gescheiden. De vindplaats was "in de tuin van een woning in Glanerbrug". Het slachtoffer werd nog steeds aangeduid als de voormalige doelman van FC Twente, André Hammink.

De dood van Frans Snelders, die in de media niet direct in verband werd gebracht met de moord op Hammink, had wel een stroom berichten en langere artikelen op gang gebracht. Het was zelfs landelijk nieuws, omdat de snelle opkomst van een amateurclubje door een malafide suikeroom niet alleen in Glanerbrug voor kwam. Het gebeurde overal in het land en de financiering was vaak duister, als het al niet ronduit crimineel was. Voorbeelden van de Russische maffia, Chinese matchfixers en Turkse witwassers werden uit het archief gedoken. Frans Snelders bevond zich in goed gezelschap en Glanerbrug stond niet meer alleen op de kaart omdat het kabeltelevisie had. Hoe de constructie bij De Brug precies zat, daarover kon het team economische delicten nog geen duidelijkheid geven. Maar inmiddels was wel bekend dat de voorzitter zijn kapitaal had verkregen via hardcore porno. *SexSells.com* was inmiddels uit de lucht, dus iedereen die dat wilde controleren, werd teleurgesteld.

De overblijvende bestuursleden van De Brug broedden aanvankelijk op een doorstart, maar de curator gaf ze weinig kans, omdat alleen de Belastingdienst al een vordering van bijna anderhalf miljoen euro op de club had. Woordvoerder H. Vlodrop vond dat, plat gezegd, "zwaar klote". Op die manier was de lol er af en hij begreep niet wat Frans en Leo allemaal hadden uitgespookt achter zijn rug. Hij hield van die club en voelde zich "gewoon genaaid".

Omdat niemand anders het deed probeerde Nico voor zichzelf de zaak op een rijtje te zetten.

Iemand die zich André Hammink noemt, komt naar Enschede om daar een jonge Zuid Amerikaanse voetballer te slijten, waarbij hij oude contacten aanboort. Die contacten zijn Jacqueline Snelders-Wermers, de vrouw van de corrupte voorzitter van De Brug en zijn jeugdvriend, de ex-voetbaljournalist Nico ter Mors. Een paar dagen later wordt het hoofd van deze man gevonden in het Twentekanaal. Jacky Wermers neemt contact op met Nico omdat ze vermoedt dat hij informatie van die man heeft gekregen. En een dag later wordt haar man, Frans Snelders, vermoord en verdwijnen Jacky en medebestuurslid Leo Voerman.

Ondertussen raakt Nico ervan overtuigd, door aanwijzingen van een merkwaardige drone-piloot en zijn oud-klasgenoot Steven/Stefanie Fiselier, dat de vermoorde Hammink niet zijn oude jeugdvriend is. Wie het wel is, is niet duidelijk, maar het begint er op te lijken dat André Hammink nog leeft en zelf alle touwtjes in handen heeft.

Nico keek een tijdje tevreden naar die samenvatting, maar realiseerde zich dat er nog heel wat puzzelstukjes ontbraken. Volgens Fiselier was de vader van André – en indirect de fusie tussen Sportclub en Boys – de aanleiding voor André om doelman te willen worden. Hij had geen talent als voetballer, maar keepen kon je leren en hij bezat al op jonge leeftijd het fysiek en het atletisch vermogen van een goede doelman. En een lichte vorm van autisme, bedacht Nico. Jacky Wermers ontfermde zich over André, nadat zijn vader plotseling verdween. Ze hoopte, via hem in contact te komen met spelers van FC Twente. Een *golddigger avant la lettre*. André vertrok naar Uruguay, volgens Fiselier. Daarna werd het spoor duister. Als hij moest geloven wat Jacky hem had verteld, belandde André, na een doodslag in Montevideo, in de gevangenis. Jacky was hem achterna gereisd en had Nico het onwaarschijnlijke verhaal verteld over Atletico Bella Vista en haar aanranding door de voorzitter.

Dat moest de crux in het hele verhaal zijn, besefte Nico.

Maar hoe kwam hij achter de waarheid, zolang het niet lukte om de dronepiloot op te sporen. Stefanie Fiselier kon hem ook niet verder helpen, maar misschien was er nog iemand uit de internaatperiode in Deventer die zich iets over André en die mysterieuze Uruguayaan kon herinneren.

Na een korte zoektocht vond hij een aantal voetballers die

in dezelfde tijd als André op het roemruchte internaat hadden gezeten. Het was gesloten in 1996, na het Bosman-arrest, nadat het 34 jaar aan de Brinkgreverweg had gezeten. Een normaal eengezinshuis, twee onder een kap, zag hij. De achtertuin kwam uit op het trainingsveld van Go Ahead. Via Martin Koopman, de pleegvader van het internaat die het licht had uitgedaan en zelf zowel bij Go Ahead als bij FC Twente had gespeeld, kwam hij achter de namen van een aantal talenten uit de periode '75 tot '78. Volgens Koopman, die André bleek te kennen omdat hij in dezelfde tijd voor de club uit Deventer speelde, was de jonge doelman er in zijn eerste jaar niet erg gelukkig omdat hij de enige keeper in de groep was en trainer Wiel Coerver hem te houterig vond voor zijn kap- en draailessen. Dat veranderde toen de bekende doelman Nico van Zoghel terugkeerde naar Deventer en het keeperstalent onder zijn hoede nam.

Van Van Zoghel, die de moord op André Hammink in de krant had gelezen en daardoor al een paar weken aan hem had gedacht, hoorde Nico dat André in het laatste jaar van zijn verblijf in het internaat veel contact had met een vreemde jongen, die eerlijk gezegd weinig talent had. De oud-doelman kwam niet zo snel op zijn naam, maar het was de zoon van een hoge oom bij Philips. De man had zijn vrouw verloren en werd overgeplaatst naar het buitenland. De zoon moest zijn school afmaken in Nederland en omdat hij aardig kon voetballen, had de Philips-man gevraagd of hij ondergebracht kon worden op het internaat van Go Ahead. Door een ruime donatie van Philips of van de man zelf, werd dat mogelijk gemaakt. Maar die zoon bleef een buitenbeentje natuurlijk. Vandaar dat hij veel optrok met Hammink, die zich ook buiten de groep voelde staan. Jacob heette de jongen, wist Van Zoghel opeens weer. In de groep werd hij Japie genoemd. Maar hij bleef niet lang op het internaat. Wat er precies gebeurd was, wist hij niet. Iets met meisjes of een andere doodzonde tegen de regels van het huis waarschijnlijk.

Het was iets, vond Nico, maar nog niet veel. Als hij die Jacob al kon opsporen, was het nog maar de vraag of de man zich iets van die periode kon of wilde herinneren. Hij besloot nog een poging te wagen via Martin Koopman en hij had geluk. Koopman kon zich Jacob herinneren. Vooral dat het nogal zielig was voor die knaap, omdat hij natuurlijk zwaar werd gepest door de anderen. Wat de aanleiding was geweest voor zijn min of meer gedwongen vertrek, wist hij niet meer. Maar hij heette Timmer, dat wist hij toevallig wel.

Nu praten we, dacht Nico. Maar hij vond via Google geen Jacob Timmer die voldeed aan de specificaties. Dus moest hij een omweg bewandelen, middels het archief van Philips. Een oud-collega die bij het Eindhovens Dagblad werkte, kende weer iemand die hem verder kon helpen. Volgens zijn vrouw had haar man een ijzeren geheugen, maar op dit moment zat hij te vissen en dan nam hij nooit een telefoon mee.

Nico wachtte tot etenstijd en belde opnieuw. De visser was inmiddels thuis, maar ook heel lang van stof. Alsof hij de hele dag geen woord had gezegd en het er nu opeens allemaal uit moest. Er waren twee Timmers bij Philips geweest. Jan Timmer, bekend van de grote reorganisatie, operatie Centurion, en voorzitter van PSV natuurlijk.

En je had een zekere Bertus Timmer, een groot verkooptalent, die helaas verongelukt was toen hij in Montevideo was gestationeerd. De precieze toedracht was nooit aan het licht gekomen.

Bingo, dacht Nico.

34

Mevrouw Anneke van Lier, apothekersassistente in ruste, was een fanatiek gebruiker van VakantieVeilingen.nl. Ze had al heel wat euro's bespaard op wellness-arrangementen en restaurantbezoek. De laatste veiling waaraan ze had meegedaan, betrof een driedaags verblijf in een hotel in het Sauerland. Twee overnachtingen in Parkhotel Olsberg, inclusief ontbijtbuffet, zwemmen en gratis parkeren voor twee personen. Alles bij elkaar had ze zesenvijftig euro betaald. Het arrangement was niets voor haar man, die liever thuis bleef, maar ze had genoeg vriendinnen om van de faciliteiten en de eerste lentedagen te genieten in de prachtige omgeving van het hotel. Omdat haar beste vriendinnen verhinderd waren, besloot ze haar zus mee te vragen.

Zo kwam het dat beide vrouwen, na uitgebreid van het ontbijtbuffet te hebben genoten – de ovenverse harde Duitse broodjes brachten herinneringen boven aan lang vervlogen gezinsvakanties – op woensdagochtend begonnen aan een wandeltocht vanuit het centrum van het rustieke plaatsje. Het zou een pittige tocht worden, want vooral Netty, die een paar jaar jonger was dan haar zus, hield van stevig doorstappen. Ze had de zogenoemde *Quellentour* uitgezocht, omdat je daarbij af en toe met je blote voeten door ijskoude Kneippbaden kon lopen. Onderweg zouden ze de lunch gebruiken in *Waldhotel Schinkenwirt*.

Anneke vond 17 kilometer nogal ambitieus, ze had een paar jaar geleden een nieuwe heup gekregen en haar uithoudingsvermogen was beslist niet meer wat het twintig jaar geleden was. Maar ze wilde het plezier van haar zusje, die een vervelend jaar achter de rug had na haar scheiding, niet bederven. Als het moest, trok ze ook haar schoenen en kousen uit om te knijpen.

Maar zover kwam het niet. Dat wil zeggen, na een kilometer of vijf – ze hadden al bijna anderhalf uur gelopen – kreeg Anneke het idee dat Netty de weg kwijt was. Uiteraard ontkende Netty, maar toen ze een half uur later nog steeds geen routeteken tegenkwamen, vond Anneke het tijd worden om terug te lopen. De route was heuvelachtiger dan ze had gedacht en ze moest er niet aan denken om nog verder af te dwalen. Dat was makkelijker gezegd dan gedaan. Bij elke splitsing meende Netty dat ze van links waren gekomen, terwijl Anneke dacht dat het toch echt rechts was. Of andersom. En een uur later had Anneke het gevoel dat ze in rondjes liepen, of met een grote boog terug bij af waren. Het huilen stond haar nader dan het lachen en ook Netty vond het niet meer grappig. Hun telefoons hadden hier natuurlijk geen bereik en het kaartje van de omgeving dat ze uit het hotel hadden meegenomen bood geen uitkomst. Tot overmaat van ramp gleed Anneke uit op een bemoste steen en verzwikte haar enkel. Netty, die tot haar huwelijk in de verpleging had gewerkt, legde met haar onderhemd een noodverband aan, maar het was duidelijk dat Anneke niet veel verder kon. 'Je laat me hier niet alleen,' huilde ze. Maar hoe het verder moest, wist ze ook niet. Die afschuwelijke geschiedenis van de twee Nederlandse meisjes die in Panama waren verdwaald en doodgebleven, speelde al een tijdje door haar hoofd. Hoe kun je zo stom zijn, had ze nog tegen haar man gezegd. Maar verdwalen en doodblijven in het Sauerland was helemaal dom. Netty wist het ook niet meer en stond op het punt de moed te verliezen toen ze, ergens tussen de bomen iets zag dat daar niet hoorde. Dichterbij gekomen bleek het een auto en toen ze, met Anneke op twintig meter hobbelend achter zich aan, het voertuig had bereikt, was het verdorie ook nog een auto met een Nederlands nummerbord. Dat betekende, dat iemand zijn auto hier had geparkeerd. Het was een vreemde plek, maar er was duidelijk sprake van een pad. Hoe moest de auto er anders zijn gekomen?

   Anneke was inmiddels ook bij de auto aangekomen en constateerde dat hij behoorlijk besmeurd was door vogelpoep en ander ongerief. Het voertuig moest er al een tijdje staan. Ze liep om de auto heen en probeerde naar binnen te kijken. Dat viel niet mee, maar tot haar verrassing bleek het portier aan de bestuurderskant niet op slot te zitten. Ze trok het open en op dat moment kwam het lichaam van Leo Voerman naar buiten, in zijn val tegengehouden door de autogordel. Anneke schrok zo, dat ze vergat te gillen.

Dat deed Netty wel, toen ze zag waarom Anneke opeens moest overgeven. Gelukkig had ze zelf iets sterkere zenuwen, maar het was geen prettig gezicht. Zelfmoord. Duidelijke zaak. De man had zichzelf met een pistool van het leven beroofd.

Nadat de eerste schrik voorbij was, overlegden de zussen wat ze moesten doen. Netty vond dat ze van de nood een deugd moesten maken. Ze had geconstateerd dat de autosleutel nog in het contact stak en waarom zouden ze daar geen gebruik van maken?

'Echt niet Netty…ik ga niet in die auto zitten.' Anneke moest er niet aan denken, maar ze besefte ook dat er knopen moesten worden doorgehakt. Haar enkel werd steeds pijnlijker. Het alternatief was dat Netty ging lopen om hulp te halen en dat zij hier moest blijven wachten.

Dus sjorde Netty het lichaam van de passagiersstoel en legde het met hulp van Anneke achterin de auto. Gelukkig was het een stationwagon met een vijfde deur. Daarna zorgde ze dat ze weer enigszins door de ruiten kon kijken, spreidde haar jas op de passagiersstoel en startte de motor.

35

Op woensdagavond had Frida tijd om met Nico af te spreken. Nadat ze snel iets voor de jongens en zichzelf had klaargemaakt – het was de traditionele spaghetti-avond, omdat ze daarna moesten trainen – reed ze op de fiets naar de stad. In het Bolwerk was het om acht uur nog rustig. Nico zat er al en begroette haar nogal afstandelijk, vond ze. Niet dat ze zelf zo'n zoener was, maar een half handje omhoog was wel erg dun.

'Mevrouw Brandriet.'

'Meneer Ter Mors.' Ze ging zitten en bestelde koffie. 'Heb ik iets gemist?'

'Hoezo?' Nico legde de krant opzij en keek haar aan. 'Even voor de goede orde. Het lijkt me veiliger om een zekere distantie te betrachten. Afgezien van het feit dat jouw werk voor het mannetje gaat, is het ook veiliger voor de mensheid in het algemeen. Want wanneer er sprake is van toenadering en lichamelijke intimiteit, komt er een lijk uit de kast vallen.'

Frida keek zo teleurgesteld dat hij zich over het tafeltje boog en haar onhandig zoende. 'Je dacht het even hè?' lachte hij. 'Maar je moet toegeven dat ik een beetje gelijk heb.'

'Een beetje,' vond Frida. 'Gelukkig is het lijk van Leo Voerman vanmiddag al uit de kast gevallen.' Ze vertelde Nico dat twee Nederlandse vrouwen ergens in het Sauerland een auto met het ontzielde lichaam van Leo hadden gevonden. Volgens de Duitse politie was het hoogstwaarschijnlijk zelfmoord, maar ze hadden een probleem bij het onderzoek, omdat de dames het plaats delict met het slachtoffer van het bos naar het politiebureau hadden gebracht. Twee collega's van Frida waren er naar toe om mee te helpen bij het sporenonderzoek.

'En taal nog teken van Jacky,' stelde Nico vast. Op de een of andere manier intrigeerde zelfmoord hem meer dan geweld tegen een ander. De ultieme keus, die, wanneer hij niet verklaarbaar was vanwege een psychische stoornis, meestal voortkwam uit schaamte. Schaamte voor verlies, onkunde of ontdekking. Tijdens zijn eigen *déconfiture* een paar jaar geleden, had hij zich eerder opgelucht gevoeld. De schaamte voorbij, als het ware. Hij kon zonder om te zien een nieuw leven beginnen. Voor Leo Voerman had dat kennelijk niet gegolden. Leo was afhankelijk van de gemeenschap waarmee hij vergroeid was en waar hij door zijn positie respect had afgedwongen. Dat was hij allemaal kwijtgeraakt.

'We hebben nog niet kunnen vaststellen dat Frans Snelders of Jacky betrokken zijn bij de moord op jouw vriend,' vertelde Frida. 'Als het tenminste André Hammink is. Je hebt kunnen lezen dat het lichaam in een vriezer in het Aamsveen is gevonden. Het was nog halfbevroren en we hebben geen idee waar die kist vandaan kwam. Niet uit de huizen van Snelders en Voerman in Glanerbrug en ook niet uit het appartement in Epe. We hebben ook geen sporen van hen of van Jacky op de vriezer of de romp kunnen ontdekken. Wel van iemand anders, trouwens.'

'Dus dat appartement in Epe, waar onze informant het over had, bestaat echt,' constateerde Nico. 'Wat krijg ik van je, wanneer ik je vertel van wie dat lichaam en dat hoofd zijn?'

Frida trok haar wenkbrauwen op. 'Hoezo, heeft hij jou gebeld om dat te vertellen? Je houdt geen informatie achter, hoop ik. En als je toch geen intimiteit wilt, ga ik je verder niks beloven.'

'Ik wist het, ik wist het. Je bent chantabel, geef het maar toe.' Nico keek even om zich heen, omdat hij in zijn enthousiasme iets te luidruchtig werd.

Frida keek ook om zich heen. 'Vertel het nou maar, je kunt het toch niet voor je houden. Daarna zien we wel.'

'Ik ben er vanmiddag, na een moeizame maar intelligente zoektocht, achter gekomen dat het slachtoffer hoogst waarschijnlijk Jacob Timmer heet. Deze Japie Timmer, zoals hij op school werd genoemd, was de zoon van Bertus Timmer, directeur van Philips in Zuid Amerika en gestationeerd in Montevideo.' Nico vertelde in het kort hoe hij aan die informatie gekomen was en wat de connectie was tussen André Hammink en Jacob Timmer. De officieuze archivaris van het Deventer internaat had een foto gescand en gemaild, waar zowel André Hammink als Japie Timmer opstonden. En die Timmer leek verdomd veel op de figuur die Nico een paar weken geleden had gesproken in het InterCityHotel.

'Dat is allemaal leuk en aardig,' vond Frida, 'en ik heb bewondering voor je reconstructie, maar een bewijs is het niet.'

'Details,' meende Nico. 'Ik kan jullie niet alles voorkauwen. De politie heeft zelf ook…'

Hij werd onderbroken omdat Frida een bericht kreeg op haar iPhone, waardoor ze werd afgeleid. 'Mijn collega vanuit

Olsberg in het Sauerland,' vertelde ze Nico, nadat ze het had gelezen. 'Voerman schijnt, voordat hij vrijdagavond de hand aan zichzelf sloeg, een bericht gestuurd te hebben naar Jacky Snelders. Leo schrijft dat het hem spijt dat hij Frans heeft vermoord. Hij kan en wil haar niet meer onder ogen komen en hij schaamt zich voor de leden en supporters van De Brug.'

Nico moest dat even verwerken met behulp van een Kornuit. Frida besloot haar lauwe koffie niet meer op te drinken en bestelde een Lentebok.

'Ze hadden een relatie, Voerman en Jacky,' dacht Nico hardop. 'Volgens onze informant, die alles schijnt te weten. Ze verdwijnen samen, of verbergen zich in Epe. Hebben jullie daar sporen van haar ontdekt?'

'Ja. Ze blijken daar al een jaar of vijf geregeld samen te komen. Als dit bericht klopt, heeft onze dronepiloot ongelijk. Niet Jacky, maar Leo heeft Frans Snelders vermoord. Misschien omdat Frans de schuld van het Brug-debacle op Leo wilde afschuiven. Of hem medeplichtig wilde maken aan de moord op Hammink. Ik speculeer maar wat,' zei Frida.

'Maar er is geen enkel bewijs dat Frans en Jacky iets te maken hebben met die moord,' zei Nico. 'Kan het niet zo zijn dat de nasale informant ons een rad voor ogen draait, omdat hij een geheel eigen agenda heeft. Als hij inderdaad mijn herrezen vriend André Hammink is, had hij mogelijk nog een heel oud appeltje te schillen met Jacob Timmer…'

'Als, als, als. Als ik mijn telefoon uitzet, heb je dan zin om mijn appeltje te schillen?' vroeg Frida. 'Vanuit jouw flat schijn je een heel mooi uitzicht te hebben over de stad.'

'Ik wist niet dat zo'n Lentebok die uitwerking heeft,' lachte Nico. 'Hoelang mag je volgens de nieuwe richtlijnen en de politie-cao je telefoon uitzetten?'

36

Jacqueline Snelders meldde zich om half tien 's avonds op het hoofdbureau, dat wegens de verbouwing was ondergebracht in de oude brandweerkazerne naast het belastingkantoor aan de Hengelosestraat. Ze had zich, na een vermoeiende maar bevredigende tocht door het Arnsberger Wald, een paar dagen en nachten laten verwennen in een goedburgerlijk familiehotel. De last was van haar schouders gevallen en ze kon zich, na de afhandeling, met overgave op de toekomst richten. Een toekomst die niet in Glanerbrug lag, je moest weten wanneer het tijd werd om de bakens te verzetten, nietwaar.

Ze moest wachten tot het lichaam van Leo werd ontdekt en omdat het langer duurde dan ze verwachtte, kreeg ze de tijd om haar verhaal te perfectioneren. Op de site van de Tubantia las ze dat ook de romp van de vermoorde man was gevonden. Dat baarde haar zorgen. Welke stommiteiten had die idioot uitgehaald, nadat ze al die tijd niets van hem gehoord had? Hij moest zwaar in de schulden zitten, anders was hij nooit deze kant opgekomen en had alles overhoop gehaald. De puinhoop uit haar verleden leek haar weer in te halen. Maar de ene helft van het probleem was opgelost door een onbekende schuldeiser, die hem helemaal tot Enschede gevolgd moest zijn. De andere helft had ze zelf opgelost.

Bij de receptie vroeg ze naar hoofdinspecteur Brandriet. Aan haar wilde ze het verhaal kwijt, maar omdat mevrouw op dit moment onbereikbaar was, moest ze genoegen nemen met de jonge rechercheur die ze eerder had ontmoet.

'Wij zijn al een halve week naar u op zoek,' zei Ferdy, terwijl hij onhandig met twee bekertjes koffie in een spreekkamer ging zitten.

'Ja, het spijt me vreselijk.' Ze toverde haar warmste glimlach tevoorschijn om de jongeman daarvan te overtuigen. 'Ik verkeerde in een duivels dilemma, zoals dat heet. Ik kreeg vrijdagavond een bericht van Leo Voerman. Hij bekende daarin dat hij mijn man had vermoord. Ik wist niet wat ik daarmee moest. Ik wilde hem niet aangeven, omdat...' Ze aarzelde even en keek Ferdy daarna recht in de ogen. 'Ik had een relatie met Leo. Ik was bang dat zijn daad iets met mij te maken had. Ik vertelde hem alles over de problemen die Frans en ik hadden. Maar toen ik vandaag las dat hij zichzelf van het leven heeft beroofd, begreep ik dat er veel meer aan de hand moet zijn. Ik wilde me niet langer verbergen, te meer omdat ik al een leugentje heb verteld aan mevrouw Brandriet.'

'Een leugentje?' vroeg Ferdy.

'Over mijn alibi. Ik vertelde haar dat ik de avond van de moord op Frans bij Nico ter Mors was. Dat is niet waar. Ik probeerde mijn relatie met Leo te verbergen. Ik was bij hem in Epe. Daar had hij een klein appartement, waar we niet werden gestoord, begrijp je.'

Ferdy begreep het. Maar hij kon haar gedrag niet goedkeuren. 'U realiseert zich dat u de politie heeft belemmerd in het...'

'Als ik daarvoor gestraft moet worden...maar ik denk dat ik al zwaar genoeg ben gestraft. Eerst Frans en nu ben ik ook Leo kwijt.' Haar ogen vulden zich met tranen.

37

Hij had goed gegokt. Ze had die arme Leo erin geluisd. De man had volgens de berichten zelfmoord gepleegd, maar hij durfde er een kratje jubileumbier van de overkant onder te verwedden dat ze er zelf de hand in had. Nu kon ze schoon schip maken en daarna voorgoed verdwijnen. Met het geld dat de heren zo vriendelijk waren geweest om voor haar weg te sluizen. Ze had alleen niet gerekend op een bijdrage van zijn kant.

Jammer genoeg had hij niet kunnen zorgen voor een sluitend bewijs. Misschien wanneer hij iets meer tijd of geduld had gehad. Maar hij wilde het lichaam niet langer in zijn huis. En de moord op Frans Snelders was te mooi om er geen gebruik van te maken. Wanneer de sneeuw boven op de berg begon te schuiven werd de lawine in het dal onvermijdelijk.

Maar straffeloos wegkomen was geen optie. Niet meer. De apathie die hij al die jaren had gevoeld, was na de dood van zijn vader verdwenen. De neerslachtigheid ook. Hij voelde zich een polderjihadist die vurig van plan was te sterven voor een groots en nobel doel. Hij realiseerde zich dat hij in rap tempo was geradicaliseerd. Na het plan van vorig jaar om de paasvuren te ontregelen, waren er dingen gebeurd. Onomkeerbare dingen. Dingen die voor anderen verborgen bleven, maar die hij als in een visioen had kunnen zien. De vader, de zoon en de heilige geest. Er was sprake van drievuldigheid, waarbij de zoon herrees en de geest in vurige tongen sprak. Tot ieders verbeelding.

En zij zou hem daarbij assisteren.

Hij vermoedde dat ze zich, na het nieuws omtrent haar bedrogen minnaar, zou aangeven om haar onschuld te bepleiten. Daar kon ze niet te lang mee wachten om geloofwaardig te blijven. Hij had geprobeerd om de hoofdinspecteur en de politie op het verkeerde been te zetten door Frans Snelders en zijn vrouw te beschuldigen van de moord op zijn vriesgast. Maar hij had het lichaam niet uit de kist kunnen krijgen en dus moest hij de vriezer met het lijk naar het veen brengen. Het had hem tijd opgeleverd, maar het bewijs was dun, ook al had hij de cirkelzaag in de tuin aan de Jekersdijk geflikkerd. Ze was al gevlogen en hield zich schuil om de zelfmoord van Leo een geloofwaardig tintje te geven. Begreep hij nu.

Hij trok zijn motorkleding aan, pakte de cameradrone en haalde de Kawasaki uit de schuur.

Frida hield niet van flats, maar het uitzicht hierboven was verbluffend. Niet dat ze veel tijd had om ervan te genieten, want Nico liet er geen gras over groeien. Kennelijk was hij toch bang dat er weer iets tussen kwam, hoewel ze hem daadwerkelijk had laten zien hoe ze haar telefoon uitzette. Voor de jongens hoefde ze niet thuis te zijn, wanneer ze terugkwamen van de training. Die merkten haar alleen op, als ze de tv op een verkeerde zender had staan. "Wat kijk jij nou?"

'Je gaat me niet vragen wat ik ervan vond,' waarschuwde ze, nadat ze tot haar eigen verbazing een volledig orgasme had bereikt. Ze was gewend om zichzelf te bedienen van haar eigen "wapenstokkie", zoals haar ex de beschaafde vibrator placht te noemen, waarmee ze zijn voorspel beëindigde. Die had ze hier niet ter beschikking en dus was het een welkome verrassing dat Nico zijn rol met verve had vervuld.

'Waarvan?' vroeg hij. 'Ik vind het vreselijk om in de pauze van een toneelstuk of een film een cijfer te geven. Er zijn altijd mensen die dan al beginnen te evalueren.'

'Je wilt toch niet beweren dat dit nog maar de eerste helft was? Je bent vijftigplusser.'

'Vijftig is het nieuwe veertig en veertig is het nieuwe dertig,' vond Nico. 'Ik weet niet wat je gewend bent en eerlijk gezegd wil ik dat ook niet weten, maar van een hóófdinspecteur, die zich zelf in mijn bed noodt, verwacht ik net iets meer.'

'Ja, het is goed met je. Ik stap onder de douche en daarna zet ik mijn telefoon weer aan. Overigens was het een goed idee om het ding uit te zetten, want ik merkte bij mezelf een hogere concentratie en dat leidde als vanzelf tot een...' Ze hield midden in haar zin op omdat ze rechtop in bed zittend een merkwaardig rood lichtbundeltje zag. Ze deed het bedlampje op het nachtkastje uit, waardoor het raam niet meer spiegelde en zo konden ze buiten de contouren van een grote hangende spin zien. Het was dezelfde drone die Nico op zijn modderpad boven de bomen had waargenomen, maar nu zagen ze hoe het ding, dat op nog geen twee meter van de slaapkamer hing, opnames maakte. Een rood lampje verraadde dat de camera aanstond.

'Shit,' vond Frida. 'Ik ben bang dat we morgen een hit zijn op YouTube.' Ze zette haar telefoon aan die onmiddellijk begon te piepen. Er waren bijna tien berichten en alsof het zo was afgesproken was, werd ze ook nog gebeld.

Nico trok een lelijke bek tegen de drone, die wat meer afstand nam. Frida nam op.

'Neemt u mij niet kwalijk. Ik zag licht branden en ik dacht, ik kijk even bij mijn vriend Nico binnen. Er vallen nogal wat slachtoffers in onze leeftijdsgroep de laatste weken, mevrouw. Als hoofd der politie-inspecteuren zou mij dat danig zorgen baren, maar nu zie ik tot mijn grote genoegen dat u die zorg letterlijk neemt. U beschermt de heer Ter Mors met uw eigen vlees. Voor Leopold Voerman was waarschijnlijk geen plekje vrij aan uw machtige boezem. Overigens, mijn complimenten, ze staan er nog voortreffelijk bij, als ik mij die opmerking mag veroorloven.'

'U kunt zich kennelijk van alles veroorloven,' zei Frida. 'Maar laat ik heel duidelijk zijn. Als u mij met deze opnamen wilt chanteren of op een andere manier in verlegenheid brengt, bent u nog niet klaar met mij. Dat bent u trouwens toch niet, want in mijn ogen bent u de voornaamste verdachte van de moord op André Hammink. Die vriezer is niet vanzelf in het veen terecht gekomen en op die cirkelzaag in de tuin van de familie Snelders zaten dezelfde sporen.'

'Chantage? Welnee, waar ziet u mij voor aan. Ik heb grootser plannen, waarvan u slechts een klein, maar nuttig onderdeel vormt. Deze toevallige opname zal ik hooguit ten eigen bate gebruiken, u bent een opwindende vrouw, daar ben ik heel eerlijk in. Jammer dat Nicolaas ter Mors het beeld enigszins ontregelt en verpest, maar misschien kan ik hem in de montage grotendeels wegknippen.' Hij giechelde. 'Ik ben benieuwd of mevrouw Snelders ook leuke plaatjes oplevert. Maar ik ben bang dat de natuur, die bij u nog vrij spel heeft, bij haar een plastischer beeltenis vormt. Wat denkt u, zou ze een goede Maria Magdalena spelen? Enfin, ze hoeft die rol niet te leren, het blijft een lichtekooi. Maar ik zal het haar vragen, ze zal inmiddels wel terug zijn van haar missie uit het Sauerland. Mag ik u verder nog een aangename avond wensen, helaas kan ik niet meer meegenieten.' Voordat Frida kon antwoorden, hing hij op.

Nico had niet alles kunnen verstaan. 'Wat zei hij, dat ik het beeld verpest? Ik ben toch geen porno-acteur, wat verwacht hij nou? Maar ik vond het goed dat je hem in de waan hebt gelaten dat niet Jacob Timmer, maar André Hammink is vermoord.'

Frida liep naar de badkamer en zette de douche aan. 'Wat is hij van plan met Jacky Snelders, denk je? Hij vroeg me of ze een goeie Maria Magdalena zou spelen.' Ze wachtte tot het water warm werd en scrolde door de berichten op haar iPhone, die bijna allemaal van het bureau kwamen. Jacky Snelders had zich daar gemeld en wilde het liefst met haar praten.

'Maria Magdalena?' vroeg Nico. Dat gedeelte had hij niet meegekregen. 'Misschien is hij iets van plan tijdens The Passion. Als hij voor haar *five minutes of shame* wil, is dat een perfecte gelegenheid. Hoe komen we aan meer informatie over wat er zich indertijd tussen Jacob Timmer, Jacqueline en André heeft afgespeeld?'

Frida stond al onder de douche en hoorde hem niet meer.

38

Jacqueline Snelders, die van plan was om die achternaam zo snel mogelijk kwijt te raken, had van Ferdy toestemming gekregen om naar huis te gaan. Hij had gevraagd of ze zich morgenochtend weer wilde melden, om negen uur. Dan zouden ze verder praten in het bijzijn van de hoofdinspecteur. Ferdy begreep niet waarom hij Frida niet te pakken kreeg, ze had haar telefoon nooit uitstaan.

Ze meldde zich pas om kwart over tien en verontschuldigde zich uitgebreid. Ze had de telefoon per ongeluk uitgeschakeld, vermoedde ze. Ferdy vertelde dat mevrouw Snelders inmiddels naar huis was en vatte samen wat ze hem had verteld. Morgenochtend kon Frida haar zelf verhoren. Frida vond het jammer dat Ferdy haar niet een nachtje had vastgezet, maar ze begreep ook wel dat hij weinig aanknopingspunten had, behalve het belemmeren van hun werk.

Jacky nam een taxi op het Stationsplein en was een kwartier later terug in de villa aan de Jekerdijk. Ze zette de verwarming aan, haalde de make-up van haar gezicht en verkleedde zich in een makkelijk huispak. Daarna haalde ze een mooie fles uit de wijnkelder en prooste tegen zichzelf in de manshoge spiegel boven de open haard. Ze sloot de gordijnen, hoewel er nauwelijks inkijk aan de achterkant van het huis mogelijk was. Daarna zakte ze in haar favoriete *loveseat* en deed haar ogen even dicht. Het was wonderlijk hoe snel de zaak in haar voordeel was gekeerd. De komst van die verdomde Jacob had bijna alles bedorven, wat ze met zoveel moeite had opgebouwd. Hij had haar willen chanteren met het verleden, waarin ze juist hém had behoed voor een tragische val. Ze hadden afscheid genomen in de wetenschap dat ze dodelijke informatie over elkaar bezaten en dat het dus beter was zo ver mogelijk bij elkaar vandaan te blijven en nooit terug te komen op die pikzwarte periode. Hij had zich echter niet aan die belofte kunnen en willen houden en was daar zwaar voor gestraft. Ze was nieuwsgierig, maar het was beter om niet te weten wie daarvoor verantwoordelijk was. Het was jammer dat ze daardoor werd gedwongen om op een onsympathieke manier afscheid te nemen van Frans en Leo, maar misschien was dat wel de beste oplossing. Ze wist tenslotte niet hoeveel Jacob Frans had verteld. Over Nico ter Mors maakte ze zich geen zorgen meer. Die *nono* had alleen naar haar tieten gekeken en had verder geen idee. Voorlopig was ze uit de zorgen en na een korte maar louterende rouwperiode, zou ze, met lichte bepakking, een reis gaan maken.

Ze nam een slok wijn en zocht naar de sigaretten die Frans ergens had verstopt. Ze vond ze, heel toepasselijk, in de lege urn van zijn moeder. Het was het enige voorwerp dat op uitdrukkelijk verzoek van Frans, was ontsnapt aan de *make-over* van Timo.

Ze wilde net opsteken, toen de deurbel ging. Haar hart sloeg even over, kennelijk was ze toch een beetje nerveus door de gebeurtenissen van de laatste weken. Ze liep naar de hal en keek op de monitor van de videofoon. Er stond niemand voor de poort. Vreemd. Omdat er opnieuw gebeld werd, opende ze de voordeur om met eigen ogen te kunnen kijken.

Voor de deur stond een man, gekleed in een zwartleren motorpak. Hij droeg een integraalhelm, waarin ze haar eigen vervormde beeld weerspiegeld zag.

'Mevrouw. Mijn condoleances voor het verlies van uw man en uw minnaar. De deelneming is innig en gemeend.' De man sprak met een merkwaardige mechanische en nasale stem.

Ze wilde de deur dichtgooien, maar hij was haar voor en duwde haar moeiteloos terug in de hal.

'Ik begrijp dat u geschrokken bent. U hebt tenslotte een en ander meegemaakt de afgelopen weken. Maar laten we de beleefdheid niet uit het oog verliezen. Dat gebeurt de laatste tijd te vaak en we hebben niet voor niks geleerd om met twee woorden te spreken, niet met volle mond te praten en als man om zittend te plassen.' Hij nam haar stevig bij de arm en zo liepen ze terug naar de woonkamer.

'Wat wil je…wie ben je?' Haar hemelhoge stemming was binnen een paar seconden omgeslagen in dodelijke droefenis.

'Een verrassing,' giechelde de man. 'Ik ben dol op surprises en u ook, dat weet ik zeker.' Hij pakte de fles wijn en keek op het etiket. 'Ah, bon. U trakteert zich zelve op een bijzonder mooie jaargang uit de kelder. Maar daar is het eigenlijk nog te vroeg voor, vind ik.' Als een pyromaan met een jerrycan benzine, goot hij de rode wijn uit over de witte berber, de loveseat en de loungebank. Daarna gooide hij de fles kapot tegen de muur, waar Timo, tot op de millimeter nauwkeurig, abstracte glasstructuren uit Tsjechië had gehangen.

Jacky was te verbouwereerd om te kunnen reageren. Toen begon ze over haar hele lichaam te trillen.

'Ik haat dat minimalistische gedoe,' vond haar gast. 'En Jan de Bouvrie in Glanerbrug…zeg nou zelf. Geen wonder dat die arme Frans liever bij Dikke Toon en in de kantine zat. God hebbe zijn ziel en die van de arme Leopold. Ik vond dat optrekje in Epe trouwens totaal niet bij u passen. Maar wie mooi en rijk wil zijn, moet af en toe een kleine concessie doen. Begrijp ik toch…'

Jacky liet zich zakken op een hoekje van de grondig verpeste designbank en probeerde manhaftig tegen haar tranen te vechten. Wie was deze gek? Een kennis van Frans en Leo of een supporter van De Brug, die zijn woede op haar kwam afwentelen? Hoe kwam ze van die idioot af?

'U ziet er, als ik zo vrij mag zijn, tamelijk onbespoten uit. En dat terwijl ik grootse plannen had voor vanavond. En ook kwa kleding zitten we meer in de cocoonsfeer dan op het galabal van de Grenskeerlkes.' De man keek om zich heen, zonder het vizier van zijn helm op te tillen. 'Maar goed, we kunnen hier niet al te lang blijven, we gaan een kort ritje maken in de luxe wagen. Ik hoop dat u daar toe in staat bent, zoveel wijn had u gelukkig nog niet op.'

'Ik ga nergens naar toe met jou,' zei Jacky, flinker dan ze zich voelde. 'Je mag hier met me doen wat je wilt en daarna hoepel je op en vertelt aan je vriendjes dat je die doos van de voorzitter een lesje hebt geleerd. Lafaard.'

De man stak zijn rechterhand op en bewoog zijn wijsvinger waarschuwend heen en weer. 'Ik ben heel dankbaar voor uw aanbod, maar om nou kutzwager te moeten worden van Frans en Leo…waar ziet u me voor aan? Ik dacht dat u meer fantasie had, in het dagelijks leven fabuleert u er lustig op los. Waarom nu opeens zo plat en armoedig? Nee mevrouw Snelders, of moet ik weer Wermers zeggen, we gaan onze hernieuwde kennismaking op gepaste wijze vieren. Tenslotte is dit het jaar van de streekjubilea. FC Twente en de Koninklijke Grolsch, dat weet u natuurlijk. Maar misschien bent u uw eigen jubileum vergeten.'

Ze had geen idee waar de man het over had en de helft van wat hij zei kreeg ze niet mee omdat ze uit alle macht een list moest verzinnen om zich uit deze situatie te redden. De man was een verwarde idioot, dat was duidelijk. En meestal zijn die het gevaarlijkst. Het voordeel was dat hij haar niet bedreigde met een wapen. Ze moest voorlopig zijn spelletje meespelen en hem niet kwaad maken.

'Zullen we dan maar,' zei hij. 'We willen het niet te laat maken, er is morgen een hoop te doen.'

39

Frida zat de volgende ochtend om acht uur achter haar bureau en probeerde op een rijtje te zetten wat ze moest doen met de informatie die ze van Nico had gekregen. Allereerst zou ze moeten proberen om die mysterieuze Jacob Timmer te traceren. Wie kon haar iets vertellen over Nederlanders die rond 1980 in Montevideo hadden gewoond? Ze legde de vraag neer bij Ferdy, die er uit zag of hij nauwelijks had geslapen en daarom waarschijnlijk niet doorvroeg naar de achterliggende reden. Maar om negen uur had hij nieuws. Die jongen was echt goed. Hij had een cultureel attaché opgespoord, die indertijd op de ambassade in Montevideo werkte. De man kon zich een en ander herinneren. Onder andere dat er een schandaal was geweest met een hoge vent van Philips, keurig persoon, niks op aan te merken, Leiden en dergelijke, die met zijn broek op zijn knieën was betrapt met een minderjarig meisje. Een vriendin van zijn zoon, nota beide benen, die zijn vader daarop had doodgestoken. Die zoon dus. Of zoiets. Een schandaal, meneer de rechercheur, dat door zijn persoontje, de jongste bediende, in de doofpot moest worden gestopt. Vanwege Philips en allerlei belangetjes. U kent dat wel. De zoon had een tijdje moeten brommen, wat overigens geen pretje was tussen al die Tupamaros en ander links gespuis. Wat er met het meisje gebeurd was, daar had de attaché geen zicht op. Ze waren niet van de slachtofferhulp bij de ambassade, in die tijd.

'Interessant,' vond Frida. 'Heel interessant.' Ze vertelde haar jonge collega in het kort wat ze via Nico aan de weet gekomen was en dat hij vermoedde dat niet doelman André Hammink het slachtoffer van de onthoofding was, maar een zekere Jacob Timmer. De zoon van Bertus Timmer, directeur van Philips in Zuid Amerika, met standplaats Montevideo. Volgens Nico wisten ze in Eindhoven niet wat er met de directeur was gebeurd. De doofpot had kennelijk goed gewerkt.

Ferdy keek op zijn horloge en vroeg zich hardop af waar mevrouw Snelders bleef. 'Misschien is zij wel dat vriendinnetje van die zoon. Tenslotte kon niemand ons iets vertellen over haar verleden.'

'Volgens Ter Mors,' zei Frida, 'heeft ze hem een nogal fantastisch verhaal verteld over haar avonturen met André Hammink in Montevideo. Nico geloofde er niet veel van, maar nu kunnen we haar vragen of ze dat heeft verzonnen.'

'Misschien heeft Philips haar afgekocht,' speculeerde Ferdy. 'Waar blijft dat mens?'

Toen ze er een half uur later nog steeds niet was, stuurde Frida hem naar Glanerbrug om haar op te halen.

Het hek zat op slot, maar haar zilvergrijze BMW stond voor de garage. Omdat er niemand kwam om de poort openen, klom Ferdy, met hulp van brigadier Evelien Sanders, over het hek. Hij liep rond het huis, constateerde dat de gordijnen van de woonkamer gesloten waren en tikte luidruchtig op alle ramen. Tot zijn verbazing zat de achterdeur niet op slot en hoewel het niet helemaal conform de regels was, liet hij zichzelf binnen en inspecteerde het huis. De verwarming stond aan en in de woonkamer had iemand een fles wijn op wel erg ruwe wijze soldaat gemaakt. Mevrouw Snelders was echter niet thuis.

Nico had geen zin om opnieuw een halve week te moeten wachten tot hij weer iets hoorde van Frida. Hij was vastbesloten om de man met de drone – was het echt André Hammink? – op te sporen. Hij belde zijn nerd-connectie en werd tot zijn verbazing begroet door een opgewekte en uiterst levendige Hedwig.
'Wat is er gebeurd?' vroeg hij.
Ze bleek een gezondheidsgoeroe in haar cyberspace te hebben ontmoet, die haar opdroeg een compleet nieuwe levensstijl te beginnen. Hij gaf haar tal van adviezen en samen bekeken ze elke avond het resultaat. Virtueel, dat sprak vanzelf. Hij was niet goedkoop, maar voor een nieuwe persoonlijkheid had ze wel een paar euro over.

Het leek Nico niet nodig om haar te waarschuwen voor gezondheidsgoeroes. Hedwig was oud genoeg om haar eigen keuzes te maken en elke verbetering in haar slechte gewoontes, was een zegen voor de stijgende kosten in de zorg, de komende decennia.

'Ben je een beetje bekend met drones,' wilde hij weten. 'Met name hoe ze bestuurd worden en hoe je ze kunt opsporen.

'Niet direct, maar ik kan je er wel iets over vertellen. *Samy Kamkar* heeft, zoals je misschien weet, al in 2013 een systeem uitgevonden waarmee drones gehackt en overgenomen kunnen worden terwijl ze vliegen.'

Dat wist Nico niet. Hij wist ook niet we die Samy was, maar hij had sterk het vermoeden dat de man een illegaal hackvriendje was.

'Iedereen kan zelf zo'n drone bouwen,' zei Hedwig. 'Je hebt alleen een *Parrot AR drone* en een *Raspberry Pi* nodig. Plus natuurlijk een kleine batterij en twee draadloze zenders.'

'Natuurlijk,' beaamde Nico. 'Fluitje van een cent. En een

Raspberry Pi.'

'Vervolgens kan de drone de omgeving scannen op MAC-adressen van wifi-apparaten. De oorspronkelijke bestuurder kan met zijn app de drone niet meer besturen en de hacker krijgt toegang tot de drone en tot de camerabeelden.'

'Hoeveel kost het me, alles bij elkaar, om zo'n piratendrone in elkaar te knutselen?' vroeg Nico. 'En zou je, als je toch bezig bent, de omgeving van Enschede kunnen scannen op dat soort drones.'

Over de kosten van een drone had ze geen idee, maar scannen was geen probleem. Hij hoefde maar een seintje te geven.

40

Hij had haar in de kofferruimte van haar BMW geduwd en gezegd dat als ze zou gaan gillen of lawaai maken, hij andere maatregelen zou nemen. Daarna hadden ze een ongemakkelijk kwartiertje gereden en hoorde ze dat hij de motor afzette. Hij hielp haar uit de kofferbak en omdat ze onvast op haar voeten stond, ook bij het lopen. Ze gingen een boerenschuur binnen, waar het rook naar smeerolie en hout. Hij maakte geen licht, maar leidde haar een meter of tien verder naar de berenkooi. De kooi werd vroeger gebruikt om de beer, het mannetjesvarken, de geur van de zeugen te laten opsnuiven, zodat zijn sperma productie werd opgevoerd, vertelde hij. Leuke informatie voor een spreekbeurt in groep acht, maar Jacky had er nu even geen belangstelling voor. En al helemaal niet, toen haar ontvoerder haar handen en voeten met tie wraps aan het traliewerk bond. Hij stopte een vettige lap in haar mond en deed daar tape omheen, omdat hij nog even terug moest naar Glanerbrug om zijn motor op te halen.

Daarna begon de gezelligheid, beloofde hij.

Het volgende half uur vroeg ze zich steeds angstiger af in

welke nachtmerrie ze was beland en hoe ze zich daar uit kon redden. Het was koud in de schuur. Ze droeg alleen haar huispak en ze moest een plas. Ze had zich in haar duistere verleden vaker in ongemakkelijke situaties bevonden. Meestal wist ze daar uit te ontsnappen door haar charmes te gebruiken. De periode in Buenos Aires, toen ze gedwongen was om hun illegale bestaan te bekostigen met haar lichaam, had haar gehard en geleerd om dat lichaam te scheiden van de geest. Leo en zelfs Frans waren vergeleken bij de brute macho's die ze in de tijd van de junta leerde kennen, simpele zielen. Om de middelmatige seksshop van Frans echt op de kaart te zetten, had ze de eerste jaren na haar terugkeer, zelf amateurporno gemaakt. Ze wilde maar zeggen, ze was wel het een en ander gewend. Maar de laatste jaren, sinds Frans voorzitter was geworden van De Brug en ze Leo om haar vinger had gewonden, was haar harde buitenkant een beetje afgesleten. Ze had echt geprobeerd om te genieten van kunst en cultuur die ze niet kende. Ze had zich letterlijk en figuurlijk laten liften Ze leefde sportief en gezond en ze hoopte, met het geld dat Leo voor haar opzij gezet had, op een onbezorgde en zonnige toekomst.

Ze hoorde een motor en even later ging de schuurdeur open. De gek met de helm kwam binnen en deed een klein lampje aan, waardoor ze zicht kreeg op de omgeving. Het was een oude varkensstal met houten hokken. Die hokken waren nu gevuld met oude voertuigen en voorwerpen die ze zo snel niet kon herleiden. Zelf bevond ze zich in een vierkante manshoge kooi van ongeveer twee bij twee meter.

De man haalde de tape van haar gezicht en trok de smerige doek uit haar mond. Hij ging op een omgekeerde emmer tegenover haar zitten en vroeg of ze al een idee had waarom hij haar had meegenomen.

Het duurde even voor ze haar stem terug vond. 'Ik heb dorst en ik moet plassen.'

'Dat ken ik,' zei hij. 'We zijn zo gewend om in onze eerste behoeften te voorzien, dat we niet meer weten hoe we ons moeten redden, wanneer dat even niet mogelijk is. We zouden terug moeten…'

'Maak me los en geef me die emmer.'

'We zouden terug moeten naar de tijd dat spelers en zelfs trainers niet voortdurend belachelijk dure flesjes bronwater aan hun mond zetten. Gewoon een kopje sterke thee met suiker in de rust, wat is daar mis mee? Dan hoef je ook niet voortdurend te plassen. Reken maar uit wat dat scheelt.' Hij maakte weer een irritant giechelgeluid achter zijn vizier.

'Luister eens,' probeerde Jacky op een andere toon. 'Ik weet niet wat je dwars zit, maar misschien kan ik je helpen. Is het een geldprobleem, heeft iemand je beledigd of ben je gewoon somber en neerslachtig door de lange winter en de slechte resultaten van Twente?'

'Kijk, nu praten we,' vond de man. 'Die toon bevalt me wel. Respect. Vindt u ook niet dat dat woord veel te vaak en zonder grond wordt gebezigd? Door jan en alleman die vinden dat ze respect verdienen. Op grond waarvan, vraag ik u af. Moeten we respect hebben voor het geloof van iemand, die na het gebed de hele dag niets anders doet dan aan de geslachtsdaad denken? Of voor de supporter van een club die met zijn blote vette pens vol inktvlekken op een tribune staat te blèren dat de blote vette pensen aan de overkant dood moeten? De enige kunst die ze kennen is het beschilderen van een spandoek met verminkte teksten, liefst in rabiaat Engels. Hoe kleiner het dorp, hoe groter het spandoek, mevrouw.'

Jacky probeerde te luisteren, maar haar blaas stond op knappen. Kennelijk wilde de man zijn verhaal kwijt. Het was iemand zoals die jongen die op de redactie van het journaal met een neppistool had gezwaaid en daarmee eeuwige roem had afgedwongen. Over een tijdje zag ze deze gek ook ergens met een waxinelichtjeshouder of erger tussen het publiek om zich te onderscheiden. 'Mag ik alsjeblieft een plas doen,' smeekte ze.

'Vooruit,' mompelde de man. 'Ik ben de kwaadste niet.' Hij

haalde ergens een mes vandaan en sneed haar knellende boeien los. Daarna keerde hij de emmer waar hij op gezeten had om. 'Als u het niet erg vindt, blijf ik even in de buurt. We kunnen niet hebben dat u de gelegenheid benut en uw zwakke blaas gebruikt als een afleiding om te ontsnappen.'

'Als het je opwindt om een vrouw te zien plassen, kun je dat gewoon zeggen,' vond Jacky. Ze zat er niet mee en leegde, opgelucht kletterend, haar blaas in de emmer.

Hij wachtte tot ze helemaal uitgedruppeld was. 'Ik vermoedde het al en hoewel het licht hier niet op badkamerniveau is, constateer ik dat u wel degelijk een correctie op de bilpartij hebt laten toepassen. Mag ik vragen wie dat broddelwerk heeft afgeleverd, of zijn de verzakkingen – welhaast van Oost Groningse afmetingen – te wijten aan de uiterste houdbaarheid?'

Jacky was nogal trots op haar dure billen en tieten en zelfs Timo had ze prachtig gevonden, dus die belediging griefde haar tot op het bot. De lege blaas gaf haar ook haar strijdlust terug. 'Ik weet niet wat je hier gewend bent. Ieder zijn meug, zelfs met een zeug, ik vind alles best. Maar ik laat me door jou niet provoceren.'

Hij giechelde opnieuw. 'Maar om op mijn eerste vraag terug te komen. Hebt u inmiddels al enig idee waarom ik u heb meegenomen naar deze nederige opstallen?'

Jacky haalde haar schouders op. 'Geen idee. Als het niet om geld of depressiviteit gaat, wil je misschien aandacht. En ga je mij gebruiken om je paar minuten roem af te dwingen. Zoiets?'

'Niet gek,' vond de man. 'Ik ben inderdaad uit op een soort eerherstel. Laten we zeggen dat ik vind dat mijn leven door allerlei omstandigheden jarenlang in het slop heeft gezeten en dat de ware schuldigen daarvoor gestraft dienen te worden. Maar ook dat de justitiële molens en de ambtelijke bureaucratie daar niet toe in staat zijn. Dus moet ik deze *Wiedergutmachung*, zoals onze buren dat zo mooi noemen, geheel zelf ter hand nemen. Niet zonder plezier overigens. Het heeft even geduurd, mevrouw Wermers, maar hier sta ik.'

41

Mevrouw Jacqueline Snelders-Wermers was onvindbaar. Haar telefoon lag in de villa, de auto stond voor de deur en ze had ook geen creditcards en identiteitspapieren meegenomen. Het bed was onbeslapen. Er waren geen sporen van braak of insluiping. Maar ja, de achterdeur was niet op slot. Ferdy concludeerde dat ze plotseling de benen had genomen of, wat aannemelijker was, dat iemand haar had opgehaald. Goedschiks of kwaadschiks.

Er was wel iemand, behalve de politie, die haar al vijf keer had proberen te bereiken volgens de berichten op haar iPhone. Hij belde het nummer en kreeg een man aan de lijn met een hoge stem. Timo Franke had inderdaad al tig keer geprobeerd om een afspraak met Jacky te verzetten. Hij wist dat ze weer terug was, ze had hem gisteren gebeld, na die afschuwelijke gebeurtenissen. Timo was haar interieurdesigner, maar eerlijk gezegd wilde hij niets meer met die hele toestand te maken hebben. Voor je het wist werd je naam genoemd en als je in zijn wereld een slechte naam kreeg…

'Heb jij toevallig ook dat bordeel in Gronau gepimpt?' vroeg Ferdy.

'Bordeel…bordeel. Gewoon een loungeclub,' vond Timo. 'Dat was een opdracht, heeft helemaal niets te maken met waar ik momenteel mee bezig ben, dat is zo passé.'

'Misschien is het toch handig wanneer je in staat bent om even langs te komen,' zei Ferdy. 'Mevrouw Snelders is spoorloos verdwenen en…'

'Echt. Niet. Er is daar een moord gepleegd en ik wil er van mijn leven niet meer naar toe. *No bloody way.*'

'Zullen we zeggen over een half uur,' zei Ferdy, 'en anders halen we je even op met blauw designlicht, als je geen vervoer hebt.'

Het duurde nog geen twintig minuten voor Timo Franke zich meldde aan de poort. Ferdy had de sleutels gevonden en zat met brigadier Sanders in de keuken, waar hij koffie probeerde te zetten met een ingewikkeld espresso-apparaat.

'Nee hè. Wat is hier gebeurd?' jammerde Timo toen hij de puinhoop in de woonkamer overzag.

'Weet jij toevallig hoe dit apparaat werkt,' vroeg Ferdy. 'Ik heb zelf een Senseo, maar dit...'

'Getver, mán, Sen-se-jo. Dit is een *La Pavoni*, heb ik zelf voor haar gekocht.' Het duurde even, maar na tien minuten zaten ze alle drie met een paar druppeltjes espresso in daarvoor bestemde kopjes, terwijl Timo zich nog steeds bekreunde om de ruwe aanslag op zijn werk in de woonkamer.'

'Ik begrijp dat je ook een soort vertrouwenspersoon voor mevrouw Snelders was, of bent,' zei Ferdy, terwijl hij het slokje koffie wegspoelde met bronwater.

'Klopt. Met de meeste klanten bouw ik een hechte band op. Ik wil weten hoe ze zich voelen, in welke periode van de tijdslijn zitten ze, hoe is de verhouding met de partner. Ik kan niet werken als ik dat niet weet. Daarom doe ik ook geen kantoren of grand cafés meer.'

'En geen bordelen,' zei Ferdy. 'Maar vertel, waar zat mevrouw Snelders mee, de laatste tijd.'

Timo Franke keek als een kind dat een vies medicijn moet doorslikken. 'Dat is vertrouwelijk. Als ik jullie ga vertellen waar ik het met Jacky over heb, kan ik mijn zaak wel opdoeken.'

'Kom op, je bent geen advocaat of huisarts. We hoeven ook niet alle details te weten, maar het is duidelijk dat je cliënte de laatste tijd in zwaar weer verkeerde. En we hebben reden om aan te nemen dat ze zichzelf iets wil aandoen, of dat iemand anders dat van plan is.'

Timo sloeg een hand voor zijn mond. 'Meen je dat? Nou ja, ik vond haar gisteren ook nogal aangeslagen klinken. Het is natuurlijk niet niks als eerst je man wordt vermoord en dan blijkt dat de moordenaar je minnaar is, die ook nog zichzelf van het leven berooft. Je zou van minder gillend gek worden.'

'Is er een plek waar ze naar toe kan zijn gegaan. Een vriendin, familieleden?' vroeg Ferdy.

'Ik weet dat ze met Leo iets had in Epe, maar dat vond ze totaal deprimerend. Met haar familie was ze al lang gebrouilleerd. En ze is geen vriendinnenmens. Ik ben bang dat ik jullie niet verder kan helpen.'

'Heeft ze het met jou wel eens over haar verleden gehad?' wilde Ferdy weten. 'Er is een tamelijk lange duistere periode in dat verleden.'

'Je bedoelt die pornoperiode,' zei Timo. 'Daar heeft ze me weleens grappige anekdotes over verteld, die ze beslist niet aan anderen zou vertellen. Maar wat ze daarvoor deed, geen idee. Ze woonde ergens in het buitenland, begreep ik. Ach, iedereen heeft ergens wel een geheimpje liggen. Ja toch?'

Het geheim van Jacky Wermers zat tegenover haar, zonder dat ze het wist. Ze had geprobeerd te slapen op een soort veldbed dat hij voor haar had gemaakt in de kooi. Hij had haar niet vastgebonden, maar wel het traliewerk onder stroom gezet. Boven aan het balkenplafond hing een camera die al haar bewegingen in de gaten hield en elk geluid dat ze maakte registreerde.

De volgende morgen was ze geradbraakt en zat hij naast haar bed op een melkkrukje. Hij had een kan koffie meegenomen en een paar boterhammen. 'De oogjes zijn nog klein, maar het hartje is weer rein,' begroette hij haar, terwijl ze rechtop wilde gaan zitten. 'Kan ik u verleiden tot een bekertje koffie. Ik ben helaas niet in het bezit van een chic espresso-apparaat, maar als je de gestampte pot niet meer kunt waarderen…ik hoop dat u enigszins hebt kunnen slapen, ondanks alle nieuwe ervaringen.'

Ze was volledig verstijfd en ze wilde niet weten hoe ze eruit zag. Ze rook zichzelf, maar ze nam de boterham die hij haar voorhield gretig aan. En de koffie was heel goed te drinken. 'En, wat zijn de plannen voor vandaag?' wilde ze weten. 'Gaan we iets leuks doen, of wordt het een dagje op de boerderij?'

'Allebei. We gaan iets leuks doen op de boerderij. Maar het heeft niets met landbouw of veeteelt te maken, mocht u die gedachte hebben. We gaan een film maken, of misschien moet ik zeggen, een gefilmd toneelstuk. U houdt van acteren, toch?'

Ze had haar hele leven geacteerd, maar in de periode dat ze dat voor een camera deed, had ze zichzelf onzichtbaar gemaakt, achter een masker of met schmink. 'Een toneelstuk? Welke vunzigheid had je in gedachten? Ik heb de laatste tijd een paar moderne toneelstukken gezien en daarbij liep iedereen in de blote kont. Dat ga je me toch niet aandoen, zeker niet na wat je allemaal over mijn achterwerk hebt gezegd.'

'U weet dat we over een paar dagen, in het kader van de Goede Week en wel op Witte Donderdag, The Passion in Enschede krijgen opgevoerd. Een spektakelstuk van de bovenste plank en volledig toegesneden op de korte spanningsboog van de hedendaagse kijker. Je moet er natuurlijk van houden, maar er schijnen genoeg liefhebbers te zijn. Als het niet lukt met de beker voor FC Twente, hebben we in ieder geval een mooi saamhorig evenement beleefd.'

Jacky had er van gehoord. 'En wat is mijn rol in dat spektakel? Ik ben bang dat het karakter van de maagd Maria mij niet erg ligt.'

'Klopt,' vond haar ontvoerder, 'zelfkennis is een mooi ding dat de meeste mensen niet of nauwelijks bezitten. Nee, ik had gedacht aan haar tegenpool, de verleidelijke Maria Magdalena. De vrouw waarvan wordt vermoed dat ze een relatie had met Jezus. Historische fictie of werkelijkheid, we kunnen er geen genoeg van krijgen, we lusten er wel pap van, mevrouw Wermers. Maar goed, daar gaat het mij niet om. Wat ik wil, heeft niets met het passieverhaal te maken, aan één Bach hebben we wel genoeg, vindt u niet.'

'Wat wil je dan?' vroeg Jacky. Het stelde haar enigszins gerust dat hij plannen met haar had en niet van zins was haar hier en nu iets aan te doen. Zolang er leven was, was er hoop en zolang er hoop was er, nou ja, Maria Magdalena dus.

'Dat zal ik u bij gelegenheid uitleggen,' antwoordde hij. 'Ik hoop niet dat u haast hebt, we willen geen prutswerk afleveren, zoals die plastieke chirurgijn die u zo deerlijk heeft verminkt. Wilt u zo goed zijn mij uw boezem te tonen.'

'Kijk, daar ga je al. Eerst aardig doen en de keurige meneer uithangen – hoewel die valhelm van mij niet meer hoeft, nu we hier zo gezellig zitten – en dan toch als een kleine jongen naar mijn tieten willen gluren.' Jacky zuchtte en trok het bovenste deel van haar huispak omhoog en in één beweging ook het t-shirt en de bh. De kogelronde borsten sprongen elastisch naar voren en glommen in het ochtendlicht dat door twee kleine vensters naar binnen viel.

'Tja,' vond de man, terwijl hij zich iets naar voren boog. 'Ze hebben niet de frisheid van de jeugd, dat spreekt. En ik herinner mij de trots waarmee u ze droeg, indertijd. Maar dit is een misdaad tegen de natuur. Zoals u de natuur wel vaker hebt benadeeld. Ik wil niet in details treden, u weet waar ik op doel.'

De man sprak in raadsels. Hoezo herinnerde hij zich haar borsten? Was het iemand die ze vroeger gekend had? En ik welk opzicht had ze de natuur benadeeld, wat was er mis met plastische chirurgie? Jacky trok haar kleding recht. 'Ik weet helemaal niet waar je op doelt, engbek. Wie ben je, een spook uit mijn verleden? Nog zo'n zielig jongetje dat achter in de klas zat en 's avonds onder de dekens met zijn piemeltje speelde, met mij in gedachten? Welkom bij de club, vriend.'

42

Nico verdiepte zich in drones. Op de Universiteit Twente werd daar serieus werk van gemaakt. Professor Stefano Stramigioli van de University met de *human touch* had vorig jaar nog de krant gehaald omdat hij een drone had ontwikkeld met apparatuur die hielp om in de Alpen verloren personen, in en onder de sneeuw, op te sporen.

Daar gaat weer een stukje romantiek, dacht Nico, die heel lang geleden één keer op de ski's had gestaan. Omdat de gehuurde schoenen allebei voor de linkervoet waren bedoeld, had hij zelfs de eerste les van het beginnersklasje niet gehaald. Maar dat die brave sint-bernard werd ingeruild voor een Sherpa-drone met een vaatje rum, gunde hij de Alpenlanden nou ook weer niet.

Op de afdeling Robotica van de Health-faculteit konden ze hem verder helpen en zo kreeg hij het adres van een start-up bedrijfje dat gevestigd was in de geheel vernieuwde *Gallery* aan de Laan van Innovatie. Een vriendelijke jongen die alles scheen te weten van *Raspberry's* en *Quadcopters* dacht dat het geen probleem was om zo'n *piratedrone* in elkaar te knutselen, maar hij wilde graag weten wat Nico daarmee van plan was. Nico zei dat hij in opdracht van de Veiligheidsregio Twente handelde, omdat er aanwijzingen waren dat The Passion wellicht verstoord kon worden door drones. Dat was kennelijk voldoende legitimatie, want de vriendelijke start-upper wilde verder alleen nog weten wanneer hij de drone nodig had.

Hij probeerde Frida te bereiken, maar ze zat de hele middag in allerlei vergaderingen en ze konden en mochten hem niets vertellen over Jacqueline Snelders. Dus besloot hij om Jacky zelf op te zoeken. Het verhaal over Maria Magdalena intrigeerde hem en er waren nog meer vragen die hij haar persoonlijk wilde stellen.

Om een uur of twee reed hij op zijn fiets de Ekersdijk op en vond zonder problemen de villa van wijlen Frans Snelders en zijn vrouw. Haar BMW stond voor de garage, dus hij vermoedde dat ze thuis was. Er werd niet opengedaan nadat hij aangebeld had. Hij wachtte een paar minuten, belde nog een keer aan en besloot om over het hek te klimmen. Daarvoor moest hij gebruik maken van zijn fiets. Toen hij zich via het zadel naar boven had gewerkt, ging zijn telefoon. Hij liet zich aan de andere kant van het hek naar beneden zakken en nam op.

'Chapeau. En dat op uw leeftijd. En nergens een winkelhaak, mag ik hopen.' De man met de nasale stem giechelde. 'Maar ik ben bang dat uw inspanningen vergeefs zijn. Mevrouw is gevlogen. Dat wil zeggen, zij is gisteravond, niet geheel uit vrije wil, naar mijn opstallen gebracht. Daar bereidt zij zich momenteel voor op haar rol in een vrije productie. Overigens zijn de opnames van gisteravond bijzonder geslaagd, mag ik wel zeggen. Nogmaals, het is jammer dat u niet uit beeld bent weg te slaan, maar ik heb toch kunnen genieten van een bijzonder levendige voorstelling. Wij staan ons mannetje nog steeds.'

'Heb jij Jacky ontvoerd?' vroeg Nico. Hij kon de drone die hem over het hek had zien klimmen niet zo snel ontdekken. 'Ik hoop niet dat je je ook aan haar vergrijpt, zoals die arme Jacob Timmer is overkomen. Ik bedoel, je kunt wel kwaad zijn op iemand, maar je bent toch geen jihadische slager.'

'Je bedoelt André Hammink.' De man hing abrupt op.

Nico keek tegen de zon in en zag nog net hoe de drone achter Bruggerbosch verdween. Hij belde Hedwig en vroeg of ze de omgeving van het verpleeghuis kon scannen om het MAC-adres van de drone op te sporen. Daarna ging hij op zoek naar een laddertje of een ander hulpmiddel om weer aan de kant van het hek te komen waar zijn fiets stond. Hij vond een container voor papierafval en klom over het hek, waarbij hij aandachtig werd gadegeslagen door een oude dame met een rollator.

'Ik moet naar huis,' deelde ze mee, toen hij met enige moeite naast haar was geland. 'Bent u hier bekend?'

'Ik neem aan dat u in Bruggerbosch woont?' zei Nico.

'Bruggerbosch, nee dat ken ik niet. Wist u dat mijn nichtje in dit huis woont? Mijn ondeugende nichtje, de dochter van mijn zus. Mijn zus is dood, wist u dat?' De vrouw diepte een geplastificeerd kaartje uit haar zak en gaf het aan hem. Er stond op dat ze mevrouw Van den Berg heette en in Bruggerbosch woonde. Er stond ook een telefoonnummer bij.

'Uw nichtje?' vroeg Nico, terwijl hij haar langzaam in de richting van het verpleeghuis leidde. 'Waarom was ze ondeugend?'

Mevrouw Van den Berg parkeerde haar rollator en keek hem aan. 'Jongeman, dat is een familiekwestie. Daar heeft mijn zus heel veel verdriet van gehad.' Ze haalde een zakdoekje uit haar mouw en poetste iets van haar neus. 'Gelukkig is ze vredig gestorven. Wist u dat mijn zus dood is?'

'Heeft uw nichtje het bijgelegd met haar moeder?' vroeg Nico, terwijl hij probeerde om de oude dame in beweging te krijgen.

'Bijgelegd? Wat bedoelt u? Ze heeft haar zonden vergeven, maar ze heeft nooit kunnen begrijpen hoe iemand zijn eigen kind in de steek kan laten.' Ze keek Nico met een schuin oog aan. 'Wie bent u? Weet u de weg hier?'

Nico probeerde het nog een paar keer, maar mevrouw Van den Berg liet verder niets meer los. Hij bracht haar naar de receptie van het verpleeghuis, waar ze blij waren dat ze terug was en benieuwd hoe mevrouw er in geslaagd was om te ontsnappen.

'Dat vertel ik niet,' zei ze, 'want dan laten jullie me nooit meer naar huis gaan.'

Nico reed terug over de Gronausestraat en kreeg onderweg bericht van Hedwig dat ze het adres had kunnen scannen. Het apparaat bevond zich nu in de buurt van een bedrijventerrein dat De Groote Plooy heette, wat ze een belachelijke naam vond.

Nico bedankte haar en wenste haar succes met haar nieuwe levensstijl.

De man parkeerde de Kawasaki naast de boerderij en schopte met zijn laars tegen een witte steen die het erf markeerde. Wat wist Ter Mors van Jacob Timmer? Had die bitch iets losgelaten? Dat kon hij zich niet voorstellen, ze had geen enkel belang om zichzelf te verraadden en ze wist niets over hem. En Timmer had ook niets gezegd. Hij had het hem gevraagd – nou ja, hij had het uit hem proberen te slaan – maar de man persisteerde in zijn ontkenning. Dus hoe wist Ter Mors dat het Jacob Timmer was?

Het was goed dat hij hem in de gaten hield, maar misschien niet genoeg. Als Ter Mors ook een gevaar vormde voor zijn grootse plannen, moest hij hem tegenhouden. Het was toeval geweest dat hij nog even was teruggekeerd naar Glanerbrug om te kijken of hij zorgvuldig genoeg had gehandeld. En daarbij had hij Ter Mors betrapt. Wat deed Nico daar, was er iets tussen hem en Jacqueline wat hij niet wist?

Hij ging de schuur in en besloot een troef uit te spelen die hij eigenlijk voor later had willen bewaren.

Jacky keek op van haar veldbed, toen hij de stroom uitschakelde, waarmee hij haar op afstand van de tralie hield. 'Ik vind dat levensgevaarlijk. Stel dat er kortsluiting komt en er breekt brand uit. Dan zit ik hier.'

'Soms bestaat het leven uit risico's mevrouw. Dat hoef ik u niet te vertellen. U bent een risico meer of minder nooit uit de weg gegaan. Waarom nu opeens zo bangelijk?' Hij deed een stukje van zijn vizier omhoog. 'Hebt u al enig idee wie ik ben?'

'Nee,' zei Jacky. 'En ik heb liever niet dat je het me vertelt. Om mijn overlevingskansen te vergroten is het beter dat ik je gezicht niet heb gezien. Je hoeft niet veel thrillers te hebben gelezen om dat principe te kennen.'

Hij deed zijn vizier nog een stukje verder omhoog. 'Weet u waarom ik vanmorgen uw borsten wilde zien?'

Ze haalde haar schouders op. 'Omdat u een man bent. Omdat u in de positie bent om mij daartoe te dwingen. Omdat u een moedercomplex hebt, of juist altijd verstoken bent geweest van een moeder. Zoals mijn vriendje André Hammink.'

'André,' zei hij. 'God hebbe zijn ziel, maar gelukkig is het hoofd herenigd met de romp. Althans, als we geloof mogen hechten aan uw leugens. Maar het gaat niet om complexen, mevrouw. Het gaat hier om zuiverheid. Als u wilt dat het kind de moeder in u herkent, zullen we uw verminkingen ongedaan moeten maken. Die twee rubberballen en alle andere flauwekul die u aan uw lichaam hebt laten boetseren, zijn bedoeld als vermomming. Ik wil uw ware gezicht zien en daarom ben ik gedwongen een en ander te herstellen in de oorspronkelijke staat.'

Ze was langzaam opgestaan van het veldbed. 'Je bent knettergek. Je bent toch niet echt van plan om...om...in mij...dan kun je me net zo goed meteen afmaken. Jij blijft met je gore poten van mijn...'

'Gaat u zitten, niet zo bozig. We gaan dat heel nauwkeurig reconstrueren. Het resultaat staat voorop, ik kan het me niet veroorloven om een gehandicapte Maria Magdalena ten toon te stellen voor meer dan vier miljoen kijkers. Om nog maar te zwijgen van ons internet succes. U hebt natuurlijk inspraak. Als u vindt dat de ene borst kleiner is uitgevallen dan de ander, corrigeren we dat. De billen zijn een ander verhaal.'

Ze viel naar hem uit, maar hij had maar één hand nodig om haar tegen te houden en terug te gooien op het veldbed.

'En we nemen de hele operatie natuurlijk op,' ging hij verder. 'Bij de EO zijn ze dol op snijden in het menselijk lichaam, dus misschien kunnen we The Passion een beetje opleuken met wat plastische beelden. Wat denkt u?'

Ze dacht helemaal niks. Ze moest weg, iemand moest haar vinden, voor die idioot zijn plannen ging uitvoeren.

43

Die iemand was Nico. Niet dat hij wist dat Jacky hier in de buurt zat, maar hij deed zijn best om de virtuele aanwijzingen van Hedwig in een fysieke locatie om te zetten. Het probleem was dat de coördinaten, zoals ze die had gegeven, niet helemaal nauwkeurig waren. De Groote Plooy lag aan de A35, maar ook aan het eind van de Westerval. De brouwers van Grolsch zaten op de Plooy, maar aan de overkant had je het bedrijventerrein Marssteden. En dan was er nog de Usseler Es. Met de fiets was het onmogelijk om over te steken, dus moest hij omrijden via de brug bij Usselo. Als hij op Google Maps naar de coördinaten keek, kwam hij telkens uit in het midden van het klaverblad naar Enschede West. Hij reed weer terug en kwam via de Keuperweg op de Geerdinksweg, waar je onder de Westerval kon doorsteken naar de Marssteden. Er stonden her en der wat boerderijen. Sommigen waren nog in bedrijf, anderen werden bewoond door kunstenaarstypes of waren volledig onbewoonbaar.

Hij sprak een jonge vrouw aan, die onkruid verwijderde uit een moestuin. Ze lachte hem vriendelijk toe en vroeg of hij soms de weg kwijt was.

Vaak, bekende hij. Had ze misschien hier in de buurt wel eens een drone gezien? Zo'n klein vliegend voorwerp? Dat had ze niet, ze boerde wel biodynamisch, maar dat betekende niet dat ze vliegende schotels zag of symbolen in het korenveld.

'Vreemd volk?' vroeg Nico. 'Verdachte personen, buurmannen die je liever niet op je erf hebt?'

'Zo iemand als u?' lachte ze. 'Ik woon hier nog maar een paar maanden. Moeten we ergens bang voor zijn?' Er kwam een andere vrouw uit het huis. Ze droeg een opzichtige oranje overall en vroeg aan de wiedster of ze werd lastig gevallen.

'Meneer wil weten of zich hier in de buurt vliegende voorwerpen en verdachte personen bevinden. Jij woont hier al een paar jaar, weet jij dat?'

De ander schudde haar hoofd. 'De enige verdachte persoon die hier woonde was een ouwe gek van een paar boerderijen verderop. Maar die is al een tijdje dood, geloof ik. Ik zie die man al jaren niet meer. Zijn zoon woont er nog wel, maar daar heeft niemand last van. Die bemoeit zich nergens mee. Zegt ook nooit iemand gedag trouwens.'

Nico bedankte beide vrouwen vriendelijk en reed in de richting die ze hem gewezen hadden. De boerderij waar de ongezellige zoon woonde, lag bijna tegen het talud van de oprit naar de Westerval. Dat kon overeenkomen met de coördinaten van Hedwig. Hij realiseerde zich dat hij voorzichtig moest zijn, hij had geen idee waar zijn oude vriend André Hammink, als hij het inderdaad was, toe in staat was.

Hij zag nergens een huisnummer, maar via het Kadaster was het niet moeilijk om dat te achterhalen en te weten te komen wie er woonde. Hij maakte een paar foto's, half verscholen achter een boom. De boerderij en de bijbehorende schuur waren tamelijk goed onderhouden, maar op het erf stond nogal wat troep. Het enige vervoermiddel dat niet van voor de eeuwwisseling leek, was een blauwzwarte crossmotor. Het nummerbord was niet leesbaar omdat het onder de modder zat.

Omdat er verder geen levende ziel te bekennen was, fietste Nico terug naar de stad. Hij zocht naar de nummers van de andere boerderijen en kwam tot de conclusie dat de boerderij die hij had gefotografeerd, huisnummer 5 moest hebben. Het Kadaster meldde dat de boerderij op naam stond van de Erven Petrus Hendrikus Oude Vennink. Op die naam vond hij verder niets. Het leek een doodlopende weg.

Hij belde Frida, maar ze was nog steeds onbereikbaar. Hij wist niet wat ze had verteld aan de rest van haar opsporingsteam over de dronepiloot. Hij durfde zijn verhaal over de mogelijke ontvoering van Jacky niet bij iemand anders neer te leggen. Het was absurd waarom mensen zo lang in vergaderingen moesten zitten. Wat kon je in je leven niet allemaal doen, als je niet hoefde te vergaderen?

Dat vond Frida zelf ook. Ze dwaalde tijdens de verschillende overlegrondes – allemaal over veiligheidsscenario's tijdens The Passion – voortdurend af naar gisteravond. Ze vroeg zich af wat er zou gebeuren als die glurende gek de beelden uit de slaapkamer van Nico toch niet alleen ten eigen bate zou gebruiken. Wat voor vunzigs hij daar ook mee bedoelde. Nou ja, daarvoor hoefde ze geen…
  'Wat denkt u, mevrouw Brandriet?'
  'Sorry, ik dacht even aan iets heel anders,' bekende ze. 'Wat wilde u weten?'
  De waarnemend burgemeester keek naar de waarnemend korpschef. 'Waar denkt u dat de grootste *bottleneck* zit? U kent de stad beter dan wij, tenslotte.'
  'Ik dacht dat we die exercitie al in het overleg binnen de Veiligheidsregio hadden gevoerd,' zei Frida. 'Maar ik wil het voor u wel kort samenvatten.'
  Ze vatte het samen op een toon die zelfs een kleuter niet zou pikken van de juf – Pauline Broekema meets Gerrie Eickhof, zeg maar – en daarna keek ze op haar iPhone en vertelde de heren dat ze helaas geen tijd meer had voor de rondvraag, omdat ze haar team moest aansturen in verband met de verdwijning van een levensgevaarlijke verdachte. Ze had het warm gekregen en voelde zich bepaald niet meer okselfris. Ze liep langs de receptie en vroeg of er nog berichten voor haar waren. Een zekere Nico ter Mors had dringend naar haar gevraagd, meldde de baliemedewerker. Hij had dat eerder op de dag ook al gedaan. Ze liep naar buiten en belde hem.
  'Het belangrijkste nieuws is dat Jacky waarschijnlijk is ontvoerd door onze eigen dronepiloot,' meldde Nico, nadat hij zijn medeleven had betoond over de vergadercultus binnen het ambtelijk apparaat.

Frida ontbood hem vriendelijk maar dringend op het bureau om een en ander door te nemen. Hij sprak liever in de stad af, als ze het niet erg vond. Dat vond ze niet en dus zaten ze een half uur later in café De Zon aan de Zuiderhagen, waar Frida nauwelijks kans liep om bekenden tegen te komen. Het was één van de weinige cafés in de binnenstad die alle frivoliteiten en nieuwlichterij in de horeca consequent had genegeerd en daardoor nog steeds bestond. Nico wist dat het vroeger de stamkroeg was geweest van de spelers van Sportclub. Hij kon zich niet voorstellen dat Twente-spelers als Castaignos of Gutiérrez hier een biljartje kwamen leggen. Hij vertelde Frida wat hij vandaag had meegemaakt. Alleen mevrouw Van den Berg liet hij weg. Frida's moeder woonde in Bruggerbosch en hij wilde niet dat ze zich zorgen zou maken over haar veiligheid.

'De erven Oude Vennink,' herhaalde Frida, toen hij het laatste deel van zijn naspeuringen afgerond had. 'En de vader die mevrouw Oranje Overall de laatste jaren niet meer heeft gezien. Die moet toch te vinden zijn in het bevolkingsregister.' Ze belde met iemand uit haar team en vroeg of ze dat spoor wilden natrekken. 'Dus je hebt de naam Jacob Timmer laten vallen,' zei ze tegen Nico. 'Hoe reageerde hij daar op?'

'Kortaf. Hij zei dat het om André Hammink ging en toen hing hij op. Hij vroeg niet wat ik bedoelde en waarom ik het hoofd en de romp Timmer noemde. Het verraste hem duidelijk.' Nico keek Frida aan. 'Had ik dat niet moeten doen?'

'Dat weet ik niet,' zei ze. 'Misschien voelt hij zich geprovoceerd en gaat hij gekke dingen doen. Of hij trekt zich terug en we horen niets meer. Maar ik maak me wel zorgen over Jacky. Als het waar is dat hij haar heeft ontvoerd, moeten we vrezen voor een volgend slachtoffer.'

Nico vroeg zich af of de politie geen mogelijkheid had om de boerderij te doorzoeken. Als hij haar daar had verstopt, moesten ze snel zijn. Maar Frida schudde haar hoofd. Daar kon geen sprake van zijn. Er was geen enkele officier die op grond van deze informatie toestemming verleende om binnen te vallen.

En daar kwam bij dat ze zelf behoorlijk had gezondigd tegen de grondregels, waardoor ze niet precies kon vertellen hoe ze aan haar kennis was gekomen.

'Als ik op eigen houtje...' probeerde Nico, maar ze schudde dwingend haar hoofd. Ze had al begrepen dat hij de laatste jaren vaker op eigen houtje handelde, waardoor hij in tamelijk ongemakkelijke situaties was beland. Dit moest hij echt aan professionals overlaten, vond ze.

'Je bedoelt die waarnemende Daallegger en die waarnemende koninklijke billenknijper,' zei Nico. Frida was een leuk mens, maar ze bleef een ambtenaar die de regels niet kon en mocht overtreden. Hoewel daar gisteravond niets van te merken was...

Ook bij zijn verhaal over die piratendrone had ze zorgelijk gekeken. Ze vond dat je zo'n operatie grondig moest toetsen, voor je begon te hacken en *hi-jacken*. Brandweercommandant Wevers had haar verteld dat er binnenkort drones werden ingezet om open haarden en smeulende vuurtjes te spotten. Het was van maatschappelijk belang dat je daar zorgvuldig mee om ging.

'Dus jij wilt morgen in je blote kont op GeenStijl of een andere *affront-site* bekeken worden?' vroeg hij. 'Jij kunt het hebben, maar wat denk je van mij? Ik ben freelancer en ik begin net een beetje uit mijn dalletje te klimmen. Dank je feestelijk.'

Frida moest lachen, maar ze zag echt geen mogelijkheid om illegale handelingen te verrichten. Ze kon zich niet voorstellen dat hun vriend zo dom was om zijn beelden met de hele wereld te delen. Het speet haar dat ze terug moest naar het bureau en ze bedankte hem voor de informatie, die haar team nauwkeurig zou natrekken.

Nico keek teleurgesteld en vroeg of ze hem liet weten wie de bewoners waren van de verdachte boerderij.

44

André Hammink – want hij was het echt en zo voelde hij zich ook, nadat hij zijn identiteit had teruggekregen – was zich een ongeluk geschrokken toen hij vanmiddag vanuit de boerderij zijn jeugdvriend Nico naar het erf zag loeren. Hij probeerde niet op te vallen, maar zijn camera's detecteerden alles wat zich in een cirkel van vijftig meter rond de boerderij bewoog. Hoe was het hem gelukt om zijn schuilplaats te traceren en wat was hij van plan om met die kennis te doen? Als hij ermee naar zijn vriendin mevrouw Brandriet ging, was het spel voorbij zonder dat hij de finale kon spelen. Aan zijn telefoon kon het niet liggen. Hij maakte gebruik van mobieltjes die niet te traceren waren. Het enige dat hij kon bedenken was dat er een *bug* in zijn cameradrone zat, waardoor hij kon worden herleid. Dat ding kon hij niet meer gebruiken tot Witte Donderdag. Hij had zijn hand overspeeld omdat hij zich onkwetsbaar voelde, maar Nico had kennelijk de beschikking over zeer deskundige vriendjes. En niemand vond het leuk om *in flagranti* te worden betrapt door een camera voor je slaapkamerraam op de hoogste verdieping van een flatgebouw. Met de hoofdinspecteur...

Hij moest hier weg, besefte hij.

Dat was makkelijker gezegd dan gedaan. Waar kon hij zo snel naar toe? De boerderij, die op naam stond van een oud-oom van zijn vader, stond officieel al jaren leeg. Zijn vader was ooit bij zijn oom ingetrokken, zonder zich te melden bij de burgerlijke stand. Dat vonden zowel zijn vader als de oom niet nodig. Ze hielden niet van ambtenarij en belastingen en konden prima voor zichzelf zorgen. Toen hij zelf, na zijn Odyssee, volledig getraumatiseerd was teruggekeerd naar zijn wortels, was de boerderij van zijn oom inmiddels volledig omgeven door snelwegen. De oom had zelfmoord gepleegd door zich, naakt en brandend als een fakkel, van een brug over de nieuwe weg voor een vrachtwagen te werpen. Hij kon niet worden geïdentificeerd, volgens Joop Hammink. Joop bleek gelukkig nog een leuke spaarpot te bezitten, overgehouden aan zijn bestaan als spelersmakelaar.

De vader ving zijn zoon zo goed en zo kwaad als mogelijk was op in de boerderij; hij kocht in Gronau antidepressiva en stuurde hem een keer per maand naar een bordeel in Alstätte. Omdat André nog steeds schreeuwend wakker werd midden in de nacht en overdag apathisch naar Eurosport keek, begon Joop zich meer en meer aan zijn zoon te ergeren. Waarom kon die jongen niet normaal doen en wat moest er van hem worden als Joop er niet meer was? Ze spraken zelden met elkaar en al helemaal niet over de oorzaak van Andrés trauma.

Een buurvrouw, de enige die Joop op zijn erf duldde, omdat ze in een wolk van kruiden boven de grond leek te zweven, had gevraagd waarom zijn zoon nooit buiten kwam en als een steeds vetter varken vegeteerde in zijn eigen wereld. Vraag het hem zelf, had Joop gezegd. En dus was André het project geworden van de kruidige buurvrouw. Ze behandelde hem met smeersels en zelf gedroogde theevarianten en zette hem op een dieet van brandnetels en paddenstoelen. Vooral die paddenstoelen schenen te helpen. André werd er hallucinant van en vertelde de buurvrouw en zijn verbaasde vader hele verhalen in onverstaanbaar Spaans. Helaas werd zijn wonderdokter zelf ernstig ziek, na een ontbijt van giftige zwammen, die ze niet had herkend omdat ze steeds slechter zag en weigerde een bril op te zetten. Na haar overlijden zakte André aanvankelijk terug in zijn apathie, maar begon toch iets meer belangstelling te krijgen voor zijn omgeving en las zelfs de huis-aan-huis blaadjes die zijn vader af en toe op het erf vond. Ongeveer vijf jaar geleden werd hij getroffen door een artikel over de nieuwe voorzitter van voetbalvereniging De Brug, die grootse plannen had met de club. Dat interesseerde hem niet, maar wel de foto die bij het artikel had gestaan. Daarop stond genoemde voorzitter, Frans Snelders, met zijn echtgenote Jacqueline. Zijn maag keerde om en alles wat hij al die jaren had binnengehouden, wilde naar buiten. Hij kreeg hoge koorts en lag drie dagen rillend onder de paardendekens. Daarna stond hij op.

Hij maakte ruzie met Joop, verweet hem dat hij hem in de steek had gelaten en dat hij hem nooit had gerespecteerd als voetballer. Vanwege zijn eigen mislukte carrière, zag zijn vader hem nooit staan in het doel. Hij vond keepers malloten en schaamde zich voor zijn zoon, terwijl hij zich zelf in het pak had laten naaien door de hoge heren die hem van Sportclub naar de Boys hadden overgeschreven.

Joop, die zonder dat hij het wist al twee tia's had gehad, liet zich dat niet zeggen door zijn zoon. Jarenlang als een zombie op zijn kosten leven en nu opeens een grote mond...

De rapen waren gaar en de boerderij het strijdtoneel van een dieptrieste klucht, waarvan het eind voor de objectieve toeschouwer even voorspelbaar als treurig was. Joop wond zich na de zoveelste aanvaring zo op, dat hij een echte hartaanval kreeg en het leven liet.

45

Nico was vastbesloten om zich niet te laten ringeloren door de bureaucratie en de bezorgdheid van Frida. Nadat de duisternis was ingevallen reed hij terug naar de Usseler Es. In zijn fietstas had hij een zaklamp, een korte koevoet en een belachelijke bivakmuts. Hij parkeerde zijn fiets en liep via het talud van de A35 naar de achterkant van de boerderij. Er brandde licht achter een klein venster, maar de crossmotor was niet te zien. Hij wachtte tien minuten en sloop langzaam naderbij. Niet letterlijk, zoals een indiaan in de boeken van Karl May; het was eerder gebukt lopen, hoewel er niets was om voor te bukken. Hij had de bivakmuts in de fietstas gelaten en alleen de koevoet en de lamp meegenomen. Dichter bij het huis hoorde hij de tv die overduidelijk op een sportzender stond. Er was iemand thuis.

Er waren een paar mogelijkheden. Hij kon aanbellen en de weg vragen. Hij kon wachten tot het licht uit werd gedaan en zichzelf toegang verschaffen. Hij kon onverrichter zake terugkeren naar zijn fiets en naar huis gaan. Het beste was natuurlijk om gewoon te doen alsof hij de weg kwijt was, of pech had. Als het André Hammink was, moest hij improviseren. Als het hem niet was, had hij verkeerd gegokt.

Er was echter een andere mogelijkheid, die hij over het hoofd zag.

Hij stopte de lamp en de koevoet in zijn zak, liep naar de achterdeur en klopte aan omdat hij geen bel vond. Daarna kreeg hij een klap op zijn achterhoofd, waardoor hij onmiddellijk gestrekt ging.

Nico kon zich de zomer van 1978 nog goed herinneren. Na zijn eindexamen had hij een InterRail pas gekocht en toerde een maand door Europa. Nederland bleef in Argentinië steken in de verlenging van de finale, zag hij in een café in Split. Na afloop dronk hij met twee jongens uit Zagreb, die hij in de trein naar de kust ontmoet had, een fles slivovits en werd zo dronken dat hij op een bankje in een stoffig park in slaap viel. Bij terugkomst – hij was ontmaagd door een onverstaanbare Vlaamse in Parijs – ging hij studeren in Amsterdam en kwam alleen in Enschede als zijn ouders jarig waren. Niemand van zijn vrienden had telefoon, tv's op studentenkamers waren zwartwit bakken die vooral sneeuw produceerden op twee oubollige zenders; de meisjes hadden onregelmatige gebitten en de jongens lang vet haar; de punk zette de muziekscene op zijn kop en zijn jeugdvriend André Hammink had een contractje gekregen bij FC Twente, wist hij van zijn vader. Het interesseerde hem niet echt, voetbal was een bijzaak geworden, het echte leven bestond in kroegen, disco's en op obscure feesten.

Toen de mist van testosteron en adrenaline was opgetrokken en hij zijn studie had ingeruild voor een baantje op de sportredactie van Het Parool, was hij André volledig uit het oog verloren. Hij maakte carrière als sportjournalist, trouwde, scheidde en viel door de mand omdat hij half verzonnen reportages schreef. Hij verloor onder invloed zijn rijbewijs en keerde terug naar zijn *roots* om het imperium van Bob Tankink, de dieetgoeroe, op te rollen. Het merkwaardige was dat hij zich die zomer van 1978 nog kon herinneren met alle kleuren en geuren die daar bij hoorden, maar dat de jaren daarna in een steeds dichter wordende brij van alcohol, nicotine en geldzorgen waren samengeklonterd. De krenten in die pap werden steeds minder zichtbaar, tot ze bijna helemaal verdwenen en hij stevig moest ingrijpen om de pap weer eetbaar te maken.

De afgelopen weken, sinds hij gebeld was door iemand die zei dat hij André Hammink heette, bleef dat jaar 1978 in zijn hoofd spoken. Hij herinnerde zich een studentenfeest waar Bennie Jolink met Oerend Hard het dialect uit zijn geboortestreek op de kaart zette, maar ook dat hij op het eind van dat seizoen voor het eerst naar De Meer ging om Ajax tegen FC Twente te zien spelen. Volgens zijn vader mocht André op de reservebank zitten. Hij was op tijd in het stadion om te kijken naar het opwarmen en inschieten van de keepers. Maar hij herkende zijn vriend niet op het veld of de bank. Twente liep op de grootste nederlaag in de historie tegen Ajax. Het werd 8-1, een uitslag die in de eigen statistieken van FC Twente niet meer was terug te vinden...

De laatste wedstrijd tegen Ajax zag hij in februari op de tv. Na de 0-1, een kopgoal van een jonge Mexicaan die Jésus Corona heette, wist hij dat het niets ging worden, omdat Twente geen *frontrunner* is. Ze moeten eerst achter komen, had hij zelf ooit geschreven. Het jubileumseizoen en het afscheid van Joop Munsterman kon alleen nog luister worden bijgezet als de finale van de KNVB-beker werd gehaald en gewonnen. Als dezelfde Jésus na The Passion en de Pasen opnieuw zou opstijgen...maar wie geloofde daar in?

Het verleden dwarrelde door het heden als stofdeeltjes die zichtbaar werden door de lichtval uit een bovenraam. Hij kreeg er geen grip op, zoals je geen grip krijgt op de gebeurtenissen in een droom. Als hij zijn leven over mocht doen zou hij beginnen bij 1978, dat was kennelijk de boodschap die hij luid en duidelijk uit de krochten van zijn brein kreeg doorgeseind. Maar waarom moest dat zo hard en eentonig? Uit de tijd dat hij nog serieus dronk – niet die laffe halve flesjes wijn bij het eten – wist hij wat er bij dat geluid hoorde. Een verschrikkelijke hoofdpijn, die als eeuwig krassende nagels over een schoolbord door zijn ziel sneed.

Het lampje in de tunnel werd langzaam groter en even later denderde het op hem af als een schijnwerper op een op hol geslagen kolentrein. Hij kon het licht en de trein niet meer ontwijken, dus liet hij het ongeluk over zich heen komen in het besef dat de dood ook groots en meeslepend kan zijn.

'Ben je er weer?' vroeg een stem die opgesloten leek in een vacuümverpakking.

Zijn eigen stem deed niets; zijn frontale kwab probeerde uit alle macht om enige coördinatie tussen hoofd en lichaam op gang te brengen. Oerend Hard. 8-1. Corona...

'Wacht, ik heb een paardenmiddel om je weer een beetje zelfvertrouwen te geven.'

Nico voelde hoe de man hem vast pakte en op zijn voeten zette. Daarna gaf hij hem een stevige duw, zodat Nico voorover viel en zijn handen uitstrekte om de val te breken. Op dat moment kreeg hij een stroomstoot door zijn lichaam, waar je inderdaad een dood paard mee kon opwekken. Hij rolde kreunend en naschokkend over de grond, waarbij zoveel adrenaline vrij kwam, dat de pijn van de klap tegen zijn achterhoofd als bij toverslag verdween. Hij opende voorzichtig zijn ogen en constateerde dat hij zich in een rommelige ruimte bevond, die slechts werd verlicht door een klein peertje in de nok. Terwijl hij zijn oriëntatie langzaam terug vond, zag hij dat hij tegen het traliewerk van een kooi was gevallen. In de kooi stond een schragentafel, waarop een naakte vrouw lag. Niet vrijwillig. Ze was stevig vastgebonden en kon niets zeggen omdat er tape over haar mond was geplakt. Hij moest zijn focus even bijstellen voor hij zag dat het Jacky Wermers was. Ze lag op haar rug, de borsten als bleke ongerepte Christmas puddingen fier naast elkaar. Naast de schragentafel stond een campingtafeltje waarop een rij scalpels en ander medisch gereedschap lag uitgestald.

'Ik had je eerlijk gezegd nog niet verwacht,' zei de stem achter Nico.

Hij draaide zich half om en zag een man in een oranje overall. Wat hadden ze hier in de buurt met die kleur? Was dat om 's avonds veilig de snelweg over te steken? Daar overheen droeg hij een tamelijk lullig vintage schort uit de jaren zestig, een mondkapje en een operatie petje. Dokter Oetker die opeens beseft dat hij ook een diploma galstenen verwijderen heeft.

'Ik wilde je feestje niet missen,' zei Nico. 'Maar ik ben bang dat ik niet lang kan blijven. Mijn vriendin komt me zo halen.'

'Dat denk ik niet,' zei de amateur chirurg. 'Dan was ze wel meegekomen. Je handelt op eigen houtje, vriend. En na die beschamende vertoning gisteravond, is ze waarschijnlijk behoorlijk op je afgeknapt.'

'Oké,' vond Nico. 'Laten we er geen doekjes om winden, ik ben hier niet voor m'n plezier. Ik wil weten waarom je mij en Frida stalkt, waarom die Jacob Timmer zo naar aan zijn einde is gekomen en wat je met die arme Jacky van plan bent, André Hammink.'

André Hammink zuchtte als een geëngageerde acteur in een dramaserie van de VPRO. 'En dan? Stel dat ik antwoord kan geven op die vragen? Je had hier niet moeten komen. Ik had je nodig om mijn boodschap te verspreiden, maar je hebt misbruik gemaakt van mijn vertrouwen door me hier in verlegenheid te brengen. Ik ben bezig met de voorbereidingen voor mijn *come back* en dat vereist een schier militaire precisie en logistiek.'

'Welke come back?' wilde Nico weten. 'Ga je weer op doel? Je zegt het maar als ik je moet inschieten, hoewel ik al jaren geen bal meer heb geraakt.'

'Je raakte vroeger ook geen pepernoot,' giechelde André. 'Maar ik ben inderdaad zoiets van plan. Meer een vliegende kiep eigenlijk, want ik wil wel eens een doelpunt maken.'

Nico knikte. Zo ging dat met keepers. Ook na hun carrière bleven het vreemde vogels. Jan van Beveren ging postzegels verzamelen in Amerika en Hans "polletje" van Breukelen werd voetbaldominee. 'Er zouden meer vliegende kieps moeten komen,' vond hij. 'Het spelletje moet weer leuk worden; terug naar het knollenveld van Dolphia in plaats van die *sophisticated* kunstgrasvelden. Maar goed, het was leuk je in levende lijve gesproken te hebben, na al die telefoontjes. Ik ben bang dat ik het vanavond niet te laat kan maken…'

André schudde zijn hoofd. 'Hoho. Dat zou ongezellig zijn. Nu je hier toch bent kun je me mooi helpen om het gekunstelde grasveld van onze vriendin Jacqueline in de oorspronkelijke staat terug te brengen. Twee weten meer dan één en eerlijk gezegd is het de eerste keer dat ik me aan zo'n operatie waag.'

De pijn in zijn hoofd begon langzaam terug te keren, maar Nico probeerde er niet aan te denken. Het paardenmiddel was minstens zo onaantrekkelijk als die bijl in zijn hersenpan. 'Wát ben je van plan? Je moet die aversie tegen kunstgras niet letterlijk nemen, joh. En je wilt die arme Jacky toch niet van haar laatste charmes beroven.'

Het slachtoffer op de schragentafel was nog niet onder narcose gebracht. Ze probeerde uit alle macht te laten merken dat ze het niet eens was met de operatie. Als Nico niet zo veel aan zijn eigen hoofd had, zou hij beslist met haar meevoelen. 'Je maakt een grap, neem ik aan,' zei hij tegen André. 'Je hebt vroeger doktertje met haar willen spelen. Dat begrijp ik, dat wilden alle jongens in de klas. Nu ben je daar eigenlijk te oud voor.'

'Die is goed,' vond de chirurg. 'Doktertje spelen. Zo heb ik het nog niet bekeken. Dat is eigenlijk wat zij met iedereen deed. Ze speelde niet alleen voor dokter, maar het liefst voor geneesheer-directeur. Voor God zelf. Zij ging over leven en dood. Die kleine ingreep van mij valt in het niet bij wat zij met mannen deed. Overigens ben ik als een van de weinigen ontsnapt aan haar laatste oordeel. Het heeft me meer dan helft van mijn leven gekost, dat wel, maar ik ben herrezen uit de as van het vagevuur en de hel die zij voor me had opgestookt.'

Uit de kooi kwamen geluiden die in het hedendaagse circus niet meer werden gehoord, sinds acts met wilde beesten verboden waren. Jacky was het kennelijk niet met hem eens.

Nico had geen idee waar André het over had. Wanneer het over hun avonturen in Zuid Amerika ging, was het moeilijk te bepalen wie van hen de waarheid sprak.

'Het was voor mevrouw Wermers een grote verrassing – maar geen prettige – toen ik vanmiddag mijn ware gezicht liet zien.' Andre haalde een stekker uit een stopcontact en stapte door een hek de kooi binnen. 'Ze wilde het niet geloven en ze kijkt nog steeds naar me alsof ze water ziet branden.' Hij trok de tape van haar mond en zette zijn operatiekapje af.

46

Hans Vlodrop zat met een paar kameraden, onder een skelet met een Ajax-shirt, aan de bar in het supportershome van Vak-P. Een van de jongens vierde zijn vijftigste verjaardag en waar kon je dat beter doen dan in hun eigen kroeg. Het home was vorig jaar een tijd gesloten omdat gemeente en politie er controles wilde uitvoeren in het kader van de horecawet. Agenten in hun eigen clubhuis, dat wilden de jongens niet. Dan maar dicht.

Nu was het home gelukkig weer open, maar het feestje wilde

niet echt op gang komen. De slechte resultaten van Twente vormden niet het grootste probleem, dat waren ze wel gewend. Je kunt niet altijd winnen en je bent supporter of je bent het niet. Maar het verhaal over de gruwelijke moord op André Hammink had indruk gemaakt. De meeste leden kenden Hammink niet en hadden zelfs nooit van hem gehoord, maar er gingen verhalen dat het een van de grootste keeperstalenten was die Twente ooit had gehad. Dan was het wel erg sneu dat die gast zo aan zijn eind was gekomen. Als iemand wist wie dat op zijn geweten had, waren de meesten bereid om hun oude vak nog een keer uit te oefenen, zoals die vrienden van Feijenoord laatst in Rome.

Droppi, zoals ze hem hier allemaal noemden, pookte het vuurtje nog een beetje op met de stelling dat die klootzak van dat blaadje uit 020 bij dat verhaal betrokken was. Zeker te weten. Droppi was toch al het middelpunt van het gezelschap, omdat hij als bestuurslid van De Brug alles kon vertellen over de dood van Frans Snelders en Leo Voerman. Wat ging er met De Brug gebeuren en was het waar van al die miljoenen die de Belastingdienst te goed had? Droppi voelde zich steeds belangrijker worden en bracht de moord en de zelfmoord zonder aarzeling in direct verband met de onthoofding van André Hammink. Zeker te weten. Hij had van Frans gehoord dat Hammink hem een speler uit Brazilië of zo had aangeboden, zodat Snelders die jongen weer voor goed geld aan Twente kon doorverkopen. Zo ging dat toch? In ieder geval was die Ter Mors zich er tegenaan gaan bemoeien en toen ging die deal niet door en was De Brug failliet en had Leo er een eind aan gemaakt.

'Ter Morsdood,' zei Petat. Petat had zijn bijnaam de laatste decennia erg letterlijk genomen en omgezet vijftig kilo buikvet.

Droppi knikte. Ter Mors had links om of rechts om te maken met de dood van hun speler, André. Dat had hij ook tegen Frans gezegd, maar die had hem niet geloofd. Daarom was hij nu dood. Volgens Frans had die oetlul informatie over dat talent gejat, zodat hij hem zelf ergens kon aanbieden. Luis Suarez, zo'n soort speler was het. Een groeibriljant.

'Ter Morsdood,' zei Petat weer terwijl hij boerde en een nieuwe zak paprikachips opentrok.

'En weet je wat het ergste is,' vroeg Droppi aan zijn publiek. Omdat niemand het wist vertelde hij het zelf. 'Het ergste is dat ik de politie over de vloer kreeg, alsof ik zelf verdacht ben.'

'Is dat diezelfde Ter Mors die vroeger van die lulverhalen schreef over Twente?' vroeg een van de twee rooie Heunes. De ander was vandaag vijftig geworden. 'Over dat breedtevoetbal en waarom ze net nooit geen kampioen werden in het Diekman.'

'Ja,' zei Droppi. 'Als dat niet was gebeurd met Frans en Leo, was ik die gast zelf gaan opzoeken.'

'Waarom doe je dat niet?' vroeg de andere Heune, die meer grijs dan rood was, zoals je kon zien wanneer je zijn eeuwige Schalke-pet zou oplichten. Het was meer een stelling dan een vraag.

Droppi schrok een beetje van die toon en aarzelde. 'Omdat jij jarig bent, gast. Laten we het gezellig houden vandaag.'

De vijftigjarige draaide zijn rug naar hem toe en ook Petat had geen aandacht meer voor Droppi. Alleen de eerste Heune keek hem strak aan. 'Waar woont die kloothommel?'

Robbie Heune was nog steeds een beer van een vent die met zijn blote handen spijkers in een balk kon slaan en de schrik was van de tegenstanders van het zevende van Unisson. Hij was sinds een paar maanden van zijn vrouw af en voelde zich sindsdien in zijn tweede jeugd. De meeste jongens waren bezadigde heertjes geworden, vond hij. Niemand had meer zin in geintjes bij uitwedstrijden en zelfs bij de laatste Europese wedstrijd was hij de enige geweest die naar de hoeren wilde. Dit was zijn kans om nog eens een ouderwets potje te matten. Als Droppi niet meedeed ging hij wel alleen.

Droppi was veel liever in het supportershome gebleven, maar

door die blik van Heune durfde hij niet te weigeren. Nadat ze allebei nog een paar biertjes hadden weggespoeld, vertrokken ze in de pick-up met extra brede banden van Heune. De fiets van Droppi lag te stuiteren in de open bak, wat het geheel een zekere heroïek gaf.

Het was natuurlijk makkelijker geweest als die Ter Mors niet op de bovenste verdieping van een flat had gewoond, maar Robbie zat zijn hele leven al in de sloop en hij kwam overal binnen. 'Ook al vinden de mensen het niet leuk,' lachte hij, terwijl hij een sjekkie aan zijn bovenlip hing.

De voordeur van de flat aan de Boulevard zat niet op slot, dus Robbies breekijzer was voorlopig overbodig, maar het was minder leuk dat de lift niet naar beneden kwam. Heune had een aardige conditie, maar Droppi moest er niet aan denken om via de trap naar de dertiende verdieping te moeten klimmen. Hij kon echter niet meer terug zonder gezichtsverlies en dus sjokte hij achter rooie Heune naar boven, waarbij zijn achterstand steeds groter werd.

Frida had een beetje spijt van haar houding tegenover Nico. Het was voor zijn eigen bestwil, maar ze had het anders kunnen brengen. Na het eten waren de jongens naar hun kamer vertrokken en tegen tienen was ze op de fiets gesprongen om nog even bij hem langs te gaan. Maar hij deed niet open of hij was niet thuis. Waarschijnlijk het eerste, want ze zag licht branden op de bovenste etage. Het duurde erg lang voor de lift beneden kwam. Er stapte een stokoud mannetje uit, dat zijn stokoude hond moest uitlaten en haar ongevraagd vertelde dat de hond al in de lift had gestaan, terwijl hij met de riem aan de andere kant van de liftdeur stond en toen gingen de deuren niet meer open. Gelukkig liep er een boom van een vent over de trap en die had de liftdeur open gekregen met een breekijzer.

Terwijl Frida aan het onzekere avontuur met de lift naar boven begon, vroeg ze zich af, wie er om deze tijd met een breekijzer de trap van een flat op liep. Daar kwam ze achter toen ze op de hoogste verdieping uitstapte. De deur van het appartement van Nico was uit zijn hengsels gelicht. Omdat ze niet wist wat ze kon verwachten, belde ze haar collega's om versterking. Terwijl ze daar op wachtte, half verscholen in de lift, kwam Hans Vlodrop uit het trappenhuis. Hij had kennelijk de hele tocht te voet gemaakt, want hij hijgde als een pakpaard en zweette als een otter.

'Vlodrop,' zei Frida.
Hij had zelfs geen adem om te schrikken, laat staan om haar te begroeten.

'Werk je aan je conditie of probeer je gewoon wat overtollige energie kwijt te raken?' Ze lachte hem vriendelijk toe en probeerde niet naar het litteken op zijn kale hoofd te kijken dat vervaarlijk pulseerde. 'Ga je ook bij Nico op bezoek? Ik wist niet dat jullie elkaar kenden. Of maakt hij een salontafelboek over de Vak-P helden van weleer?'

'Neuh,' deed Droppi, die niet begreep hoe het kwam dat mevrouw de hoofdinspecteur hier op hem stond te wachten. En ook niet waarom Heune die voordeur onder haar ogen had geforceerd.

'Droppi,' riep Heune vanuit de flat van Nico. 'Waar blijf je man, die loser is niet thuis.'

'Misschien moet je je vriend vertellen dat het verboden is om zonder toestemming andermans woning te betreden,' vond Frida. 'Nee, wacht. Nou begrijp ik het. Dat wilde je hem net gaan vertellen. Tenslotte heb jij een strafblad en…'

Robbie Heune kwam uit de flat met de laptop van Nico onder zijn arm en het breekijzer in de andere hand. Frida maakte een foto van hem met haar smartphone, terwijl hij haar verbaasd aan keek.

'Wie ben jij?' Hij keek van Frida naar Droppi. 'Wat is dit, ben je niet goed bij je hoofd, kut? Pak die camera af van dat mens, Droppi.' Hij liep dreigend met het breekijzer in haar richting.

'Niet doen,' waarschuwde Droppi, die net op tijd zijn adem

terug vond. 'Zij is politie.'

Heune keek hem aan alsof hij hem een strafschop in zijn ballen had geschoten. 'Wat?'

Beneden hoorden ze het vertrouwde geluid van politiesirenes. Droppi haalde zijn schouders op. Brute pech. Of was het een geintje van Petat en de andere jongens?

Frida lachte tegen Robbie. 'Zal ik nog meer foto's maken voor de fansite? Tenslotte heb je je handen vol en kun je geen *selfie* maken, wanneer je gearresteerd wordt. En laat die laptop niet vallen, want ik weet niet of de eigenaar een back-up heeft.' Daarna stapte ze in de lift en ging naar beneden om de collega's te vertellen wat er aan de hand was.

Nadat Vlodrop en Heune zonder grote problemen waren afgevoerd, ging ze terug naar het appartement van Nico. De laptop stond weer op zijn plek, alleen de voordeur hing slordig in zijn hengsels. Ze belde Nico, maar kreeg alleen zijn voice-mail.

Bij het afvoeren van de inbrekers had ze hen gevraagd wat ze tegen Nico hadden. Het was natuurlijk geen toeval dat Droppi en zijn maat juist bij hem kwamen inbreken. Maar meer dan dat ze het gewoon een klootzak vonden, was ze niet gekomen.

Nico had haar verteld wat er op het stickie stond dat André Hammink – of eigenlijk Jacob Timmer – hem had gegeven. Een Zuid Amerikaans voetbaltalent dat hier moest worden aangeboden. Via De Brug aan FC Twente, dacht Nico. Of via zijn eigen connecties bij andere clubs. Frida had geen idee hoe dat precies werkte, maar ze had laatst wel een documentaire gezien over de Braziliaanse voetballer Leonardo. Twintig jaar nadat hij door dezelfde documentairemaker in de *favelas* van Rio de Janeiro was ontdekt en op twaalfjarige leeftijd was "verkocht" aan Feijenoord. Leonardo zag er als dertigjarige niet erg gelukkig uit, hij had ruzie met zijn moeder voor wie hij een prachtig huis had gekocht. En ook met zijn broer, die hem met een mes te lijf was gegaan…

Tel uit je winst. Er speelden duizenden jongens uit Zuid Amerika in Europa. Zelfs al speelden ze in de tweede klasse of nog lager, ze waren stuk voor stuk voor hun familie, maar vooral voor de makelaars en agenten, goud waard. De export van voetballers overtrof zelfs de export van koffie uit Brazilië. Misschien had Vlodrop daar een graantje van willen meepikken. Tenslotte hadden er al drie mogelijke tussenpersonen om verschillende redenen moeten afhaken.

Dat bracht Frida terug bij Nico. Als hij toch op eigen houtje was gaan onderzoeken wat er met Jacky Snelders was gebeurd, liep hij natuurlijk ook gevaar. Ze belde Ferdy, die gelukkig thuis was en vertelde hem wat er was gebeurd. Ze had zijn hulp nodig om een kijkje te nemen in de door Nico genoemde boerderij. Tien minuten later kwam hij haar ophalen in een oude Golf, die van binnen verdacht naar wiet rook.

'Alleen voor eigen gebruik?' vroeg Frida.

'Dit is de auto van mijn vader,' verontschuldigde hij zich. 'Barend is altijd een ouwe hippie gebleven.'

'Barend Kip? Is dat jouw vader?' Ze herinnerde zich opeens Ferdy's achternaam. 'De stadsdichter? Had hij er geen problemen mee dat je naar de politieacademie ging?'

'Wat denk je zelf? Maar nu vindt hij het wel een veilig idee dat ik weer thuis woon. Waar gaan we naar toe?'

Frida toetste het adres in op haar smartphone en daarna lieten ze zich leiden door het gps-systeem. 'Ik wist niet dat je weer thuis woonde. Sinds wanneer?'

'Sinds ik van mijn vriendin af ben. Of zij van mij eigenlijk. Bevalt me prima.'

'Wat?' vroeg Frida. 'Dat je van je vriendin af bent of dat je weer thuis woont?'

'Allebei. Mijn ouders zijn gelukkig uit elkaar. Dat scheelt natuurlijk. En die vriendin werkt ook bij de politie. Dat werkt niet.' Hij keek even opzij en glimlachte.

Frida vroeg niet over wie hij het had, iedereen had recht op zijn privacy. Haar eigen relaties gooide ze ook niet op straat. Hoewel dat in het geval van Nico allemaal erg ongelukkig door elkaar liep.

'Hoe wist Ter Mors waar hij moest zoeken?' vroeg Ferdy.

Misschien moest ze toch open kaart spelen. Die jongen was niet gek en ze kon geen smoezen blijven verzinnen. Zeker niet wanneer Nico zich echt in de nesten gewerkt had. 'Via een drone,' verklapte ze. 'Ter Mors wordt sinds een tijdje gestalkt door een cameradrone. De piloot van die drone is waarschijnlijk de echte André Hammink. En nu heeft hij via een hacker – vraag me niet hoe dat precies werkt – het MAC-adres van die drone achterhaald. En omdat Hammink hem heeft gebeld met de mededeling dat hij Jacky Snelders heeft ontvoerd…'

Ferdy lette even niet op de weg en moest van de gps-juffrouw omkeren. 'En dat vertel je nu pas? Waarom…waarom heb je dat achter gehouden?'

'Omdat ik zelf ook ben gestalkt door die drone en…' Ze aarzelde.

'…omdat je een verhouding hebt met Nico ter Mors,' raadde Ferdy.

'De drone heeft ons op heterdaad betrapt,' bekende ze. 'Niemand vindt het leuk om in zijn blote kont op een verdachte te zitten. Niet in mijn positie, kan ik je vertellen.' Ze durfde hem niet aan te kijken maar hoorde een onderdrukt gegrinnik. 'Waag het niet om dit aan iemand te vertellen, Kip. Zelfs niet aan je vader.'

Ze waren in de buurt van de boerderij gekomen, waar volgens de burgerlijke stand al lange tijd geen officiële bewoners stonden geregistreerd. De gemeentelijke belastingen en de energierekening werden automatisch afgeschreven uit de erfenis van de oorspronkelijke eigenaar, de spoorloos verdwenen Petrus Oude Vennink. Een notaris beheerde de nalatenschap tot de erven, volgens het testament van de eigenaar, zich melden. Hoe lang dat ook duurde. Hammink (of iemand anders natuurlijk) woonde er dus illegaal, of was er door de notaris of een beheerder als ongeregistreerde kraakwacht neergezet. Mooi dat zoiets nog bestond in de moderne maatschappij, vond Frida vanmiddag. Nu lagen de zaken iets anders.

Ze zetten de auto tegen het verlichte talud en liepen naar het in donker gehulde erf voor de boerderij. Nergens brandde licht. Ferdy klopte tegen de ramen en bonsde op de achterdeur. Frida scheen met de staaflantaarn van haar collega naar binnen. Er stond afwas op het aanrecht in de keuken en ook verder leek het niet onbewoond. Ze liepen om de boerderij, waarbij Ferdy een grote bewakingscamera zag hangen. Het was geen echte camera, zag hij met zijn kennersoog, maar een dummy om nieuwsgierige passanten af te schrikken. Verder was er geen beveiliging. De schuur, een groot houten gebouw op een onderkant van baksteen, bleek niet afgesloten. Frida liep een paar meter naar binnen en bekeek het interieur met de lamp. Ferdy vond een lichtschakelaar en daardoor hadden ze zicht op een wonderlijke hoeveelheid voertuigen in een oude varkensstal. Midden in de schuur stond een kooi, waarvan het traliewerk onder stroom kon worden gezet, ontdekte Ferdy. Er stonden een paar schragen in en een campingtafeltje. Onder het tafeltje vond Frida een roestig mesje. Meer konden ze niet doen, besefte ze. Ze zou morgen een paar collega's langs sturen om met de bewoner of bewoners te spreken. Die wilden niet open doen of waren gewoon niet thuis. Op het eerste gezicht leken Jacky en Nico hier niet te zijn. Ze belde nog een keer naar Nico, maar kreeg opnieuw zijn voice-mail.

'Wil je wachten?' vroeg Ferdy.

Frida zag dat het bijna half twaalf was en vond dat ze genoeg gedaan hadden.

47

André Hammink keek op zolder naar de monitor die verbonden was met vier infrarood camera's. Het waren kleine, uiterst gevoelige dingetjes die hij zo had weggewerkt dat ze niet opvielen. Ook de camera in de schuur was goed verborgen. Hij was erg tevreden over zijn actie om de schuur te ontruimen en zijn gijzelaars voorlopig in de kelder te verstoppen. Toen Nico hier onverwacht kwam opdagen had hij onmiddellijk begrepen dat het niet verstandig was om zijn activiteiten in de schuur voort te zetten. Hoewel Nico het in alle toonaarden ontkende, had hij zijn vriendin natuurlijk ingelicht over de boerderij. Gecombineerd met zijn onvoorzichtige openheid over de ontvoering van Jacky, was mevrouw Brandriet in actie gekomen, toen ze merkte dat Nico op eigen houtje was gaan rechercheren. Omdat ze op korte termijn geen huiszoekingsbevel kon krijgen, was hij voorlopig veilig in de boerderij. Voorlopig betekende: tot morgenochtend. Hij moest zo snel mogelijk verdwijnen, zijn sporen vernietigen en accepteren dat hij een fout gemaakt had.

Nadat hij er zeker van was dat de hoofdinspecteur en haar maatje verdwenen waren, ging hij naar de schuur en kroop in de cabine van de camper. Het was een GMC Eleganza uit 1976, waar zijn vader twintig jaar later een nieuwe motor in gezet had. Toen was André teruggekomen en sindsdien stond het ding te verstoffen in de varkensstal. De buitenkant en het interieur zagen er niet uit, maar zodra er wielen onder zaten, reed het ding weer. Hoopte hij. Hij probeerde contact te maken, maar er gebeurde niets. Hij gooide er olie en benzine in, probeerde het opnieuw en nu sloeg de motor aan. De wielen lagen bedolven onder allerlei onderdelen, zaten onder het roest en ander ongerief, maar de profielen waren nog behoorlijk. Hij monteerde ze met de nodige moeite en olie onder de camper en reed het ding voorzichtig naar buiten. De schuur stond blauw van het uitlaatgas.

Het was bijna drie uur 's nachts en hij had nog meer te doen. Allereerst moest hij alles inpakken wat hij nodig had voor de grote finale, zijn apparatuur, de Kawasaki die aan de achterkant van de camper moest worden bevestigd; kleding, voedsel en kleine persoonlijke bezittingen, waarvan hij moeilijk afscheid kon nemen. Hij was niet sentimenteel en aan de eerste vijftien jaar op de boerderij had hij alleen deprimerende herinneringen. Maar het was een veilige plek, waar hij ongehinderd kon doen wat hij wilde. Die veiligheid gaf hij vannacht op. Het was zoals toen hij de Punta Carretas gevangenis verliet, na al die vreselijke jaren. De gevangenis was wel zijn thuis geworden en in de boze buitenwereld kon hij zich maar met moeite staande houden. Het verschil tussen toen en nu was dat hij nu een plan had dat hij wilde en moest uitvoeren en daarna…daarna hoefde er niets meer. Daarna mocht hij uitrusten en genieten van een mooie levensavond, zoals je dat in de boeken las. Of hij besloot tot een ander einde.

Om half zes was hij klaar. Hij haalde zijn gijzelaars een voor een uit de kelder en leidde ze, geboeid en getapet, naar de camper die hij met een hogedrukspuit van de meeste vuiligheid had verlost. Hij zette ze met de ruggen tegen elkaar op de vloer van de camper, zodat ze tijdens het rijden niet omvielen. Daarna drenkte hij oude lappen en kleding in petroleum, zette het gas wijd open en maakte van ruw touw een mooie lont.

Frida kreeg de melding om tien voor zeven. Ze had slecht geslapen en 's nachts nog twee keer geprobeerd om in contact te komen met Nico. Ze werd gebeld door de meldkamer dat de boerderij die ze vanochtend had willen laten surveilleren, brandde en dat er gasexplosies waren waargenomen. De brandweer kon weinig meer doen. Er waren geen bewoners aangetroffen. Hoewel het weinig zin had, reed Frida er toch heen om het zelf te bekijken.

Aangestoken, was de mening van de deskundigen. Tot die conclusie was ze ook al gekomen. Het kon niet anders dan dat dit de schuilplaats van André Hammink en zijn drones was geweest. Buurtonderzoek leverde weinig op. Niemand had iets gemerkt of gezien. Ze stapte weer in de auto, die ze op honderd meter van de brand had geparkeerd. Naast de auto, tegen een jonge boom, stond een fiets met een ossenkopstuur. Zo'n fiets, met dat rare stuur, had Nico ook. Ze stapte uit, bekeek de fiets en inspecteerde de fietstassen. Ze vond een malle bivakmuts en een bonnetje van de Karwei voor een koevoet. Het bonnetje was van gisteren en de koevoet kostte € 7,48. Dat kon niet veel zijn, dacht ze. Maar het was overduidelijk. Nico was hier geweest en op zoek gegaan naar André Hammink en Jacky Snelders. Hij had Hammink gevonden en die was op de vlucht geslagen. Als de brandweer de kans kreeg om in de smeulende overblijfselen te zoeken, vonden ze naar alle waarschijnlijk de lijken van een man en een vrouw van ongeveer dezelfde leeftijd.

Ze stapte terug in haar auto, reed een paar honderd meter en zette de wagen aan de kant omdat ze heel hard moest huilen.

48

Nico's hoofd bonkte bij elke onregelmatigheid in het wegdek. Ze reden allang niet meer over vlak asfalt, want het bonken hield niet op. Hij bevond zich rug aan rug met Jacky in een oude camper. De nacht had hij doorgebracht op een stinkende slaapzak, waar minstens één bloeddorstige vlo of een ander bijtgraag insect woonde. De jeuk die de beten van het beestje veroorzaakte, was minstens zo erg als de drilboor in zijn achterhoofd. Een paar meter bij hem vandaan had Jacky gelegen. Zuchtend en snikkend. Hoewel ze blij moest zijn dat hij haar voorlopig had gered uit handen van dokter Oetker, die zijn cosmetische operaties noodgedwongen moest uitstellen. Je wist nooit of er ook afstel van kwam, maar op dit moment zat ze ongeschonden achter hem.

André Hammink was niet blij met zijn komst en achteraf had Nico spijt dat hij zo impulsief had willen bewijzen dat hij gelijk had. Waarom? Niet vanwege Jacky, die naar het scheen de aanleiding van alle ellende was. Misschien had het te maken met het late inzicht dat hij zijn schoolvriendje in de steek had gelaten. Ze waren uit elkaar gegroeid, dat besefte hij natuurlijk. Maar de manier waarop ze afscheid hadden genomen van hun jeugd, na al die duizenden uren naast elkaar in de schoolbank, op het voetbalveld, achter mijnheer pastoor…

Hij vond het ook niet leuk dat Frida hem buiten het onderzoek wilde houden; alles wat ze tot nu toe had ontdekt, had hij haar gratis en voor niets aangereikt. Een artikel over de Veiligheidsregio konden ze op hun buik schrijven. Hij moest sowieso iets anders verzinnen dan aan de kost komen als freelancer. Als je zag wat kranten hun losvaste medewerkers betaalden voor een stukje, dat was schandalig weinig. Het feit dat hij zich in deze ongemakkelijke positie zo opwond en ergerde betekende dat hij zich iets beter voelde. Of dat de teloorgang van de regionale journalistiek hem echt aan het hart ging.

Hij voelde Jacky in zijn rug bewegen. Nadat André haar van de schragentafel had bevrijd, had hij haar in een smerige overall gehesen voor hij hen in de kelder dumpte. Nico rook haar angstzweet en ander lichaamsvocht. Op de een of andere manier maakte hij zich over zijn eigen toekomst geen grote zorgen. Niet dat hij het leuk vond om op deze manier aan zijn eind te moeten komen, maar een zekere berusting met het lot…nee dat was het niet. Hij kon gewoon niet geloven dat André, die hij al kende sinds ze samen op de Ludgerusschool waren begonnen bij juf Kokkelkoren, dat die André hem iets aan zou doen. Wat het ook was dat hij tegen Jacob Timmer en Jacky had, Nico had hem nooit een haar gekrenkt. Integendeel. Hij maakte hele omwegen om nog langer met hem te kunnen praten over de laatste wedstrijd van FC Twente die ze hadden gezien. De eerste jaren op de jongenstribune onder het scorebord met de ballen. Later, toen hij voor dertig gulden een seizoenkaart voor vak E had, stonden ze aan de overkant in de bocht. André mocht van zijn vader trouwens geen seizoenkaart kopen. Hij mocht überhaupt niet naar het stadion, maar daar had hij maling aan. Als Twente thuis speelde, verdween zijn vader, om pas 's avonds laat met een flinke drankkegel thuis te komen. Dus ging André toch, samen met Nico. Omdat hij geen seizoenkaart had, maakte hij gebruik van de kaart van Nico. Eerst ging Nico naar binnen, vouwde de kaart in een klein rond portemonneetje, en wierp dat blindelings met een grote boog over het hek van de tribune, waar André klaar stond om het op te vangen. Twee seizoenen lukte dat probleemloos. Nico gooide en André ving. Zonder dankjewel. Dat hoefde ook niet, het sprak vanzelf.

Toen ze veertien waren veranderde dat. André speelde al in de B1 van Sportclub en mocht als ballenjongen achter het doel van Piet Schrijvers staan. Het contact dat al die jaren vanzelfsprekend was geweest, verwaterde. En na dat seizoen verdween hij, zonder iets te zeggen, naar het internaat in Deventer. En daarmee verdween de zorgeloosheid van de jeugd, het spel zonder eind en de gelukzalige verwachting. Er kwam van alles voor in de plaats, maar niets wat ook maar in de buurt kwam van die jaren, besefte Nico. Maar hij realiseerde zich ook dat zijn eigen pretentieloze jeugd er in retrospectief heel anders uitzag dan de jeugd van André. Zijn vriendje had geen moeder en een recalcitrante, niet communicatieve vader. Hij moest zich bewijzen en omdat intellect in zijn milieu geen bewijs vormde, moest hij slagen als voetballer. Zonder het talent van zijn vader, koos hij ervoor om keeper te worden. Daarin was hij bijna geslaagd.

Een paar meter van Nico vandaan zat de man die ervoor had gekozen om keeper te worden. In de cabine van de camper waarmee zijn vader door Europa had gezworven. Op zoek naar talent. Hij floot een deuntje dat een oplettende luisteraar herkende als de openingstune van *Match of the Day*, waarmee de BBC sinds mensenheugenis haar samenvattingen begon. Sinds hij de boerderij in de hens had gestoken en was weggereden, voelde hij zich wonderbaarlijk bevrijd. Wat lette hem om door te rijden naar de verste uithoeken van het continent? Met een beetje spaarzaamheid kon hij nog jaren teren op de rente van het bedrag dat vader Joop op de Deutsche Bank had staan. Zijn herwonnen identiteit had hem ook een paspoort opgeleverd. Weliswaar met de foto van Jacob Timmer, maar wie vroeg hem onderweg naar zijn paspoort? Als hij niet die afspraak op 2 april had staan, kon hij gewoon doorrijden. De mist in zijn hoofd, die sinds de dood van zijn vader heel langzaam optrok, leek opeens, achter de panoramaruit van de Eleganza, compleet verdwenen. De noodzaak, die hij gisteren nog zo sterk had gevoeld, die noodzaak was opeens een belachelijk klein drempeltje op de weg voor een monstertruck.

Waar was hij mee bezig geweest?

De t-splitsing die hij naderde, leek symbolisch te staan voor hoe hij zich voelde. Als hij rechtsaf sloeg begon de toekomst, linksaf betekende terug naar het verleden. Hij zette de camper langs de kant van de weg en dacht na. De nabijheid van Nico had ook twee kanten.

Sinds hij wist dat zijn jeugdvriendje terug was in Enschede, had hij hem eerst van een afstand, maar later van steeds dichterbij, in de gaten gehouden. Vroeger had hij nooit begrepen hoe iemand zo ambitieloos en opportunistisch kon zijn. Nu wist hij dat dat normaal was. De meeste mensen waren zo. Hij zelf vormde de uitzondering. De meeste jongetjes wilden voetballer worden, zonder er iets voor te hoeven doen. Hij wist al heel jong dat hij geen talent had en dus had hij besloten om te gaan keepen. Daarom ook was hij de oudere Nico gaan volgen en kon hij zien dat de man nog steeds geen plan had. Dat ergerde hem en waar het hem vroeger niet was gelukt om zijn vriendje te beïnvloeden, probeerde hij het nu op een meer directe manier. Nico moest onderdeel worden van zijn grote finale. Zo kon hij misschien nog iets van zijn leven maken. Je wilde toch niet tot je dood sportjournalist blijven? Maar nu, op deze kruising, zag hij opeens de andere kant. Het jongetje Nico was gelukkig geweest, in tegenstelling tot het jongetje André.

Er rijpte een nieuw plan in zijn hoofd.

49

Frida zat tegenover Hans Vlodrop in een van de geïmproviseerde verhoorkamers in de oude brandweerkazerne. Vlodrop had de nacht doorgebracht in een cel op het bureau en zag er niet op zijn best uit. Ze wist niet hoe hij er op zijn best uitzag, want ook de eerste twee keer dat ze elkaar hadden ontmoet, had hij niet de indruk gemaakt van een fris en fruitig communicantje.

'Ambulante handel,' vroeg ze. 'Wat moet ik me daarbij voorstellen?'

Droppi keek haar argwanend aan, alsof ze hem ergens in wilde luizen. 'Heeft iemand mijn vrouw al gebeld?'

'Je vrouw heeft ons gebeld,' zei Frida. 'Ze klonk niet blij, volgens de meldkamer. Zeker niet toen ze hoorde dat je een nacht in de cel mocht zitten.'

'Ik heb niks gedaan. Rooie Heune wilde per se die gast opzoeken om hem een lesje in fatsoen en respect bij te brengen. Je hebt zelf gezien dat ik hem achterna ben gegaan en hem wilde tegenhouden. Maar toen had hij…'

'Oké,' zei Frida. 'Daar heb je de hele nacht over nagedacht. Hoe kan ik me hier uit lullen.' Ze had opeens medelijden met hem. Vlodrop was van haar leeftijd en moest zich nog steeds bewijzen tegenover zijn vrouw en zijn oude maten. Hij zag er martiaal uit, maar daaronder zat een jongetje dat altijd gepiepeld werd en zijn toevlucht nam tot lelijke tatoeages en gemene honden. Vrouwen waren beter georganiseerd dan mannen. En beter opgewassen tegen de eisen van de moderne tijd. Ze wilde niet in zijn schoenen staan als hij thuis kwam in Dolphia. Dus liet ze hem gaan, omdat die straf erg genoeg was.

Vlodrop keek haar verbaasd aan. 'Meen je dat?'

'Misschien moet je je haar laten groeien, die hond verkopen en op de markt gaan staan met mooie streekproducten,' zei

Frida. Ze hield de deur voor hem open en liep terug naar haar werkplek.

Ferdy Kip – ze keek opeens anders tegen hem aan nu ze wist dat hij de zoon van Barend was – stond te telefoneren voor het raam en keek naar de vrije busbanen die dankzij Europese subsidies waren aangelegd en van Enschede een waar paradijs voor het openbaar vervoer hadden gemaakt. Jammer dat er zo weinig mensen gebruik van maakten.

'Geen slachtoffers gevonden,' meldde hij, nadat hij de verbinding had verbroken. 'Volgens de brandweer hadden ze in ieder geval menselijke resten moeten vinden, als er slachtoffers waren geweest. Er is een kelder, die nauwelijks door het vuur is aangetast. Daar hebben ze twee veldbedden gevonden. Hammink, of wie het ook is, heeft ze misschien meegenomen als gijzelaar. Of...' Hij zweeg omdat hij Frida niet wilde confronteren met die andere mogelijkheid.

Maar de opluchting dat Nico niet in de brand was omgekomen, was voor Frida voldoende om haar gebruikelijke optimisme terug te vinden. 'Hij heeft ze nodig. Anders had hij ze achtergelaten. Het is een man met een missie en die mag niet mislukken.'

Ferdy knikte om haar optimisme te bevestigen. 'Maar hoe kan hij, met twee gijzelaars als blok aan zijn been, een ingewikkeld plan uitvoeren? Die boerderij was een prachtige schuilplaats, nu moet hij opeens improviseren. Dat betekent dat hij onvermijdelijk fouten gaat maken.'

'Misschien past hij zijn plan aan. Maar hij moet ergens een nieuwe schuilplaats vinden. Je bent zo in Duitsland natuurlijk en we hebben geen idee met welke auto hij is ontsnapt. Er stond nogal wat in die schuur.'

'De camper,' zei Ferdy.

'Welke camper?' vroeg Frida.

'Heb je die niet gezien? Er stond een prachtige vintage camper in die schuur. Op blokken. Viel me gelijk op, want zo'n ding wil ik ooit nog eens kopen.' Ferdy's ogen glommen. Hij belde met zijn contact op de plaats van de brand en vroeg of ze in de schuur sporen van een camper hadden aangetroffen. Dat bleek niet het geval, maar die dingen branden als een tierelier, zeker als het klassiekers waren. Van de cabine en de motor zouden ze iets terug moeten vinden als het er was geweest. Het vuur had niet alles verteerd.

'Een camper,' zei Ferdy tegen Frida. 'Ab-so-luut.'
'Geen Kip-caravan?' vroeg ze.

De camper stond op dat moment op een verlaten parkeerterrein in de buurt van Haltern aan het stuwmeer, Kreis Recklinghausen, op ongeveer tachtig kilometer van de brand. Een vriendelijke man die André was gepasseerd, had hem in handgebaren laten weten dat er iets was met zijn verlichting. Het bleek de richtingaanwijzer die het niet deed. Hij kocht bij een pompstation een nieuw lampje, maar hij kreeg het niet voor elkaar om het oude te vervangen, omdat hij het juiste gereedschap niet had. Hij nam de gelegenheid te baat om zijn gijzelaars te vragen of ze wellicht een grote of kleinere boodschap moesten. Nico knikte enthousiast, maar Jacky had de overall al onder gezeken, zag hij. Ze keek hem aan alsof hij haar zelf had bepist.

Hij liet Nico uitstappen en bedacht dat hij zijn handen moest vrijmaken om hem te kunnen laten plassen. Het duurde even nadat hij de knellende boeien had verwijderd, voordat zijn handen zo doorbloed waren dat Nico in staat was om zijn gulp open te maken. Omdat zijn voorhuid aan de eikel bleef plakken, sproeide hij alle kanten op, behalve tegen de boom waar hij voor was gaan staan.

André vroeg of hij niet liever bij hem in de cabine wilde zitten. Als hij geen gekke dingen deed hoefde hij hem maar met een wrap tie aan de deur vast te binden. Omdat Nico bevestigend knikte, zette André hem op de passagiersstoel, maakte hem aan de deur vast, trok de tape van zijn gezicht en gaf hem een fles water.

'Je moet me toch eens vertellen,' begon Nico nadat hij zijn stem teruggevonden had en nieuwsgierig om zich heen keek, 'hoe het kwam dat je die bal van Helmut Rahn kreeg. Ik had in die tijd niet door wie dat was, ik heb hem ook nooit zien spelen, maar later begreep ik dat het een wereldberoemde voetballer was, die hier zomaar in Enschede speelde.'

'Mijn vader begon te drinken toen mijn moeder overleden was,' zei André, terwijl hij de camper in beweging zette. 'Hij voetbalde in het tweede van Sportclub en zat tegen het eerste aan. Hij was door Olijve van Groenlo naar Enschede gehaald. Mijn ouders kregen een flatje op Deppenbroek of Mekkelholt. Naast Helmut Rahn. Rahn dronk en mijn vader dronk met hem mee. Rahn vond mij wel een aardig kereltje en hij had medelijden met me omdat mijn moeder dood was. Hij bracht zijn zoon in Gronau naar school en nam mij mee. Mijn vader had nog geen auto. Ik was drieëneenhalf en ik wilde keeper worden. Mijn vader vond dat ik geen talent had als voetballer, dus moest ik keepen. Rahn werd tijdens zo'n tochtje gearresteerd omdat hij teveel gedronken had en moest vier weken de cel in vanwege recidivisme. Toen hij vrij kwam, kreeg ik van hem die bal.'

Nico knikte. Het viel hem op dat het nasale uit Andrés stem was verdwenen. Hij leek een beetje nerveus. De ouderwetse spreekstijl van de dronepiloot had hij verruild voor een reportagestijl. 'Waarom is je vader nooit doorgebroken?'

'Dat is de Hammink-vraag,' antwoordde André. 'Hij heeft het me pas verteld vlak voor hij dood ging. In het seizoen dat hij zou doorbreken, in 1964, werd hij tot twee keer toe van training gestuurd omdat hij gezopen had. Bij een volgend vergrijp moest hij zijn contract inleveren. Hij dronk geen druppel meer, behalve toen hij door een paar heren die hij niet kende werd getrakteerd op een avondje in het Wiener Café. De volgende ochtend bleek er een ingelaste training te zijn en dus volgde een schorsing. Maar één van de heren uit het Wiener Café ontbood hem op zijn buiten en daar werd afgesproken dat mijn vader werd overgeschreven naar de Enschedese Boys, zodat de Boys bij de fusie met Sportclub tevredengesteld konden worden met een extra speler die naar de nieuwe club ging. Mijn vader moest een blessure veinzen en zou na de fusie honderd procent afgekeurd worden, met recht op verzekeringsgeld. Het was kiezen of delen, op deze manier hield hij er nog een leuke cent aan over. En anders zorgden de heren wel dat Joop Hammink nooit meer ergens aan het spelen kwam. Het verzekeringsgeld hield na drie jaar op.'

Zo ging dat in die tijd, dacht Nico. Alleen was de vraag of er veel veranderd was. Voetballers werden nog steeds gebruikt als handelswaar, maar de belangen waren vele malen groter geworden. De clubs waren niet langer van de supporters, maar van sponsors, investeerders, businessclubs, televisiezenders, matchfixers, politici, voetbalbonden en andere belanghebbenden, die allemaal mee bepaalden wie waaraan het meest verdiende. De lol was er niet alleen af, de lol van het spel was zo grondig bedorven dat niemand zich meer herinnerde dat er een tijd was geweest dat clubs met herkenbare elftallen speelden, die niet elk jaar volledig werden vervangen, omdat er aan de spelers verdiend moest worden. Ook FC Twente was een handelshuis, maar zolang er werd gewonnen kon het de supporters niet schelen.

'Kun jij je nog herinneren dat we naar de Albert Heijn op de Boulevard gingen, de eerste supermarkt in Enschede?' vroeg hij aan André.

'Om te kijken of het echt waar was dat Willy en René van de Kerkhof daar schappen vulden,' lachte André. 'In 1970.'

'Alleen wisten we niet of we Willy of René hadden gezien,' zei Nico.

'René,' dacht André.

'En in februari gingen we voor het eerst naar een avondwedstrijd. De kwartfinale van de Jaarbeursstedenbeker tegen Juventus. Het was in Turijn 2-0 geworden en Théjoh en Epy maakten er in het Diekman ook 2-0 van.'

'Maar in de verlenging won de Italiaan,' wist André.

'Twee keer Pietro Anastasi, Pietruzzi. Was de duurste speler uit de geschiedenis. Voor 650 miljoen van Varese naar Juventus,' vulde Nico aan. 'Lires. Ik wist trouwens nooit wat Jaarbeurssteden waren; Enschede in elk geval niet.'

'Anastasi had het WK in '70 gemist vanwege een operatie aan zijn ballen,' zei André.

Nico keek hem verbaasd aan. 'Echt?'

Ze zwegen een tijdje en keken naar het heuvelachtige landschap.

'Hebben we hier in de buurt niet ons eerste toernooi gehad, met de D1 van Vogido?' vroeg Nico. Het was het laatste jaar dat ze samen hadden gespeeld, het jaar voor André naar Sportclub ging. 'Met Pasen, of was het Pinksteren? Wij waren ingekwartierd bij de directeur van een gevangenis en moesten op zondagochtend met zijn vrouw naar de *Gottesdienst* in de gevangeniskapel, waar al die boeven naar ons zaten te kijken. Jij wilde niet mee, omdat je niet meer naar de kerk ging, maar ik durfde niet alleen.'

'Dat was in Lünen, vlak bij Dortmund. We verloren kansloos van Borussia met 5-1. Die jongens hadden allemaal trainingspakken van de club en keken naar ons alsof we mongolen waren. Toen besloot ik om naar Sportclub te gaan,' vertelde André.

Nico knikte. Respect, dacht hij. Daar ging het om. Zelf had hij daar nooit zo'n last van, maar hij herinnerde zich die vernedering tegen Dortmund maar al te goed. In tegenstelling tot André, die er nog een schepje bovenop gooide, was hij min of meer afgehaakt, omdat hij zag dat zijn carrière als voetballer nooit iets zou worden. Hij had er nooit spijt van gehad. In Amsterdam was hij jaren later weer gaan voetballen in een studentenelftal en dat had hij tot zijn veertigste volgehouden. Maar als journalist was hij steeds cynischer geworden over het spelletje en alles wat er om heen gebeurde. Twintig jaar geleden was hij afgehaakt, na een aanvaring met Van Gaal. Hij had gevraagd of Louis er vooraf rekening mee had gehouden dat er strafschoppen moesten worden genomen in de Champions League-finale tegen Juventus. Davids en Silooy misten en de Italiaan won. 'Wié bén jíj,' brieste de trainer, 'om míj te vertéllen hoe ík míjn spélers moet vóórbereiden op de finále.'

Het was maar een vraagje, vond Nico. Maar ook het begin van het eind. RTL en SBS waren aan hun opmars begonnen en ook de KNVB wilde "iets heel anders" doen. Ze begonnen Sport 7 en voor de prijs van een zak patat per maand kon iedereen zoveel voetbal en andere sport zien als je op kon. De zender mislukte omdat Nederlanders wel van patat hielden, maar het niet door de strot geduwd wilden krijgen door John de Mol en de KNVB. Na vier maanden en een verlies van vijftig miljoen zakken patat, werd de stekker er op een pathetische manier uit getrokken. Dat was voor Nico het sein om iets anders te gaan doen.

Het jaar daarop ging hij schrijven over kunst, cultuur en media. Onderwerpen waar hij veel minder van wist dan van voetbal. Maar hij kwam er al gauw achter dat ook daar het idealisme was ingeruild voor egotripperij, heldenverering en platte commercie. Dus werd het de algemene verslaggeving, met veel interviews en reportages, waarbij hij de feiten steeds vaker aandikte met verzonnen anekdotes. Tot de zeepbel knapte.

'Wat wil jij later worden?' vroeg André. 'Je wilt toch niet altijd voetbaljournalist blijven.'

'Ik ben al bijna twintig jaar geen voetbaljournalist meer. Waarom denkt iedereen dat nog steeds?' zei Nico, terwijl hij met zijn linkerhand zijn rechteronderbeen probeerde te krabben.

'Dat wist ik niet,' zei André. 'Ik ken alleen oude stukken van je die ik op internet las. Ik ben je pas gaan volgen sinds je terug bent en sinds mijn vader is overleden. Daarvoor...' Hij zweeg omdat hij een afslag naderde, waar hij opnieuw een keuze moest maken. 'Richting Wuppertal of meer naar het Sauerland?'

'Moet ik dat beslissen?' vroeg Nico. 'Heb je geen plan?'

'Nee,' zei André, 'ik vind het zelf ook vervelend, maar we zullen moeten improviseren. Ik denk dat het beter is om in de richting van een stad te gaan. Of vallen we dan meer op?'

Nico keek hem aan en zag dat hij in de war was geraakt. Hij had het bewust alleen maar over het verleden gehad, niet over het heden, laat staan over de toekomst. Het was een goede tactiek, waartoe hij intuïtief had besloten. Het omgekeerde Stockholmsyndroom. Niet het slachtoffer krijgt sympathie voor de dader, maar de dader voor het slachtoffer. Want hoe je het ook wendde of keerde, hij was nog steeds gijzelaar en hij voelde elke seconde de aanwezigheid van Jacky achter in de camper. Het was leuk om herinneringen op te halen, maar waar leidde het toe. 'Als je geen plan hebt, is het misschien een idee om er samen een te maken,' stelde hij voor.

'Ik heb een plan, natuurlijk heb ik een plan. De grote finale...' De camper slingerde een beetje over de weg, alsof de chauffeur niet helemaal bij de les was. 'Kun jij rijden?' vroeg André.

'Ik? Ik kan wel rijden, maar ik heb geen rijbewijs meer. Is dat een bezwaar?'

'Voor mij niet,' vond André. 'Ik kan niet rijden en nadenken. Als jij rijdt, kan ik nadenken en mijn plan aanpassen.' Hij stopte en nadat hij Nico had losgemaakt liepen ze om de cabine en wisselden van plaats.

Nico moest even wennen aan het grote stuur en de trage koppeling, waardoor ze Jacky achterin hoorden vallen. Maar na een paar minuten had hij de slag te pakken. 'Vertel,' zei hij, 'wat is dat voor plan, ik ben reuze benieuwd.'

50

Jacky stond langs de kant van de weg en vroeg zich af of iemand haar een lift wilde geven. Ze zag er uit als een ontsnapte idioot uit een inrichting, maar er waren natuurlijk overal op de wereld kerels met kloppende snikkels, die ze in elk gat wilden proppen. Het hoefde niet eens bij benadering op een vrouw te lijken. Ze had alles al meegemaakt in haar leven, maar de laatste anderhalve dag hoorden tot de verschrikkelijkste die ze zich kon herinneren.

Ze had honderd procent geluk dat ze dit avontuur overleefde, hoewel ze nog steeds voorzichtig moest zijn. Als die gek doorhad dat ze was gevlogen, kwam hij haar zoeken. Daarom durfde ze niet openlijk langs de weg te gaan staan om een lift te vragen.

Nadat ze waren gestopt om Nico te laten plassen, was hij niet teruggekomen en had ze ruimte om over de bodem van de camper te scharrelen. De yoga-oefeningen die ze de laatste jaren had gedaan hielpen daarbij en met de Camel en de Bridge kon ze haar rug ontspannen en zich omdraaien. Vandaaruit was het mogelijk om zichzelf tegen de deur van de camper omhoog te werken. Met haar gebonden handen voelde ze een klink die ze met moeite omlaag kreeg, waardoor ze de deur kon openschuiven.

Op dat moment hield de camper halt en even later hoorde ze de portieren van de cabine dichtslaan. Ze trok de deur verder open en liet zich op haar rug uit de camper in de berm vallen. De camper trok schokkend op, alsof iemand de koppeling liet stuiteren en daardoor schoof de deur, waar ze door ontsnapt was, dicht.

Ze bleef een paar minuten liggen, klom toen moeizaam overeind en haastte zich, zo goed en zo kwaad als dat ging met haar verstijfde ledematen, naar een schuilplaats, waardoor ze vanaf de weg niet te zien was. Nadat ze daar tien minuten in angstige spanning had gewacht, vermoedde ze dat de bestuurder niet doorhad dat ze was ontsnapt en kalmeerde ze enigszins. Een geboeide en getapete vrouw, met een smerige bepiste overall, die uit al haar poriën stonk. Ze liep voorzichtig terug in de richting van waar ze waren gekomen. Het was een smalle weg met weinig mogelijkheid om te schuilen. Maar ook met weinig verkeer. De paar auto's die met grote snelheid langs zoefden kenden de weg en hadden geen belangstelling voor haar.

Nadat ze bijna een kwartier gelopen had, kwam er van achterop een busje dat langzamer begon te rijden en op een paar meter van haar stopte. De chauffeur was een dikke vrouw met een hard en stuurs gezicht. Haar kapsel leek een staalwollen pannenspons en ze droeg een Noorse trui die vroeger van Mart Smeets was geweest, daarna in een zak naar Roemenië was verbannen, maar op de een of andere manier bij deze mevrouw terecht was gekomen. Het voordeel was dat de overall van Jacky daardoor niet echt afstak.

'Mitfahren.' Het was niet zozeer een vraag als een bevel. De vrouw trok doortastend de tape van Jacky's gezicht.

Jacky ademde door en liet haar gebonden handen zien. 'Scheisskerl.'

De pannenspons begreep onmiddellijk dat de liftster slachtoffer van een chauvinistisch mannelijk varken was en bevrijdde haar soortgenote ruw maar efficiënt van de bondages.

'SM?' vroeg ze, nadat Jacky was ingestapt. 'Wo?'

Jacky haalde haar schouders op en probeerde haar slachtofferrol verder uit te buiten.

'Polizei?' vroeg de trui van Mart.

'Nein, nein,' weerde Jacky af.

'Kaffee bei mir?'

'Gerne,' zei Jacky. Daarna zwegen ze en kon ze nadenken over de meest wonderbaarlijke gebeurtenis die ze de afgelopen dagen had meegemaakt. Dat was niet de dood van Frans en

Leo. Het was de herrijzenis van André.

51

Andrés ogen vielen langzaam dicht. Door het geluid van de motor en de zon die door de voorruit van de camper de cabine verwarmde. Zoals gewoonlijk wanneer hij overdag in slaap viel, keerde hij terug naar zijn cel in Punta Carretas en hoorde het getimmer op de buizen en het getrap tegen de tralies. De huilende, scheldende, vloekende mannen. Moordenaars, verkrachters en studenten die lid waren geweest van de Tupamaros en hier als slaven werden gebruikt door de echte harde jongens. Jacob, zoals hij in de gevangenis heette, hoorde niet bij de harde jongens en ook niet bij de studenten. Zoals de keeper in een elftal, was hij ook hier een buitenbeentje en zijn daad – de daad die hij niet had begaan – leverde hem in deze omgeving zoveel bonuspunten op, dat hij in ieder geval niet openlijk werd belaagd en zelfs een zeker respect genoot. Nog meer dan in de gewone wereld draaide het in de gevangenis om respect. En als dat respect niet werd betoond, werd het afgedwongen. Met zoveel geweld, dat het soms moeilijk was om je voor te stellen dat je hier levend uit kon komen. Hij was tot twaalf jaar veroordeeld. In tegenstelling tot de meesten van zijn lotgenoten, die levenslang hadden en geen enkel uitzicht op enige vorm van coulance of gratie. Tenzij het regime omver geworpen werd.

Na enige tijd kreeg hij de gevangenistaal een beetje onder de knie en liet hij zich overhalen om zich aan te sluiten bij de Nacionals. De meeste beruchte bende in de Punta was vernoemd naar de harde kern van voetbalgrootmacht Nacional. Een aantal van hen was daadwerkelijk veroordeeld wegens openlijk geweld na een wedstrijd tegen aartsrivaal Peñarol. Daarbij waren zeker acht doden gevallen en deze hitsige fans hadden acht kruisen op hun bovenarm gekerfd. Maar in de gevangenis was het eten of gegeten worden en "Jacob" had weinig keus. Het enige dat hij moest doen om de bescherming van de bende te verkrijgen, was om een vermeende Peñarolista met een vlijmscherp geslepen vork…

Hij schrok wakker omdat Nico plotseling moest remmen.

'Die zijn niet meer zo best,' vond de chauffeur zonder rijbewijs. 'De remmen. Misschien moet er wat olie bij, ik heb er eerlijk gezegd weinig verstand van. Heb je al een beetje na kunnen denken.'

'We moeten eerst van haar af,' zei André. Hij wees met zijn duim over zijn schouder.

'Helemaal mee eens,' vond Nico. 'Jongens onder elkaar, veel leuker. Met vrouwen krijg je altijd gezeik. Of ze pissen zelf in hun broek. Gewoon maar langs de kant van de weg zetten bij een bushalte of zo?' Hij probeerde zo luchtig mogelijk te klinken om geen sluimerende dokter Oetker wakker te maken.

'En dan wachten tot ze een volgend slachtoffer maakt? Dat lijkt me geen goed idee. Ik had een leuke rol voor haar in gedachten als de berouwvolle Maria Magdalena. Maar door jouw onverwachte opkomst op de set is de eerste take mislukt. Dus zal je me moeten helpen om take 2 wel te doen slagen.'

Nico knikte. Daar was hij al bang voor. Die jongen was altijd al erg volhardend geweest. Als hij iets in zijn hoofd had gezet, kreeg je het er niet zomaar uit. Hij herinnerde zich dat ze een jaar of zeven waren en een paar oudere jongens zijn bal – de bal die hij van Rahn gekregen had – afpakten. Ze waren er mee vandoor gegaan en in het parkje tegenover het oude Textielmuseum, had een van die knapen de bal hoog in een boom geschoten. Klemvast in de vork tussen de stam en een zijtak. Minstens vijftien meter van de grond. Onbereikbaar. André had even nagedacht en toen aangebeld bij de pastorie van de Heilig Hartkerk. Daar had hij gevraagd of hij de brandweer mocht bellen omdat zijn kat boven in de boom zat en er niet meer uit durfde. Kapelaan Evers, die ze kenden omdat hij op woensdagmiddag vaak met hen zwom in het Diekmanbad, belde zelf. De met toeters en bellen uitgerukte brandweerlieden ontdekten geen poes, maar wel een klemzittende bal, die André dankbaar opving. De jongen die het op zijn geweten had, had nog jaren last van lek gestoken fietsbanden en verdwenen ventieltjes.

'It takes two to tango,' vond Nico. 'Wat wil je dat ik doe? Camera, geluid, licht? Tegenwoordig moet je als journalist alles kunnen. Geen probleem. Als ik maar niet dezelfde rol hoef te spelen als met de hoofdinspecteur, eergisteren. En geen enge dingen, je weet dat ik niet tegen bloed kan.'

André keek om zich heen, op zoek naar een plek waar ze de camper konden neerzetten. Omdat hij alle gps apparatuur thuis had moeten laten, waren ze aangewezen op een paar oude kaarten die hij in het dashboardkastje van de camper had gevonden. Zijn vader had ook op die manier moeten navigeren en de kaarten waren behoorlijk versleten. De *Ausflugskarte* van het Siegerland en het Bergisches Land bood de meeste informatie; alleen wegen die er de laatste dertig jaar bijgekomen waren, stonden niet vermeld. Hij zag dat zijn vader in de buurt van Altena aan de Lenne een pleisterplaats had gevonden, waar hij op zijn tochten van noord naar zuid regelmatig de camper stalde. Daarom reden ze door naar Altena.

Frida was opnieuw naar de flat van Nico gegaan. Ze wilde weten wie de hacker was die Nico had geïnformeerd over de cameradrone. De deur naar de flat hing nog uit zijn hengsels. Er was een politielint gespannen dat eventuele nieuwsgierigen moest tegenhouden. Ze wilde onder het lint doorkruipen, toen de deur aan de andere kant van de hal openging. Een man van middelbare leeftijd schoof op pantoffels naar buiten, met half achter hem verscholen een muisachtig vrouwtje.

'Heb jij hier iets te zoeken?' vroeg de man.

'Ik heb de leiding over het onderzoek,' zei Frida nogal kortaf.

'Dat kan iedereen wel zeggen,' piepte de vrouw. 'Er zijn vandaag al een paar mensen geweest, die zeiden dat ze beneden in de flat woonden. Maar die kende ik helemaal niet. Mijn man heeft ze weggestuurd.'

'Heel goed,' vond Frida. Ze liet haar legitimatie zien, want oplettende burgers moest je niet tegen het hoofd stoten. 'Kende u meneer Ter Mors?'

'Nee,' zei de man.

'Jawel hoor,' vond zijn vrouw. 'Mijn man kent nooit iemand, al woont hij er tien jaar naast. Hij heeft alleen belangstelling voor z'n duiven, die mijn hele balkon vol poepen. Maar ik kende die meneer wel hoor. Hij zei altijd netjes gedag, nooit geen last van gehad. Ik heb hem gisteren nog gezien, maar vandaag was hij er niet. Hebt u hem al gesproken?' De vrouw was langs haar man geglipt en kwam nieuwsgierig achter Frida staan om in het appartement van Nico te kunnen kijken. 'Niks bijzonders,' vond ze.

Frida probeerde de deur zo goed mogelijk te sluiten, maar dat lukte niet echt.

'Moet mijn man even helpen om die deur weer recht te krijgen?' vroeg de vrouw. 'Jan heeft in de bouw gezeten voor hij werd afgekeurd.'

'Ik mag niet tillen,' zei de voormalige bouwvakker die ook was overgestoken. Hij pakte de deur en hing hem moeiteloos op zijn plaats. 'Mocht in die tijd niks kosten, allemaal spaan, ik heb er bij ons een echte deur ingezet, met nieuwe sluitingen die je niet zomaar open krijgt.'

'Misschien moet je aan meneer Ter Mors vragen of hij ook een nieuwe deur wil,' vond zijn vrouw. 'Zeker nu hij weet dat ze zo makkelijk bij hem kunnen inbreken.'

Frida bedankte hen en liep de flat binnen. Ze opende de laptop en kon probleemloos bij zijn onbeveiligde bestanden. Zijn mailbox stond vol rotzooi van de afgelopen 24 uur, maar er was ook een bericht van Hedwig uit Amsterdam, die hem een nota stuurde voor "updating" zoals ze haar activiteiten omschreef. Frida beantwoordde het mailtje en vroeg of ze hem wilde bellen op dit nummer. Daarna zocht ze naar het bestand waarop het voetbaltalent te zien was. Ze bekeek de foto's, die haar niets zeiden, behalve de laatste. De jongen was inmiddels opgegroeid tot een jaar of achttien. Hij was donkerblond en had voor zover ze kon zien onder zijn half lange haar, nog altijd die kenmerkende wijd uitstaande oren.

Ze vermoedde dat Nico geregistreerd stond op Schoolbank. Dat bleek inderdaad het geval. Ze zocht naar de Ludgerusschool in de periode tussen 1965 en 1970 en vond een schoolfoto waarop hij een jaar of acht moest zijn. Naast hem stond een jongen die een stuk groter was. Hij hield een bal onder zijn arm. Dat moest André Hammink zijn.

Haar telefoon trilde en meldde een onbekend nummer. Ze nam op en noemde haar naam.

'Zegt me niks,' zei Hedwig. 'Heb je iets met Nico?'

'Ja en nee,' zei Frida.

'Je bedoelt dat jullie wel neuken, maar dat het verder niks gaat worden. Ik kan je niet helpen, als je dat soms dacht, maar ik vind eerlijk gezegd niet dat je in zijn mail moet neuzen.' Ze liet een kleine boer en daarna een grotere. 'Sorry.'

'Ik ben hem kwijt,' zei Frida. 'Ik bedoel letterlijk. Hij is verdwenen. Ik hoopte dat jij…'

'Even kijken,' zei Hedwig. Het duurde een halve minuut voor ze kon melden dat zijn telefoon niet meer in gebruik was. Het laatst had het apparaat signalen afgegeven op een plaats, waar ze Nico gisteren naar had verwezen. Hij zocht een drone en die was daar. Maar ook de drone zond geen signalen meer uit. 'Wie ben jij precies? Je zit door al zijn bestanden te grazen.'

'Hoe weet je dat,' vroeg Frida.

'Omdat ik mee kan kijken, natuurlijk. Ik ben z'n back-up en dat komt soms van pas, als hij zich weer eens in de nesten werkt.'

'Natuurlijk,' vond Frida. *Big Sister is watching you.* 'Als je toch alles van hem weet, ik heb inderdaad iets met Nico, maar ik ben gek genoeg ook de leider van het onderzoek naar een paar moorden die hier de afgelopen weken zijn gepleegd.'

'Tisniewaar,' lachte Hedwig. 'Dat geloof je niet. Echt iets voor Nico. Hou je legitimatie even voor de camera, dit moet ik zien om het te geloven.'

Frida hield haar legitimatie braaf op korte afstand van het camera-oog in de laptop en vroeg of Hedwig toevallig de mogelijkheid had om in te zoomen op twee foto's en ze naast elkaar te leggen. De klassenfoto uit Schoolbank en het jonge voetbaltalent van een jaar of acht. Dat was voor Hedwig geen probleem. Over een paar minuten kon ze het resultaat naar Nico mailen. Omdat ze verder geen belangstelling toonde voor de achtergrond van Frida's verzoek, of de problemen waarin Nico zich bevond, verbraken ze de verbinding.

Er werd aangebeld. Frida vroeg via de intercom wie het was en zei tegen de beller dat hij boven moest komen, omdat ze niet precies begreep wat hij kwam brengen. Even later klopte een studentikoze jongeman op de provisorisch herstelde deur. Hij sprak met een Duits accent, heette Gunther en had een grote doos bij zich. Meneer Ter Mors had hem gevraagd om een *piratedrone* te bouwen. Voor de Veiligheidsregio in verband met The Passion. Hij had hem niet te pakken kunnen krijgen, dus was hij zelf maar even hierheen gekomen. Frida zei dat ze zou zorgen dat Nico de drone kreeg en vroeg of Gunther haar in eenvoudige bewoordingen kon uitleggen hoe het ding werkte. Dat deed hij, maar na een paar minuten was ze de draad kwijt. Misschien dat haar zoons of Ferdy het begrepen. Ze had vorige maand een filmpje gezien van een paar jongetjes die een drone boven de Grolsch Veste hadden opgelaten. Met dit ding kon ze de besturing van die knapen overnemen en de beelden zelf monitoren. Zoiets. Ze bedankte Gunther en ging achter de laptop zitten om te kijken of Hedwig al gemaild had. De wereld werd, of was inmiddels al, overgenomen door slimme jongens en meisjes die aan een Technische Universiteit studeerden. De alfa's, die in haar jeugd de verbeelding aan de macht hadden geholpen, waren ingehaald door de realiteit van de feiten. De roep om filosofen was een achterhoedegevecht, vreesde ze. Ze had haar eigen jongens nog nooit betrapt op het lezen van letters op papier, behalve de Donald Duck en een boek dat *"De Jongen die Voetballer Wilde Worden"* heette.

Hedwig had de foto's keurig uitvergroot en naast elkaar gezet. De Schoolbank-jongen, André Hammink, was iets grover dan het voetballertje. Zijn haar was duidelijk geknipt door een vijftig cent bloempot kapper, maar de gelijkenis was groter dan de verschillen. Daarna keek ze nog eens goed naar de oudere voetballer.

52

Ze waren uitgestapt op een *Wohnmobilstellplatz*. Altena bleek een idyllisch plaatsje met een oude burcht, waar de allereerste jeugdherberg gevestigd was geweest. André was even het toeristenbureau binnengelopen om een paar folders te halen. Hij had de sleutel van de camper meegenomen en de portieren afgesloten, hoewel Nico hem had bezworen dat hij niet zou weglopen.

'In 1912 begon leraar Richard Schirrmann uit Altena in de burcht de eerste jeugdherberg ter wereld en stichtte de Duitse jeugdherbergcentrale,' vertaalde André ongevraagd uit een folder, terwijl Nico op zoek ging naar de *Stellplatz*. 'Hij kwam op het idee toen hij met zijn scholieren op een wandeling werd overvallen door een onweer en er geen herberg in de buurt was.'

'Misschien kwam je vader daarom hier terecht,' dacht Nico. 'Omdat ze hier met Grol een toernooi speelden en in die jeugdherberg overnachtten.'

'Grolsche Boys. Die moesten niks hebben van Grol,' zei André.

Nico vond de *Stellplatz,* waar zich op dat moment geen campers of andere voertuigen bevonden. De parkeerplaats lag ingesloten tussen de oever van de Lenne en de verlaten sportvelden. Voor een euro kon je stroom en water tappen en in geval van nood waren er nummers die je kon bellen. Het werd aanbevolen als een prima plek om een mooie wandeling te beginnen, met als hoogtepunt een uitzicht met panoramablik over het Sauerland. Een prima plek om opnames te maken, vond André, terwijl hij een paar rek- en strekoefeningen deed.

'Moet je niet even kijken hoe het met onze vriendin is?' zei Nico.

André knikte. 'En iets eten.' Hij opende de schuifdeur van de camper en keek naar binnen. 'Ze is weg,' constateerde hij.

'Weg?' Nico keek ook en kwam tot dezelfde conclusie. 'Hoe heeft ze dat voor elkaar gekregen?' Hij keek naar André, die beteuterd in de camper was geklommen en op het smalle bankje ging zitten.

'De deur opengeschoven en zich naar buiten laten vallen,' vermoedde André. 'Zo hard reden we niet. Misschien heeft ze wat gebroken, ik had die deur op slot moeten doen. Shit, shit, shit.' Hij stampte als een verongelijkt kind met zijn voet op de grond.

Nico probeerde met hem mee te voelen, maar de opluchting was net iets groter. Zonder Jacky hoefde hij niet mee te doen aan filmpjes, waarvan hij het scenario niet kende en ook liever niet wilde kennen. 'Misschien moeten we er dan samen maar het beste van maken,' probeerde hij. 'Wat was je precies van plan met haar, in de rol van Maria Magdalena?' Zijn journalistieke nieuwsgierigheid kwam weer bovendrijven, nu de protagoniste van het stuk van het toneel verdwenen was. 'Is er iemand anders die haar rol kan overnemen?'

André schudde zijn hoofd. 'Het is geen soap, het is een reality-serie. Die jongen heeft recht op de waarheid en zij is de enige die hem dat kan vertellen. Ze heeft haar hele leven alles bij elkaar gelogen, nu is de tijd van de finale kwijting aangebroken.'

Nico snapte niet waar hij het over had. 'Je bedoelt, als ik het probeer te begrijpen, dat je haar een soort bekentenis op beeld had willen laten doen. Voor wie, voor jou?'

'Voor de hele wereld en voor mij, maar vooral voor de jongen. Tijdens The Passion zou ik haar beeld met een drone projecteren op het verlichte kruis.' André leek opeens tien jaar ouder geworden.

'Jezus…man…geweldig,' vond Nico. 'Ik snap niet hoe je dat voor elkaar zou hebben gekregen, maar alleen dat idee al… geweldig. Kunnen we niet iets verzinnen, waardoor…'

'Je begrijpt het niet,' zei André. 'Het is een sterfscene. Net als Christus die aan het kruis wordt genageld, laat ik haar, nadat ze haar zonden heeft opgebiecht, sterven aan het kruis. Haar eigen kruis, het kruis waarmee ze Jezus zelf en al zijn twaalf apostelen verleidde.'

'Je bedoelt Maria Magdalena, overdrachtelijk,' hoopte Nico.

'Niks overdrachtelijk, man,' schreeuwde André. 'Ik gebruik die klote-Passion om te laten zien wat zij in werkelijkheid heeft gedaan, tot en met de moord op Leo Voerman.'

'Moord?' vroeg Nico. 'Dat was toch zelfmoord, nadat hij Frans Snelders had neergeschoten.'

'Ze heeft het mij bekend, toen ik de eerste tepel wilde corrigeren,' brieste André.

'Ik beken ook alles, als je mijn tepel wilt corrigeren,' zei Nico. 'Niet dat wij mannen dezelfde band met dat onderdeel hebben als vrouwen, maar toch. Op de sportschool gaan ze je nawijzen, als tepel *loser.*'

'Jij moet overal grappen over maken. Dat vond ik vroeger al zo lafhartig. Nooit iemand op zijn bek slaan, dat liet je aan mij over.'

'Ik was bijna een kop kleiner,' verdedigde Nico zich. 'En ik hield niet van vechten. Bang voor pijn, zeg het maar. En jij vond het leuk om iemand appelweek af te houwen. Geef het maar toe. En altijd met een opgetrokken knie een bal uit de lucht plukken, zoals bolle Piet Schrijvers.'

'Dan heb je me later niet meer zien spelen,' zei André. 'Dat mocht niet van de trainer. Coerver vond dat niet sportief, het liefst zag hij dat je als keeper een spits dolde door de bal een paar keer te kappen.'

'Heb je bij Wiel Coerver getraind?' vroeg Nico, die het gesprek in een veiliger richting wilde leiden.

'Dat weet je donders goed. Coerver zat toen bij Go Ahead. Als ik jou was zou ik niet proberen om weg te draaien. Dat kon je ook goed. Als het mis ging, liep je snel een andere kant op.' André keek hem fel aan.

'Wat is daar mis mee,' vroeg Nico. 'En trouwens, het heeft allemaal niet mogen baten, ik ben net zo goed in de problemen gekomen. Drank, geld, vrouwen, de gebruikelijke verdachten. Ik meende de laatste tijd in een rustiger deel van mijn levensstroom te zijn gekomen, maar ik vaar opeens in een nieuwe cascade, sinds ik jou, of eigenlijk dus die Jacob Timmer heb ontmoet in het InterCityHotel. Wat is dat eigenlijk voor gast, of was moet ik zeggen?'

'Daar gaan we weer,' zuchtte André. 'Weer een andere kant op. Ik moet nadenken over het probleem Jacky. Timmer is weg, die vormt geen probleem meer.'

'Waarom vormt ze een probleem?' vroeg Nico. 'Ik snap dat je een oude rekening wilt vereffenen, maar in welk opzicht…'

'Omdat ik haar heb verteld wat ik van plan was. Zij weet dat ik die jongen wil vertellen hoe het echt zit. En geloof me maar, ze zal er alles aan doen om mij voor te zijn en hem opnieuw van me af te pakken.'

'Als je wilt dat ik je help, zul je bij het begin moeten beginnen,' zei Nico. 'Ik heb alleen haar kant van het verhaal gehoord. En ik heb trek. Kunnen we niet in een restaurantje gaan zitten, potje bier of een glaasje wijn en iets stevigs uit een goedburgerlijke keuken.' Hij keek André hoopvol aan.

53

Jacky zat aan de goedburgerlijke keukentafel van Hilde en Bettine. De vrouwen woonden op een afgelegen hoeve, die ze wilden ombouwen tot een centrum voor meditatie, soundhealing, mandala tekenen en spiritueel confereren. Ze konden niet meer van elkaar verschillen. Hilde was een Pruisische majorette met haar op de tanden en Bettine een lieve Zuidlimburgse dikkerd, die haar wereldbeeld uit tarotkaarten haalde. Hilde had Jacky langs de weg gevonden en Bettine had haar in bad gestopt en daarna met hete stenen gemasseerd, tot ze was "teruggekeerd in haar eigen kracht".

Hilde vond dat Jacky de politie moest inschakelen. Ze had haar werkkleding verruild voor een driedelig kostuum, maar aan haar gezichtsuitdrukking en haar kapsel kon ze niet veel veranderen. Bettine vond dat ze Jacky eerst een paar dagen moesten verwennen, voor ze haar terugstuurden in de boze maatschappij en ze begreep best dat Jacky geen zin had om aangifte te doen. Een vrouw die zich liet vastbinden door mannen en zich liet gebruiken voor SM-spelletjes, daar lag de Polizei hier niet echt wakker van.

Jacky had verteld dat ze door een paar heren die ze niet kende was ingehuurd voor een seksfeestje in een parenclub. Een van die mannen had haar meegenomen naar zijn eigen huis en haar daar in een SM-kelder opgesloten, waaruit ze gelukkig wist te ontsnappen. Haar grootste probleem was hoe ze bij het geld kon komen dat Leo via een ingenieuze route had weggesluisd. Ze moest de jongen vinden en hem haar kant van het verhaal vertellen, voor André dat deed en…

Ze kon het nog steeds niet geloven dat hij opeens was opgedoken, verrezen uit zijn as, letterlijk opgestaan uit de dood. Maar hij was het, onmiskenbaar en onvermijdelijk.

Net als Jacob was ze in zijn val getrapt, hoewel ze niet begreep dat het zo lang had geduurd voor hij besloot om wraak te nemen. Ze was niet meer alert, niet na al die jaren waarin ze het verleden bijna helemaal uit haar systeem had gefilterd. Jacob, nog steeds in zijn rol van André, een identiteit die hij moeiteloos had aangenomen, had haar gewaarschuwd. Niet dat hij wist dat zijn alter ego nog leefde, maar wel dat er iemand was die op de hoogte moest zijn van hun spel. Hij vroeg zich af of zij haar mond voorbij gepraat had, maar dat had ze niet. Ze slikte nog liever haar tong in, dan iets over dat verleden naar buiten te brengen. Jacob was benaderd door iemand die liet doorschemeren dat hij zijn ware identiteit kende en dat van de jongen. De jongen was het best bewaarde geheim en voor hem, Jacob, zijn oudedagsvoorziening. Natuurlijk had Jacob altijd geldgebrek, zijn levensstijl was nu eenmaal luxueus en dus kostbaar. Daarom kwam het niet slecht uit dat hij, als officiële vertegenwoordiger van de jongen, was benaderd door een tussenpersoon die zei dat hij handelde namens een klant in Europa. Maar daarvoor moest hij wel persoonlijk overkomen. Dat had hij gedaan, ook hij was na al die jaren zijn defensie gaan verwaarlozen.

De klant heette Frans Snelders.

Jacob kwam er pas achter dat Frans Snelders de man van Jacky was, toen hij hem in Enschede ontmoette. ("André Hammink? Dan moet je mijn vrouw kennen, Jacqueline Wermers uit Glanerbrug.") Frans wist nergens van en dus had Jacob contact met haar opgenomen, ondanks het verbod. Hij ging er van uit dat zij er achter zat. Dat was dus niet zo. Hij vertelde haar dat hij van zijn contact ook de naam had gekregen van een chantabele journalist met belangrijke connecties. Een vriendje van de echte André. Ze raadde het hem af, natuurlijk raadde ze het af, maar hij benaderde Nico ter Mors als André Hammink. Ze hadden vroeger, toen hij Hamminks identiteit had aangenomen, samen het verleden van André op papier gezet, voor het geval er ooit iemand uit dat verleden kwam opdagen; wat overigens nooit was gebeurd. Die kennis moest voldoende zijn om de journalist te misleiden.

André, de echte André Hammink dus, had haar verteld wat hij met Jacob had gedaan, toen ze huilend van angst op zijn operatietafel lag. Daarom wist ze dat ze hem en eventueel Nico, moest zien kwijt te raken. Anders moest ze de rest van haar leven over haar schouder blijven kijken. Door te ontsnappen had ze zijn grote finale bedorven. Hij zou haar koste wat kost willen opsporen. In combinatie met zijn gijzelaar Nico, die gebruik kon maken van zijn connecties bij de politie, vormde hij een levensgevaarlijke tegenstander, die ze niet meer mocht onderschatten.

De volgende ochtend, na een onrustige nacht in een logeerkamer op de meditatiehoeve, kwam de gezellige dikkerd op de rand van haar bed zitten. Ze vertelde dat Hilde, met haar kenmerkende gevoel voor rechtvaardigheid, vond dat ze toch naar de Polizei moest gaan om aangifte te doen. Anders deed ze het zelf, wanneer ze vanmiddag terug kwam. Ze wilde Claudia (Jacky wist even niet over wie ze het had, tot ze zich herinnerde dat ze die naam had verzonnen) niet langer in huis hebben, als ze dat niet deed.

Jacky sloeg het dekbed uitnodigend open en fluisterde dat ze niet meer aan dat avontuur herinnerd wilde worden. Bettine begreep haar natuurlijk en aanvaardde de onuitgesproken uitnodiging met het enthousiasme van een bakvis die door een Boys Band naar hun kleedkamer wordt meegenomen.

Na tien minuten had Jacky genoeg van het logge vochtige lijf, veinsde een orgasme en vroeg of Bettine haar naar Gronau wilde brengen en wat kleren en een paar euro kon lenen. Ze stak een behulpzaam handje toe om ook Bettine aan haar gerief te helpen en sprong, toen dat met veel gekreun en *"schatzi-schatzi"* gelukt was, snel onder de douche.

Bettine zocht wat ondergoed en kleren van Hilde uit, gaf haar honderd euro en bracht haar naar het station in Gronau, waar ze snotterend afscheid nam van "Claudia", die beloofde haar binnen een paar weken te komen opzoeken.

Vandaar reed ze met de trein naar Glanerbrug en liep naar de Ekersdijk. Onderweg kwam ze Bert Hassink tegen, de voorzitter van de regionale *Zonnebloem,* voor wie ze vorig jaar, samen met Frans, een benefietavond had georganiseerd in de Grolsch Veste. Bert keek haar vanuit zijn rolstoel een tijdje aan, maar besloot gelukkig dat ze het niet kon zijn, omdat ze hem niet groette. Het kostuum van Hilde, in combinatie met de *oversized* zonnebril en de hoed, bleken voldoende vermomming om incognito te blijven. Maar ze begreep dat ze niet al te lang in Glanerbrug kon blijven. Als Bert maar het geringste vermoeden had, begon die roddelkont – hij noemde het zelf netwerken – bij alle middenstanders rond te bazuinen dat hij Jacky had gezien.

De Ekersdijk was verlaten, maar omdat ze geen sleutel had moest ze een manier vinden om in het huis te komen. Er was een achterom, waar de hovenier gebruik van maakte. Probleem was dat ze daarvoor het erf van haar achterbuurman moest oversteken. Dat vond buurman geen probleem, zodra er iemand over zijn erf liep, kwam hij naar buiten om een praatje te slaan. Ze was al eens haar sleutel vergeten, dus wist ze dat ze niet openlijk over het erf moest lopen. Het hart klopte in haar keel toen ze in tijgersluipgang achter de rododendrons langs de afscheiding kroop, tot ze bij haar eigen tuinhuisje kwam. Daar kon ze zich langs wringen en even later vond ze de sleutel van de achterdeur onder een aardewerken pot.

54

André en Nico hadden de avond daarvoor gegeten in restaurant Kuzina, met zicht op de Lenne. Nico had de Griekse eigenaren blij gemaakt met een grote eetlust, maar André kreeg alleen een paar dolma's naar binnen. Hij was zichtbaar aangeslagen door de ontsnapping van Jacky en dronk meer van de Retsina dan Nico, wat een veeg teken was. Nico begreep dat hij niet moest aandringen, maar toen de tweede fles op tafel kwam begon André uit zichzelf te vertellen. Eerst over het internaat in Deventer, waar hij zich kloten had gevoeld. Niet alleen omdat hij de enige keeper was, maar de jongens uit het westen waren een stuk gisser en de twee Brabanders hadden elkaar. Dat veranderde na een jaar toen Jacob Timmer kwam en bij André op de kamer werd gelegd. Jaap had ook geen moeder meer en zijn vader werkte voor Philips in Zuid Amerika. Dat schiep een band. Jaap wilde helemaal geen voetballer worden. Het enige waar hij beter in was dan de rest was de duurloop, die ze twee keer in de week hielden en waar hij meters voor de anderen finishte. Dat leverde hem nog meer vijandschap op, want doordat hij zich zo uitsloofde, moesten de anderen een extra rondje lopen. Er ontstond een broeierige sfeer in de groep, waarbij André de kant koos van zijn nieuwe vriend. Hij schreef Jacky over die problemen op het internaat en tot zijn verbazing kwam ze hem een week later opzoeken. Samen met Jaap brachten ze een hele zondag door in Deventer en daar werd de kiem gelegd voor het verbond dat die twee hadden gesloten. André was toen nog zo naïef dat hij daar niets van meekreeg, pas later vielen hem de schellen van de ogen.

Dat was toen de twee Brabanders eerder thuiskwamen van een training dan de bedoeling was. Ze vonden Jaap en Jacky openlijk vozend op hun kamer. Jaap had zich die ochtend ziek gemeld en André begreep niet wat Jacky daar op dat moment te zoeken had.

Volgens Jacky had Jaap haar de avond daarvoor gebeld en gezegd dat André zich beroerd en depressief voelde en of ze de volgende dag een uurtje naar Deventer kon komen. Daar had ze alleen Jaap aangetroffen. En hij had haar aangerand.

Volgens de Brabanders vond ze die aanranding best prettig, maar dat wilde André natuurlijk niet geloven. In ieder geval was Jacob Timmer van het internaat gestuurd en werd de zaak min of meer in de doofpot gestopt, omdat de jongen geen officiële bewoner was geweest.

Een jaar later ging Jacky in Nijmegen studeren en kreeg André een voorlopig contract bij FC Twente. Ze was contact met hem blijven houden en had zelfs een kamer voor hem geregeld in Glanerbrug. Daar zocht ze hem in de weekenden op en ze vertelde hem dat ze in Nijmegen een jongen had leren kennen die met zijn ouders uit Uruguay was gevlucht voor het regime. Als je iets wilde doen aan de onrechtvaardigheid in de wereld, moest je je aansluiten bij de *guerrilleros* in Zuid en Midden Amerika. Dat was veel beter dan als salonradicaal op de universiteit een grote bek opzetten.

André hield zich niet met politiek bezig en had geen idee waar ze het over had, maar merkte wel dat de waardering die hij binnen de spelersgroep van Twente kreeg, aanzienlijk steeg wanneer Jacky hem van de training kwam halen. Toen ze had besloten te stoppen met haar studie, schoof ze geregeld aan bij Epy in De Kater of zat ze in de koffieshop van Eddy de Keu in de Klanderij. Ze had het tegenover die mannen nooit over haar linkse plannen, maar ze werd wel steeds intiemer met hen. Volgens Jacky deed ze dat voor André, omdat die oudere spelers totaal geen respect voor hem hadden en hem achter zijn rug uitlachten. Van Kick had ze gehoord dat trainer Hollink hem nog niet zou opstellen wanneer de halve selectie inclusief de keepers met griep in bed lag. Hij was uitsluitend gecontracteerd vanwege het Twentse sentiment.

André had dat natuurlijk van Hollink zelf willen horen, maar die negeerde hem. Daardoor werd hij zo pissig dat hij hem in de kleedkamer bij zijn strot had gegrepen. Als Van Gerwen en Benno Huve er niet tussen waren gesprongen, had hij hem met zijn grote keepershanden fijngeknepen. Nou ja, later bleek dat Hollink schuld nog blaam trof. Alles kwam uit de koker van Jacky.

Hoe dan ook, André werd geschorst en was niet meer van

plan om ooit terug te keren bij Twente. Dat was het moment voor Jacky om hem over te halen mee te gaan naar Uruguay…

Ze had van die jongen in Nijmegen begrepen dat het land een mooie oude voetbalcultuur bezat en dat Montevideo een prachtige Europese stad was met een heerlijk klimaat. Als ze hem bij een leuke club kon onderbrengen, ging zij zich bezig houden met zwerfkinderen en andere linkse idealen. Omdat ze zelf geen geld bezat en niet van plan was om haar familie van haar besluit op de hoogte te stellen, betaalde André de reis en de eerste weken van hun verblijf in een tamelijk luxueus hotel. Het was duur, maar veilig en ze konden vandaaruit op zoek naar een mooie club voor hem.

Het beviel André helemaal niks. Hij sprak de taal niet en vond al die Uruguayanen louche messentrekkers en oplichters. Daarom bleef hij zo veel mogelijk op zijn kamer, terwijl Jacky door de stad zwierf, op zoek naar clubs en *guerrilleros* bij wie ze zich kon aansluiten. Ze had van haar vriend in Nijmegen een paar contacten gekregen, maar die waren verhuisd of opgepakt. Andrés geld slonk zienderogen en hij had geen idee wat ze moesten doen, wanneer hij geen club kon vinden. Jacky, die zich na een paar weken heel goed in het Spaans kon redden – later begreep hij dat ze in Nederland al Spaanse les had gehad – maakte zich geen zorgen. Ze was, geloof het of niet, heel toevallig hun oude vriend Jacob Timmer tegen het lijf gelopen. Zijn pa had niet alleen een vette baan, maar zat volgens Jacob ook op een pot met goud, die hij van zijn overleden vrouw had geërfd. Als Jacob meerderjarig was, over een jaartje, kreeg hij een leuk bedrag uit die pot. Wat Jacob nu deed was onderhandelen voor Zuid Amerikaanse spelers die naar Europa wilden. En hij wilde ook graag de belangen van André behartigen. Eerst hier en daarna kon hij hem misschien naar een leuke club in Europa krijgen…

André wilde er niets van horen, hij had totaal geen behoefte aan iemand die Jacky had aangerand.

Maar volgens haar lag dat toch weer iets anders dan ze hem

in eerste instantie had doen geloven. Jacky had zich namelijk door Jacob laten overhalen om mee te spelen in een toneelstukje dat erop was gericht om van het internaat en van school gestuurd te worden. Hij wilde naar zijn vader in Zuid Amerika (Jacky wist toen zogenaamd nog niet dat het om Uruguay ging…) en hij bedacht de aanrandingscene. Waarom zouden ze anders in de kamer van die twee stomme Brabo's gaan liggen?

Jacky bracht het verhaal zo overtuigend, dat André haar wel moest geloven. Temeer daar ze hem daarna verwende op een manier die niet vaak voorkwam. (Later, in de gevangenis, realiseerde hij zich dat ze eigenlijk alleen met hem naar bed ging, als ze hem ergens van wilde overtuigen of wanneer ze iets van hem nodig had.)

Dus ontmoetten André en Jacob elkaar in het hotel. Na een flinke hoeveelheid bier werden ze opnieuw de beste vrienden. Alles vergeven en vergeten. Jacob ging André vertegenwoordigen en met de connecties van zijn vader zou hij hem snel bij een mooie club onderbrengen. André ontmoette ook vader Bertus Timmer en hij mocht op proeftraining bij een van de kleinere clubs in Montevideo, Atletico Bella Vista. Het clubje werd gesponsord door Philips en wilde daar best iets voor terug doen.

Terwijl André zich twee keer per dag in het zweet werkte zonder een cent te verdienen, trok Jacky met Jacob naar de stoffige pleintjes in de stad en de achterbuurten, waar Jacob voetbaltalentjes kon scoren en Jacky linkse idealisten zou tegenkomen. Jacob had hen aangeboden om voorlopig gebruik te maken van het gastenverblijf in de enorme villa die zijn vader en hij bewoonden. Dat was gezellig en goedkoper.

André merkte na een paar dagen al dat het niet boterde tussen vader en zoon Timmer.

Bertus Timmer vond het niks dat zijn zoon de middelbare school niet had afgemaakt en in plaats van te studeren, de hele dag verlummelde, bij het zwembad in de tuin hing en rare plannen had met voetballertjes.

Jacky voelde die animositeit ook en nam de oude Timmer in minder dan geen tijd met haar natuurlijke charmes voor zich in. De man had alleen oog voor Jacky, tegen André zei hij nooit iets.

Ze logeerden ongeveer een week bij de Timmers toen André, na de middagtraining terug kwam en uit de villa geroep om hulp hoorde. Hij herkende de stem van Jacky. Hij snelde naar binnen, rukte overal deuren open en trof, in de slaapkamer van Bertus Timmer, een gruwelijk tafereel aan. Jacky lag halfnaakt op het enorme bed, bedolven onder het levenloze lichaam van Bertus zelf. Zijn broek hing op zijn knieën en zijn hagelwitte hemd was doorweekt van het bloed dat uit zijn hoofd gegutst was. Naast het bed lag het wapen waarmee hij was gedood; een golfclub, op het eerste gezicht een *pitching wedge,* maar door het bloed kon André dat niet helemaal goed zien.

Hij probeerde Bertus van Jacky af te trekken. Ze zat ook onder het bloed, hield haar ogen gesloten en kreunde zacht. Op dat moment hoorde hij iemand de trap op komen en pakte, uit angst dat de moordenaar terug kwam, de golfclub om zich te kunnen verdedigen.

Het waren echter twee mannen in het beruchte en gehate uniform van de *guardia civil.* Ze konden niet anders dan vaststellen dat de hoofdbewoner dood was en dat de vermoedelijke dader er naast stond, met het moordwapen in zijn hand. André werd afgevoerd zonder dat hij zich kon verzetten, laat staan uitleggen wie hij was en wat er was gebeurd.

In de cel waar hij de volgende 48 uur moest wachten tot hij kon worden verhoord, omdat er eerst een betrouwbare tolk gevonden moest worden, speelde hij de film honderd keer achter elkaar af. Jacky was – uiteraard onvrijwillig – besprongen door de vader van Jacob. Bertus Timmer had zijn kans schoon gezien toen iedereen weg was. Er was zelfs niemand van het personeel in huis, wat hoogst opvallend was. Jacob was toevallig thuisgekomen en had Jacky horen gillen. Hij zag dat ze werd verkracht en sloeg zijn vader met de golfclub op zijn kop. Doodslag. Daarna was hij het huis uitgerend en teruggekomen met twee agenten, net op het moment dat André op de plaats delict was verschenen.

Na die 48 vreselijke uren werd André voorgeleid en werd hem moord ten laste gelegd. Hij vertelde de tolk wat er was gebeurd, maar de man begreep hem maar half en probeerde hem in gebrekkig Duits duidelijk te maken dat dat niet overeenkomstig de feiten was. Wat die feiten wel waren wist hij niet en voorlopig mocht Jacob Timmer met niemand spreken. Hij zou zo snel mogelijk een advocaat toegewezen krijgen. André zei dat hij Jacob Timmer niet was, maar André Hammink en dat hij op proef keeper was bij Atletico. De tolk had geen verstand van voetbal. André vroeg of hij Jacky kon spreken, maar dat mocht niet.

De advocaat die hij kreeg toegewezen was een jonge nerveuze rechtenstudent, die hem via de tolk probeerde duidelijk te maken dat hij schuld moest bekennen. Hij zou voor doodslag pleiten, omdat Jacob zijn vriendin wilde beschermen tegen zijn vader. André vertelde de advocaat dat hij André Hammink was, maar de advocaat begreep hem niet en ook de tolk haalde zijn schouders op.

Pas een week later mocht Jacky hem opzoeken. Ze zag er goed uit en leek geen lichamelijk of psychisch letsel te hebben overgehouden aan het avontuur.

Op dat moment in zijn verhaal keek André naar Nico, die met open mond had geluisterd. 'Wat dacht je dat ze zei?'

Nico trok zijn schouders op.

'Ze zei: bedankt dat je me hebt gered, jammer dat je die man doodgeslagen hebt, dat had van mij niet gehoeven.' André bleef Nico strak aankijken om hem te doordringen van die vreselijke waarheid. 'En toen zei ze dat het voor iedereen beter was dat ik deed alsof ik Jacob Timmer was. Daardoor werden Philips en de Nederlandse ambassade gedwongen om de zaak in de doofpot te stoppen en de rechter zover te krijgen om een milde straf uit te spreken. Ze had met de advocaat en een mannetje op de ambassade gesproken. Die hadden gezegd dat het om een paar jaar mild regiem ging, met de kans om na een jaar gratie te krijgen. Als bekend werd dat de doodslag niet door de zoon Jacob Timmer was gepleegd, maar door de onbekende André Hammink, een jaloerse keeper, die ook in Nederland al agressief gedrag had getoond, kreeg hij een veel hogere straf, misschien zelfs levenslang.'

'Maar jij had die man helemaal niet doodgeslagen,' zei Nico, trillend van verontwaardiging.

'Nee,' lachte André schamper. 'Maar daarvan kon ik haar niet overtuigen.'

Dus toen was de rechtszaak gekomen. Daar lieten ze in Uruguay indertijd geen gras over groeien. Binnen drie weken werd hij, zonder een woord van het hele proces te hebben verstaan, veroordeeld. Jacky was niet opgeroepen als getuige. Alleen die twee besnorde agenten herkende hij. Hij kreeg twaalf jaar.

55

Jacky vond in het kluisje waar ze haar kostbaarheden verborg, alle papieren die ze nodig had en een stapel contant geld. Ze wilde geen gebruik maken van de pinpas van haar rekening courant, waar toch niet veel op stond en ze liet ook haar telefoon liggen. De auto moest ze ergens onderweg zien kwijt te raken. Er was verder niets waar ze zo veel waarde aan hechtte, dat het de moeite was om mee te nemen. Gek eigenlijk, al die tijd die ze met Timo in het huis en de aankleding had gestopt, was puur tijdverdrijf geweest. Allemaal bedoeld om een nieuwe status in te vullen. Een status die niet bij haar paste en nooit zou gaan passen. Dat besefte ze nu ze er zonder verdriet afscheid van nam. Zoals de mensen uit die serie *"Ik Vertrek"* nooit moeite hadden om hun vertrouwde wereld op te geven voor een ongewis avontuur. Ouders en kinderen waren de dupe, maar het stel dat vertrok was verenigd in hun ideaal. Een vrije en blije toekomst. Dat wilde Jacky ook, maar niet om daarna in een Bed & Breakfast de godganse dag te sloven voor gasten die altijd wat te zeuren hadden. De rest van haar leven wilde ze zelf gast zijn in luxe resorts of op cruiseschepen, waar ze oudere, goed geconserveerde heren leerde kennen. Heren die haar meenamen naar plekken waar ze gezien wilde worden, in de VIP-lounges van de wereld. Omdat ze zelf geld had, was ze nooit van hen afhankelijk en hoefde ze niet meer toneel te spelen en hen naar de mond te praten. Eindelijk zou ze in haar eigen kracht staan, zoals die dikke mongool met haar mandalakont het noemde. Dat liet ze zich niet afpakken. Niet door die loser van een Hammink, niet door Ter Mors en ook niet door de jongen.

Ze draaide zich nog een keer om voor ze, zonder spijt, in de auto stapte en het hek opende met de afstandsbediening die ze daarna uit het raam gooide. Daar werd hij een paar uur later gevonden door mevrouw Van den Berg die, gebogen over haar rollator, alleen oog had voor het trottoir.

Toen was Jacky al in de buurt van Koblenz, op weg naar Liechtenstein. In Vaduz, de hoofdstad van het dwergstaatje, stond de *Kaiser Ritter Partner Privatbank*. Een mondvol, maar dan had je ook een exclusief en discreet stelletje vermogensbeheerders, dat er geen been in zag om geld dat een beetje viezig rook, door de wasserette te halen en als oud familiekapitaal een nieuw leven te schenken. Het *Sesam, open U* bestond uit een chipje dat in de bankkluis werd bewaard en alleen reageerde op haar fysieke oogcontact. Ze was er een keer geweest om haar oog te laten scannen en toen had ze gevraagd waarom een vinger niet genoeg was, zoals op de sportschool. Een vingerafdruk was toch ook uniek. Maar daar hadden ze bij *Kaiser Ritter* slechte ervaringen mee. Vingers waren nogal makkelijk af te hakken en door anderen te misbruiken. Dat kon niet met een oog. Ze moest natuurlijk wel opletten dat de iris niet ernstig beschadigd werd. Sindsdien droeg ze ook bij slecht weer een zonnebril.

Ze stemde de autoradio af op een geruststellende Duitse zender, waar *middle of the road* muziek werd afgewisseld door een prettige stem die verkeersberichten en *faits divers* voorlas. Vreemd eigenlijk dat je een paar kilometer over de grens verlost was van die typisch Nederlandse radiocultuur, waar elke streekzender zijn eigen dorpsgek achter de microfoon liet boeren. In navolging van nationale radiodemagogen als Giel Beelen en Edwin Evers. Frans liet zich graag uitnodigen door *Enschede FM* om zijn succesverhaal in te kaderen en als tegenprestatie liet hij die zender op zaterdag- en zondagochtend door het huis schallen. De opluchting dat ze ook van Willie Oosterhuis was verlost, werkte zo bevrijdend dat ze het gaspedaal nog verder intrapte, alsof ze bang was door het verleden te worden ingehaald. Want dat was precies wat er was gebeurd. Het verleden had haar eerst op de schouder getikt en toen ze zich niet snel genoeg omdraaide, een klap tegen het hoofd gegeven.

André Hammink bleek een kat met negen levens.

Ze had die autist eerst aan de lijn gehouden, omdat ze al op school had gezien dat zijn doorzettingsvermogen haar ooit van pas kon komen. In een tijd dat zijn leeftijdsgenoten alleen met zichzelf bezig waren en de pogo dansten op Normaal en Johnny Rotten, maakte André carrière als keeper. En voetballers waren een makkelijke springplank naar succes, geld en roem. Via André was ze ook in contact gekomen met Jacob Timmer, geen voetballer maar wel iemand die haar leven op een hoger plan kon tillen. Ze had hem geholpen te ontsnappen uit het internaat. Als wederdienst zou hij haar helpen als ze hem nodig had. Dat was sneller het geval dan haar bedoeling was.

Haar avonturen met de spelers van FC Twente waren uit de hand gelopen, omdat een van die jongens verliefd op haar was geworden. Hij stond op het punt zijn vrouw voor haar te verlaten, toen hij merkte dat ze ook iets had met twee medespelers, waaronder een reserve. Vooral dat laatste was zijn eer te na.

Hoe het precies zat wist ze niet – vermoedelijk had dat malle homootje uit haar klas, Steven Fiselier, er iets mee maken – maar ze kreeg bezoek van een paar spelersvrouwen die haar openlijk bedreigden. Als ze niet heel snel zou oprotten, wisten ze haar te vinden.

Dat was de reden dat ze het vuurtje bij André opporde – een paar keer pijpen hielp natuurlijk – en zo was het avontuur in Uruguay begonnen. Uiteraard wist André niet dat ze al contact had met Jacob en als het ware in een gespreid bedje terecht kwam.

De volgende mogelijkheid die ze zag was die ouwe Bertus. Zo oud was hij trouwens niet, hooguit 45, tien jaar jonger dan zij nu. Ze moest drie ballen in de lucht houden en ze was beslist niet van plan om dezelfde fout te maken als bij de spelers van Twente. En Jacob was haar eerste keus.

56

Ze waren licht beneveld terug gezwierd naar de camper en daar was André, liggend op het smalle bed dat hij met de nodige moeite had uitgeklapt, verder gegaan met zijn verhaal. Nico moest in de kooi boven de cabine liggen, zodat André hem kon tegenhouden wanneer hij wilde ontsnappen. Dat wilde Nico voorlopig niet, hij wilde de rest van het verhaal horen en daarna zou hij wel zien wat er gebeurde.

'Dat moet geen pretje zijn geweest, die Punto Carreras,' stelde hij.

'Dat is een eufemisme,' zei André. 'In de Puntá zaten de zwaarste criminelen van het land. Ik sprak de taal niet en ik had geen onderhandelingspositie. De meeste mannen kregen spullen van hun familie of vrienden om cipiers om te kopen voor gunsten. In de acht jaar dat ik er uiteindelijk heb gezeten, heb ik één keer bezoek gehad. De vrouw van een nieuwe ambassadeur had een bijbel voor me meegenomen. Het enige voordeel daarvan was dat je die pagina's als vloeipapier kon gebruiken.'

Nico hoorde hem onder zich zuchten. 'Hoe heb je het overleefd?'

'Niet. Ik heb het niet overleefd. Ik ben er tien keer dood gegaan en toen ik daarna toch weer wakker werd uit diezelfde droom ben ik, net als de andere gevangenen gaan gebruiken. De bende waar ik me, na de initiatierite, bij kon aansluiten, beschikte over een constante aanvoer van de beste drugs die er te krijgen waren.'

'Welke initiatierite,' vroeg Nico.

'Het doodsteken van een Peñarolista. Wij waren de Nacionals en iedereen die niet voor Nacional was, was een Peñarolista, ook al kwam hij uit Argentinië of Bolivia. Ik moest één van die gasten met een vork, waarvan het heft vlijmscherp geslepen was, in zijn nek steken. Het moest in één keer raak zijn, want je kreeg geen tweede kans en als je miste werd het een knoeiboel. Het vereiste veel training en uiterste concentratie.'

'Het is je kennelijk gelukt,' constateerde Nico.

'Ja. Ik had mijn oog laten vallen op een grote zware Boliviaan, die weinig vrienden had en al twee zelfmoordpogingen had gedaan door gevechten aan te gaan. Dat was een gebruikelijke methode om op een heldhaftige manier aan je eind te komen. Maar de man had geluk, of pech eigenlijk, en was voor hij doodbloedde door cipiers weggesleept en opgelapt. Volgens de Nacionals had hij het Boze Oog. Er rustte een vloek op hem en niemand had de moed om hem iets aan te doen. Het bijgeloof in de gevangenis is nog een stuk groter dan in de kleedkamer. Maar goed, ik smokkelde een vork naar mijn cel, sleep het heft tot een pijlpunt, oefende en wachtte tot de mogelijkheid zich aandiende om toe te steken. Die kwam op eerste paasdag, de dag waarop de gevangenen onder strenge bewaking een mis mochten bijwonen. We stonden met zijn allen in de kapel van de gevangenis, een paar honderd man dicht op elkaar. De bewakers er om heen en op het balkon, met geweren. Ik had me achter mijn slachtoffer geposteerd en ik had met een van de Nacionalistas afgesproken dat hij tijdens consecratie opeens zou gaan schreeuwen en omvallen. In de commotie zou ik toeslaan.' André hield even een pauze, alsof het beeld van die eerste paasdag aan zijn geestesoog voorbij trok. 'Ik kan je verzekeren dat het geen pretje is om met een vlijmscherpe vork in je endeldarm naar de kapel te lopen en te wachten op de consecratie. Ik had de naad van mijn broek losgetornd om in één beweging de vork te kunnen pakken; daar had ik dagenlang op geoefend. De punt van het heft had ik in een stukje touw gewikkeld dat los moest laten als ik de vork aan de tanden uit mijn reet trok. Het ergste was nog dat ik van de zenuwen al een paar dagen aan de schijt was en dat...'

'Oké,' vond Nico. 'Zo plastisch hoeft het niet.'

'Begrijp ik,' zei André, 'maar het is de eerste keer dat ik het iemand vertel. Hoe dan ook, die Nacionalista was aan de andere kant van kapel gaan staan en begon tijdens de stilte van de wijding – al die zware jongens zijn gelovige katholieken – als een speenvarken te schreeuwen. De cipiers en zelfs de priester draaiden zich naar hem om, ik trok de vork tevoorschijn en stak de Boliviaan met een onderhandse opwaartse beweging in zijn nek. Het heft gleed als een mes door de boter en bleef steken in zijn hersenen, waardoor hij vrijwel onmiddellijk, zonder een kik te geven, dood neerviel. Hij kan nauwelijks iets hebben gevoeld. Als iemand al iets had gezien van wat ik had gedaan, lieten ze dat niet merken. De man viel als een oude eik tegen de plavuizen. Daarmee had ik mij niet alleen verzekerd van het respect van de Nacionalistas, maar ik had voor de andere gevangenen ook het Boze Oog overgenomen van de Boliviaan. Daardoor was ik dubbel gedekt.'

'Acht jaar,' fluisterde Nico, alsof hij bang was dat het Boze Oog hem kon horen. 'Maar wanneer en hoe kwam je erachter dat je er door Jacky en Jacob Timmer was ingeluisd?'

'Ik had natuurlijk wel een vermoeden dat zij met hem onder een hoedje speelde en dat ze op die manier in een klap van mij en van zijn vader waren verlost. En dat ze rijk waren omdat hij die pot met geld had geërfd.'

'Hoe kon hij bij dat geld, als Jacob Timmer in de gevangenis zat?' vroeg Nico, die logisch bleef nadenken.

'Valsheid in geschrifte, simpel. Jacob had een document laten opstellen door een notaris, waarin stond dat Jacob Timmer, verblijvende in de Punta Carretas gevangenis in Montevideo, zijn erfenis voorlopig en bij eventueel overlijden, in handen gaf van mevrouw Jacqueline Wermers en de heer André Hammink. Met het geld konden zijn testamentair erfgenamen het lot van Jacob Timmer in de gevangenis verlichten en zijn andere verplichtingen nakomen. Dat ondertekende hij natuurlijk met zijn eigen handtekening en de notaris stuurde het naar zijn confrère in het verre Nederland.'

'Hoe ben je daar achter gekomen?' vroeg Nico.

'Het was natuurlijk de bedoeling dat ik daar nooit achter zou komen,' zei André, die weer was gaan zitten, een olielampje aanstak en een blikje bier open trok. 'En ook niet dat ik levend uit die gevangenis zou komen. Dat lukte bijna niemand en zeker geen Europeaan. Maar het politieke klimaat in Zuid Amerika veranderde. In Chili, Argentinië en Brazilië vertrokken de militaire dictators en ook Uruguay werd aangestoken door die frisse wind. Na 1985 kwam er heel voorzichtig weer een democratisch proces op gang, een democratie die sinds 1973 was verdwenen. Daarvoor stond Uruguay bekend als het Zwitserland van Zuid Amerika en naar die toestand wilde iedereen terug. De laatste jaren van mijn gevangenschap raakte ik bevriend met een linkse intellectueel, Georgo, aan wie ik mijn verhaal vertelde. Hij zei dat hij zou proberen om iets voor me te doen als hij vrij kwam. Dat gebeurde in 1987, maar het duurde nog anderhalf jaar voor hij, met behulp van zijn oude vrienden die inmiddels op hoge posten terecht waren gekomen, voor elkaar kreeg dat mij gratie werd verleend. Hij had een van de twee agenten opgespoord die mij op de plaats delict hadden betrapt. De man zag dat er een nieuwe wind waaide en gaf toe dat hij was omgekocht om mij er in te luizen. Dat was voldoende.'

57

Frida wist dat een verzoek om opsporing van een camper weinig kans van slagen bood, als ze niet meer details kende.

'Als die vent slim is, rijdt hij naar Duitsland en verdwijnt van onze radar,' dacht Ferdy. 'Als we de beelden bekijken van de camera's bij een paar grensovergangen, tussen zes en zeven uur gisterochtend, hebben we misschien een kans.'

Dat had Frida zelf kunnen verzinnen, maar het was niet in haar opgekomen. Ferdy bood aan om de beelden te bekijken, wat haar niet meer dan logisch leek. Hij begon bij de N35, nog geen vijf kilometer van de afgebrande boerderij. Er was niet veel verkeer richting Duitsland, dus hij kon snel doorspoelen. De enige camper die rond dat tijdstip over de grens reed, was een oude GMC. Hij kon maar drie letters van het nummerbord lezen omdat de andere helft leek weggeroest. Maar de duidelijkste herkenning werd gevormd door een blauwzwarte Kawasaki, die tegen de achterkant van de camper bevestigd was. Geen twijfel mogelijk, dat moest Hammink zijn, met de gijzelaars.

Een half uur later liet Frida een opsporingsverzoek verspreiden via Europol.

Om twee uur 's middags werd ze gebeld door een oplettende receptioniste van verpleeghuis Bruggerbosch, waar ook haar moeder was opgenomen. Mevrouw Van den Berg had de afstandsbediening voor een garagedeur of een poort op straat gevonden. Ze had iemand gestuurd om het apparaatje terug te brengen, er stond namelijk een adres aan de Ekersdijk op. Het bleek te gaan om de villa van die man die vermoord was, Frans Snelders. Er was niemand thuis maar misschien had Frida iets aan de informatie. Met haar moeder ging het overigens prima.

Ferdy Kip constateerde een half uur later dat de BMW van Jacky Snelders verdwenen was. In de villa lagen nog haar telefoon, haar pinpas en haar paspoort. Verder trof hij geen sporen van braak of andere vernielingen. Wel vond hij, achter een designspiegel in een kamer met yogamatten en fitness apparatuur, een kluisje. Het stond open en was leeg. Hij begreep er niets van. Iemand die beschikte over de sleutels van de villa, had zich toegang verschaft, de BMW meegenomen en de kluis leeggehaald. Dat laatste was speculatie, omdat hij bij zijn eerste zoektocht door de villa het kluisje niet had ontdekt.

Hij liep terug naar zijn auto die hij voor het hek had laten staan, half op het trottoir. Daardoor was Bert Hassink gedwongen om met zijn rolstoel van de rijweg gebruik te maken. De man probeerde nu om weer terug te komen op de stoep.

'Is dat jouw auto, Kip?' vroeg hij aan Ferdy. Bert kende hem al vanaf zijn kleutertijd.

'Sorry Bert.' Ferdy hielp hem om terug te komen op het trottoir. 'De auto is van Barend, maar ik heb hem fout geparkeerd.'

'Woon je weer bij je vader?' vroeg de regiovoorzitter van De Zonnebloem. 'Wat is dat met jullie Kippen? Waarom houdt geen vrouw het bij jullie uit?' Hij wees naar de villa. 'Nog nieuws over de zaak? Ik kwam haar vanochtend tegen, opzichtig in de rouw. Ik herkende haar nauwelijks. Ze droeg een kostuum, met een hoed en een zonnebril. Een zonnebril heeft ze wel vaker op, maar die hoed? Ze wilde niet herkend worden, groette ook niet. Niet dat zij iets aan die toestand kan doen, maar je hebt geen zin in praatjes, dat snap ik ook wel.'

'Weet je dat zeker?' vroeg Ferdy. 'Weet je zeker dat het Jacky Snelders was.'

'Ik kan niet lopen, maar ik kan verdomd goed zien,' vond Bert. 'En die kont van haar, daar loopt er maar één van in Glanerbrug.'

'Ferdy lachte. 'Jij bekijkt het op konthoogte. Een andere vent zou het over haar borsten hebben. Waar was dat, waar kwam je haar tegen?'

'In de Kerkstraat, om een uur of elf. Ze kwam van het station. Ik moest wachten bij de spoorwegovergang. Dus waarschijnlijk kwam ze uit Gronau.'

Ferdy bedankte hem en stapte in de auto. Als Bert gelijk had en waarom zou hij dat niet hebben, was het Jacky gelukt om te ontsnappen, via een omweg terug te keren en daarna in haar eigen auto te verdwijnen. De vraag was natuurlijk of ze inderdaad, zoals die Hammink had beweerd, door hem naar zijn hol was gesleept. Misschien speelden die twee onder één hoedje. Hoe was Jacky trouwens, zonder geld en pinpas, aan die hoed en dat kostuum gekomen? Er kwamen steeds meer vragen bij in deze geschiedenis.

58

Tegen de tijd dat Jacky Vaduz in Liechtenstein had bereikt, waren de banken gesloten en zat er niets anders op dan een hotel te zoeken en haar plannen te perfectioneren. Het eerste was geen probleem, maar ze had geen idee hoe ze van André en Nico kon afkomen.

Parkhotel Sonnenhof beloofde het paradijs op aarde, maar echt genieten kon ze er niet van. Net als de vorige nacht in de hoeve van Hilde en Bettine, kon ze de slaap niet vatten en lag ze opnieuw vastgebonden op die schragentafel in dat varkenskot. Morgen moest het afgelopen zijn met dat verleden, hield ze zichzelf voor. Morgen kreeg ze een nieuwe identiteit en verdween mevrouw Jacqueline Snelders, geboren Wermers in de mist van de vergetelheid.

Ze droomde over Bertus Timmer, die zo geil was geweest dat hij alle voorzichtigheid uit het oog verloor. Het was onbegrijpelijk wat je als vrouw allemaal voor elkaar kon krijgen als je wist op welke knoppen je moest drukken. Haar glazen plafond was een spiegel waarin ze zichzelf bekeek, terwijl ze haar spel speelde. Bertus Timmer was niet de eerste geweest, maar wel de eerste die het niet kon navertellen.

De fatale drift van Jacob was trouwens niet gespeeld. Ze had hem doen geloven dat zijn vader haar lastig viel en dat ze bang voor hem was. Jacob wist dat ze met hém verder wilde en dat ze André alleen had gebruikt om bij hem te kunnen komen.

De timing was perfect. Ze had Bertus verteld dat Jacob de hele middag weg was en hij had het personeel vrij gegeven, zodat ze ongestoord de liefde konden bedrijven. Tegen Jacob had ze gezegd dat hij haar niet de hele middag alleen moest laten met zijn vader. Jacob beloofde dat hij om vier uur terug zou zijn. Om kwart voor vier had ze Bertus zover opgegeild bij het zwembad, dat hij haar smeekte om mee te gaan naar zijn slaapkamer, waar ze hem langzaam over zich heen trok en zijn hoofd tussen haar dijen vleide, zodat hij niet kon horen dat de voordeur werd geopend. Ze schreeuwde van genot, waarmee ze natuurlijk Jacob alarmeerde. De jongen stormde stuiterend van de adrenaline en gewapend met een golfclub de slaapkamer binnen. Hij zag het van angst vertrokken gezicht van Jacky en sloeg zijn vader met twee krachtige slagen op zijn achterhoofd. En daarna voor de zekerheid nog een paar keer, tot het bloed uit zijn kop gutste en Jacky schreeuwde dat hij moest ophouden omdat hij hem anders dood sloeg...

Even later constateerde ze dat Bertus al niet meer leefde. Jacob liet de golfclub vallen en raakte in paniek, maar Jacky bleef rustig. Ze droeg hem op om de *guardia civil* te bellen met het verhaal dat hij een paar gewapende mannen naar binnen had zien gaan en bang was dat zijn vader werd ontvoerd. Hij had zich met de telefoon verstopt in de tuin achter het zwembad...

Dat deed Jacob.

Maar, noem het toeval, vlak voor de agenten bij de villa arriveerden, was André thuis gekomen. Jacky had gevraagd of hij snel naar huis wilde komen, want ze had geen zin om lang alleen te zijn met die enge en geile vader van Jacob...

Na de hele rompslomp, waarbij ze niet veel aan Jacob had en alles zo'n beetje zelf moest regelen, waren ze uit Montevideo vertrokken en naar Buenos Aires verhuisd. Daar begon haar eerste gelukkige periode, zoals ze het zelf noemde.

Eind maart 1981 betrokken ze een leuk koloniaal huisje in San Telmo, een wijk die was opgeleefd nadat er zich in de jaren zestig veel kunstenaars en antiekzaakjes hadden gevestigd. Het was er ook anoniemer dan in Retiro of Recoleta, waar ze met hun geld makkelijk een huis hadden kunnen kopen. Maar Jacky vond dat niet verstandig. Ze waren jong en dan kocht je geen stadsvilla.

Ze bezocht alle bezienswaardigheden in de stad en ging naar het WK hockey voor vrouwen dat in april van dat jaar werd gespeeld en waar Nederland tweede werd. Om Jacob te plezieren vergezelde ze hem naar de Formule 1 Grand Prix op het circuit van Buenos Aires. De race werd gewonnen door Nelson Piquet, voor de Argentijnse favoriet Carlos Reutemann. Voor Jacob was het de aanleiding om zich te storten op een nieuwe hobby, autoracen.

Jacky vond het allang best, ze was blij dat de jongen wat afleiding had, anders liep hij de hele dag om haar heen en moest ze om de haverklap met hem naar bed. Wat dat betreft was André een stuk makkelijker geweest, maar die was dan ook geobsedeerd door zijn carrière als keeper. Alleen was keepen een stuk goedkoper dan autoracen.

59

'Waar gaan we naar toe?' vroeg Nico de volgende ochtend. Hij had niet al te best geslapen na de verhalen van André, die van het ene op het andere moment ophielden, omdat de verteller vermoeid was geworden en opeens lag te snurken.

André bleek al een uur wakker en had een ontbijtje gemaakt. 'We gaan Jacky zoeken.' Hij had nog geen idee hoe, maar hij had haar al twee keer eerder in zijn leven opgespoord. De tweede keer bij toeval, toen hij in de krant las dat ze was getrouwd met Frans Snelders. Maar de eerste keer was hij, na zijn vrijlating uit de gevangenis, actief op zoek gegaan. Pas in 1993 had hij haar gevonden. Berooid en aan lager wal geraakt.

'Wat deed je in de jaren nadat je uit de gevangenis kwam?' vroeg Nico.

'Werken. Ik moest geld verdienen en ik kon geen kant op, want ik heette in de Punta wel Jacob Timmer, maar de officiële papieren die bij die identiteit hoorden, had ik niet. En niemand op de ambassade, of welke officiële instantie ook, kon me helpen. Jacob had mijn identiteit aangenomen, bleek. En de valse André Hammink en Jacqueline Wermers waren spoorloos verdwenen. Ik had geen tijd en geen geld om ze op te sporen. Het enige dat ik kon doen waren illegale activiteiten, waarbij ik gebruik maakte van mijn contacten met de Nacionalistas, uit de Punta.' André had filterkoffie gezet met behulp van een campingbrandertje en schonk twee gebutste emaillen mokken vol. 'Drugs. Vergeet niet dat ik in de gevangenis behoorlijk verslaafd was geworden. Ik had die drugs nodig en de enige manier om er aan te kunnen komen was om er zelf in te handelen. Zoals junks overal op de wereld doen.'

Nico knikte begrijpend. Terwijl hij in die tijd over lullige potjes voetbal schreef, zat de man die keeper was geweest bij FC Twente, voor een niet gepleegde moord in de gevangenis van Montevideo waar hij verslaafd was geraakt, een initiatiemoord had uitgevoerd en daarna in de drugshandel terecht was gekomen. En dat allemaal vanwege het mooiste meisje van de klas, Jacky Wermers. Dezelfde Jacky Wermers die ze nu moesten opsporen…

'Je knikt wel,' zei André, 'maar het is natuurlijk niet te begrijpen. Ik heb er jaren over gedaan om het tot me te laten doordringen; pas toen ik die paddo's kreeg van de buurvrouw begon ik het licht te zien en verdween dat *post traumatisch stress syndroom* langzaam maar zeker.'

'Paddo's van de buurvrouw,' herhaalde Nico. 'Maar nu sla je iets over.' Als journalist was hij het grootste deel van een interview bezig om zijn onderwerp op het juiste chronologische pad te houden. De meeste ondervraagden sprongen van de hak op de tak en wisten zich namen noch nummers te herinneren. Maar André had een prima geheugen, ondanks zijn verslaving of juist dankzij de hallucinante paddenstoelen.

'We smokkelden voornamelijk cocaïne, die we uit Bolivia kregen en op alle mogelijke manieren verpakten en naar Amerika en Europa verscheepten. Ik was eerst runner voor de *cocaleros* in Cochabamba, waar de Amerikanen met hun *War on Drugs* nog niet aan toe waren gekomen. De Paraguayroute was lang en gevaarlijk, maar niet zo lastig als de Andes. Daarna kwam ik hoger in de organisatie, de Ottocruzes, genoemd naar de acht kruizen, tot ik een soort logistiek beheerder werd. Dat was een levensgevaarlijke positie, omdat alle lijnen bij mij uitkwamen. Als er iets niet deugde, was ik de eerste die ze wisten te vinden. Ik verdiende goed, heel goed zelfs, maar om een nieuwe identiteit te kopen en om mijn zoektocht naar Jacky en Jacob te financieren had ik een klapper nodig.'

Die mogelijkheid kreeg André in 1992, vertelde hij. Hij zag kans om een koerier, die hij zelf had aangestuurd, te onderscheppen met ongeveer drie miljoen dollar aan contanten. De overval werd nooit opgelost, maar het gevolg was een bendeoorlog die ruim een jaar duurde. De belangrijkste *jefes* van zijn eigen bende werden het slachtoffer en André vluchtte uit angst voor het geweld naar Argentinië. Met het geld. Daarmee kocht hij in Buenos Aires eerst een nieuwe identiteit. Een Duitse. Andreas Schinken heette hij, geboren in Gronau, op dezelfde dag als André Hammink. Je moest met die dingen dicht bij huis blijven. Andreas had aanwijzingen, via de ambassade en het kantoor van Philips, dat Jacob en Jacky in 1981 naar Buenos

Aires waren verhuisd. Ze waren in die tijd tamelijk zeker van hun zaak geweest, omdat hun probleem de gevangenis nooit zou overleven. Ze hadden zich zelfs onder hun eigen naam ingeschreven in de wijk San Telmo, hoorde hij van een privédetective die hij in de arm genomen had. Daar hadden ze ongeveer drie jaar gewoond, maar wat er daarna was gebeurd, was onduidelijk.

'Liechtenstein,' zei André, alsof het logisch aansloot op zijn vorige hoofdstuk. 'Daar zouden we naar toe kunnen gaan. Het is een long shot, maar toen ze bij mij op die schragentafel lag en nog niet wist wie ik was, vroeg ze of het me om geld te doen was. Ze vertelde dat Frans en Leo een leuk bedrag in Liechtenstein hadden laten witwassen. Misschien heeft ze gejokt, maar op dat moment greep ze alles aan om mij van gedachten te doen veranderen.'

'Het is een dwergstaatje,' wist Nico. 'Met hele grote vermogens. Hoe kom je er achter waar Leo en Frans hun was hebben gedaan?'

'Ze wil weg. Het wordt haar in Glanerbrug te heet onder de voeten en ze moet de jongen vinden, voor ik hem heb gevonden. Dus zal ze als een speer naar Liechtenstein gaan. Met een beetje pech is ze er al.'

Jacky had inderdaad een pech, want het was zaterdag en pas op maandag om negen uur kon ze bij *Kaiser Ritter* naar binnen. Het weekend was heilig in Liechtenstein, alleen bij hoge uitzondering kwam een van de gemachtigden naar de bank om een cliënt te helpen. Mevrouw stond niet op die lijst, helaas. Ze wist niet precies over hoeveel kapitaal ze beschikte, maar kennelijk was het voor de bank een lullig bedrag, waarvoor ze niet uit hun chalet kwamen. Niet dat ze zoveel haast had, maar het was altijd beter om iedereen voor te zijn. Nogmaals, ze mocht André en Nico ter Mors niet meer onderschatten.

André had haar in Argentinië al eens teruggevonden en kennelijk had hij haar de laatste jaren opnieuw geobserveerd. Ze was zijn obsessieve trauma of traumatische obsessie, als je dat zo kon zeggen. In Buenos Aires was ze zich rot geschrokken toen hij plots voor haar neus stond, onherkenbaar vermagerd, met het uiterlijk van een verwarde junk. Ze was zelf ook niet in goeden doen, zacht gezegd. Ze had dat autoracen van Jacob aanvankelijk als een leuke hobby gezien, maar toen hij zich moest inkopen bij een professionele renstal, begon het kwartje te vallen. Het kapitaal, waarvan ze hier dankzij de boterzachte peso, tot in lengte van jaren hadden kunnen leven, slonk plotseling als sneeuw voor de zon. Toen ze wilde ingrijpen, was het al te laat en waren de wurgcontracten ondertekend. Twee jaar later waren ze alles kwijt en zat ze met een saggerijnige Jacob in een goedkoop appartementje in La Boca. De arbeiderswijk met als middelpunt La Bombonera, het stadion van Boca Juniors, bood voor haar alleen de mogelijkheid om in dansgelegenheden en kroegen te werken. Ze leerde de tango dansen van een oudere heer, die ze daar ontmoette. Hij begreep haar probleem, zei dat ze veel talent had en bracht haar in contact met Signora Viola.

Mevrouw dreef geen tangoclub, maar een exclusief en chic bordeel, waar het *old boys* netwerk uit de tijd van dictator Jorge Videla zich vermaakte in een sfeer van apocalyptische decadentie. Hier voelden ze zich veilig, maar na de veroordeling van hun *generalissimo* was niemand zijn leven meer zeker en hingen ze tegen elkaar als aangeslagen boksers. Jacky voelde zich er uitstekend op haar gemak, ze verdiende genoeg om zichzelf en Jacob te onderhouden en te sparen voor een eigen club. Tegen Jacob vertelde ze dat ze als tangopartner werkte in een herenclub; als hij al iets anders vermoedde dan liet hij zich daar wijselijk niet over uit. Tenslotte had hij het kapitaal verjubeld en was hij afhankelijk van haar inkomsten en vrijgevigheid. Meestal hing hij rond op pleintjes in de buurt om voetballertjes te scouten, maar het grootste deel van de tijd zat hij in de kroeg en verdronk het verdriet over zijn teloorgang als autocoureur.

Het ging goed tot de club van Signora Viola de deuren moest sluiten omdat de meeste old boys in de cel zaten of gevlucht waren naar landen die hen hun verleden niet nadroegen. Jacky had het al een paar jaar zien aankomen, haar verdiensten werden steeds minder en van sparen kwam helemaal niets meer. Daarnaast zag ze er niet meer zo fris en fruitig uit als tien jaar geleden, dat kon ze niet ontkennen. Ze rookte en dronk meer dan goed was, zoals de meesten van haar vakgenoten. En toen het onvermijdelijke einde kwam, wist ze dat ze nooit meer in een chic bordeel terecht kon en alleen als goedkope prostituee kon bijverdienen. Dat hield ze niet lang vol.

Het was Jacob geweest die op het idee kwam om een voetbalinternaat te beginnen. En daarmee begon de bal te rollen.

'Dus je vond haar in Buenos Aires,' vroeg Nico. Hij reed al een tijdje richting het zuiden van Duitsland. Het was zaterdagochtend en het verkeer was rustig. Af en toe werd hij voorbij gestoven door een nerveuze Porsche of een Audi. André zat weggezakt op de passagiersstoel en leek last te hebben van de blikjes bier die hij gisteravond na al die Retsina had gedronken. Bier op wijn, geeft venijn.

'Ze zag er niet uit. Ik herkende haar nauwelijks. Een grauwe huid, alsof ze twee pakjes *Parliament* per dag rookte; en ze was niet slank maar graatmager. Alle frisheid was er af.'

'Maar hoe heb je haar gevonden?' wilde Nico weten.

'Door de krant te lezen. Ik woonde de eerste tijd in een goedkoop hotel in La Boca, tegenover het stadion van de Boca Juniors. Ik las elke dag de *Canchallena* en *La Gaceta Deportes,* de belangrijkste sportkranten. Er stond een berichtje in dat iemand een voetbalschool had opgezet voor weeskinderen en talentjes met donaties uit Nederland. Dat leek me leuk om te bekijken, maar op het adres dat ik via *La Gaceta* had gekregen, was geen spoor van zo'n school te vinden. Wie er wel op dat adres te vinden was, was mevrouw Jacqueline Wermers.' Hij wachtte even, als om zich die ontmoeting voor de geest te halen. 'We schrokken allebei. Maar zij was de eerste die zich herstelde, me omarmde en verwelkomde als de verloren zoon die op kerstavond thuis was gekomen. Natuurlijk had ze alles gedaan om me vrij te krijgen, maar ze was tegengewerkt door de belangen van Philips en de ambassade en het systeem en toen ze hoorde dat André in de Punta was vermoord, waren ze naar Argentinië vertrokken.

André verkeerde in tweestrijd. Hoezo vermoord? In al die jaren had hij een enorme wrok tegen haar en Jacob opgebouwd en nu hij haar terugzag, smolt die berg rancune als roomijs op een geflambeerd flensje.

Nico keek hem even aan, omdat hij het een malle metafoor vond en vroeg zich af of ze bij de volgende Tankstelle moesten stoppen of er nog één konden overslaan. De camper zoop als een stel Rotterdamse voetbalsupporters voor een uitwedstrijd. Hij besloot te stoppen. Nadat ze bijna honderd liter hadden getankt en de voorruit gesopt, reden ze verder in de richting van Würzburg en ging André verder met zijn verhaal.

'Ik weet niet hoe ze het voor elkaar kreeg, maar binnen een uur was ik helemaal om. Zeker toen ze me vertelde dat ze gek werd van Jacob, die als een kind van haar afhankelijk was en die ze, nu ze André teruggevonden had, zo snel mogelijk wilde kwijtraken. Dat verhaal in de kranten over die voetbalschool, was bedoeld om ze in Nederland te laten geloven dat het echt was, maar het was ordinaire oplichting. Ze had er niet aan willen meewerken, maar Jacob had Andrés naam gebruikt om in zijn geboortestreek geld los te peuteren.' André keek Nico verontschuldigend aan. 'Ze rook het. Ze rook dat ik geld had. Misschien door de kleren die ik droeg, hoe dan ook, ze wilde niet dat ik Jacob zou ontmoeten en regelde het zo dat ze me dagelijks in mijn hotel kwam opzoeken.'

'En toen ze je letterlijk had uitgekleed en aan je gerief geholpen, kleedde ze je figuurlijk uit,' vermoedde Nico.

'Ja, hoe weet je dat?' vroeg André zonder verbazing. 'Maar niet nadat ze met me getrouwd was en ik een kind bij haar had verwekt.'

'Huh,' deed Nico, alsof hij een stripfiguur was. 'Is dat…'

'Langzaam maar zeker begon ik haar weer te vertrouwen,' zei André. 'Ze luisterde naar mijn verhalen over de Punta, de Nacionalistas en mijn lidmaatschap van de drugsbende. En in een vlaag van verstandverbijstering heb ik haar toen opgebiecht – hoewel ik had gezworen om het nooit met iemand daar over te hebben – hoe ik aan mijn geld was gekomen. De koffer met dollars lag veilig in een bankkluis in het *Microcentro,* daar kon ze niet bij. Wel als ze met me trouwde, maar omdat ik dat niet van plan was, verzon ze een list. Dat was het kind.

We woonden inmiddels samen en Jacob, die ik nooit heb gezien, had volgens Jacky allang een ander wijf, waarmee ze hem ooit had betrapt. Het kon me niet schelen wat ze allemaal had uitgevreten, ik was na al die jaren gelukkig. Zij werd zwanger en we trouwden en werden geregistreerd als meneer Andreas Schinken en mevrouw Jacqueline Schinken, geboren Wermers. In 1994 was dat, op de dag dat Nederland in de achtste finales van het WK Ierland versloeg met 2-0.'

'4 Juli. Independence Day. Doelpunten van Bergkamp en Jonk,' vulde Nico aan. 'In de kokende Citrus Bowl in Orlando, ik was er bij.'

'Echt? Nou ja, in Argentinië hingen de vlaggen halfstok, want het land was de vorige dag uitgeschakeld door Roemenië. Dat was een nationale ramp,' wist André nog.

'Negentig duizend toeschouwers in de Rose Bowl,' herinnerde Nico zich moeiteloos. 'Het werd 3-2 door Dumitrescu en Hagi, ja dat was niet zo mooi. Maar een paar dagen later verloren ze de kwartfinale na strafschoppen tegen Zweden en wij werden uitgeschakeld door die lullige vrije trap van Branco. Maar je was dus getrouwd en…'

'En dat ben ik officieel nog steeds. Dus toen ik las dat ze met Frans Snelders was getrouwd, begreep ik dat ze mij in Argentinië had laten doodverklaren. Maar kijk, hier zit ik, ouder en wijzer.' Hij giechelde, zoals hij ook door de telefoon had gegiecheld.

60

Frida had die zaterdagmiddag dienst om het elftal van haar jongste zoon Berend te helpen vervoeren naar een uitwedstrijd. Er waren drie auto's nodig om dertien knapen van een jaar of vijftien op het veld van NEO in Borne te krijgen. Ze had al boodschappen gedaan bij de Albert Heijn op het Twekkelerveld en geconstateerd dat er nog steeds kaarsen en bloemen werden gelegd op de plek waar Joey Moes eind vorig jaar was neergeschoten in de Zonstraat. *De man had "een gouden hart zo groot als een klerenkast"* schreef de familie boven zijn overlijdensadvertentie. Eigenlijk was het nog een jongetje van 24. Er was een stille tocht geweest van de Zonstraat naar de Grolsch Veste, waar een Chinese kaarsballon werd opgelaten, die langzaam boven het stadion in de avondhemel wegdreef. Daarna werd er op de parkeerplaats een kleurig vuurwerk ontstoken. Joey was neergeschoten om vier kilo speed en de zaak was nog steeds niet helemaal opgelost.

Frida vond al die aandacht nogal overdreven. Zelfs kleine criminelen wilden na hun morsige dood gerespecteerd worden. Was dat het? Of was tegenwoordig elke moord een vorm van zinloos geweld? Terwijl ze de wedstrijd bekeek, zonder opvallend te laten merken dat ze de moeder was van de enige speler op het veld met een beetje talent, dwaalden haar gedachten weer naar Nico. Als het waar was wat Ferdy had gehoord en Jacky Snelders was inderdaad teruggekeerd naar haar woning, om daarna zonder een woord te vertrekken, moest Nico ook nog in leven zijn. *Wishful thinking.* Natuurlijk, maar ze had weinig andere mogelijkheden. Voorlopig kon ze niets anders doen dan afwachten of de camper ergens was gezien.

Ze had het in Spaans gestelde contract zonder namen, dat ze naast de fotoserie van de jonge voetballer had gevonden, naar een jurist van de KNVB gestuurd en naar de spelersvakbond. Maandag zou ze uitsluitsel krijgen over mogelijke afwijkende clausules of andere bij voetbalwet verboden bepalingen. Aan haar gevoel dat de jongen een zoon moest zijn van André Hammink had ze verder niets.

Ze had Eugenio Porcu van FC Twente, die ze kende van het overleg veiligheidszaken, gevraagd of er iemand binnen de club was die haar verder kon helpen met de identificatie. Het ging waarschijnlijk om een Uruguayaans talent. Porcu had de foto's aan de geblesseerde Felipe Gutiérrez laten zien. Volgens de Chileen was het niet waarschijnlijk dat de jongen in Uruguay speelde. Hij dacht aan Argentinië, vanwege het logo op de borst dat hem deed denken aan River Plate, waar hij met Universidad Católica in de Copa Libertadores had gespeeld. Hij wilde het wel vragen aan Martin Guarino, de Argentijnse verdediger die hij kende, omdat hij een paar jaar voor Zwolle had gespeeld. Volgens Gutiérrez speelde Guarino nu bij Instituto Córdoba.

Eugenio had nog niet gehoord of Guarino al iets had laten weten en Frida, die het duizelde van al die namen, had hem hartelijk bedankt. Veel wijzer was ze nog niet geworden.

Even later kreeg ze bericht dat de Nederlandse camper met de Kawasaki en het slecht leesbare kenteken, was gesignaleerd bij een tankstation tussen Frankfurt en Würzburg aan de E41. De Duitsers vroegen wat de bedoeling was. Ze antwoordde dat het de bedoeling was om de camper aan te houden, de bestuurder te arresteren en de gijzelaar of gijzelaars te bevrijden. Dat was duidelijke taal.

Jacky had het grootste deel van de middag doorgebracht in de orientaals ingerichte sauna van het Parkhotel. Dat was andere koekenbakkerij dan de Holterhof, waar ze wel eens naar toe ging, voor de tent failliet was gegaan. In Saré kwam ze nooit, omdat je daar de kans liep dat Hans Hofte boven die enge snor naar haar tieten zat te gluren. Enfin, ze was weg uit dat gat.

Ze had een hapje gegeten en een korte bergwandeling gemaakt. Ze was geen bergsporter, nooit geweest en in Argentinië had ze geen drang gevoeld om via de pampa's de Andes te bekijken. Vreemd dat ze nu wist dat de jongen in Córdoba woonde. De jongen die ze bij Jacob had achtergelaten, toen ze was gevlucht voor de Ottocruzes, de Uruguyaanse drugsbende die ze had ingeseind om André uit de weg te ruimen. Hij had haar belazerd, ze was met hem getrouwd en zwanger geworden om bij zijn geld te kunnen. Maar toen puntje bij paaltje kwam, bleek hij het geld op naam van het nog ongeboren kind te hebben gezet. Dat wil zeggen, de hoofdsom. Ze leefden van de rente, die meer dan genoeg was. Als André iets overkwam, kon ze nooit bij het geld. Dat betekende dat ze voor altijd aan die *loser* vastzat. Mooi niet.

Samen met Jacob had ze het plan bedacht. Ze deelden het geld en de rechten op het kind, dat later een groot voetbaltalent zou blijken. Kon niet anders, met de genen van Joop en André Hammink. Als het meezat konden ze al na dertien, veertien jaar cashen, als het tegenzat duurde het iets langer. En als het een meisje wordt, had Jacob gevraagd. Dat kon niet, wist ze met zekerheid.

Natuurlijk liep het anders.

André zat op de passagiersstoel heen en weer te schuiven als een kind dat tijdens de Cito-toets een plas moet. Nico werd er nerveus van. André had het gevoel dat ze te laat kwamen, de camper reed niet hard genoeg, de vogel was gevlogen als ze in Liechtenstein waren. Nico vond het onzin. Het was zaterdag, die banken zouden toch wel gesloten zijn, dus hadden ze tot maandag de tijd. Hij probeerde hem tot rust te brengen door vragen te stellen over het verleden, maar het leek of hij daar nog zenuwachtiger van werd. Toen hij wilde stoppen om bij een Raststätte zijn benen te strekken, een plas te doen en een hapje te eten, vond André dat hij moest doorrijden. Dan rij je zelf maar, zei Nico, die niet van plan was om achter het stuur in slaap te vallen.

Dat was niet eens zo'n gek idee, vond André. Niet in de camper, maar op de motor. Dan kon Nico rustig doortuffen en ontmoetten ze elkaar in Vaduz. Als de camper tenminste over die bergpassen kwam. Daar was André niet al te zeker van.

'En als ik omkeer en terugrijd?' vroeg Nico.

'Dat moet je zelf weten,' vond André. Als gijzelaar had hij niets aan Nico, die alleen een blok aan zijn been was. Het was leuk geweest om herinneringen op te halen en om zijn verhaal kwijt te kunnen, maar bij de eindafrekening met Jacky en de hereniging met zijn zoon had hij hem niet nodig. Hij was de laatste jaren zo gewend geweest om als kluizenaar te leven, dat langdurig gezelschap hem op de zenuwen werkte. Daar kon Nico niets aan doen, zo was het gewoon. En dan was er nog dat andere gevoel dat hij niet precies kon omschrijven. Iets achter in zijn hoofd vertelde hem, misschien onder invloed van al die Griekse wijn, dat het geluk dat hij al die tijd had gehad op was. Geluk was het eigenlijk niet. Eerder overlevingsdrang en de kracht die hij putte uit rancune en bewijsdrift.

De endorfine begon te stromen en hij vroeg Nico om toch maar te stoppen bij de Raststätte. Daar haalde hij de Kawasaki van de camper en stopte alles wat hij nodig dacht te hebben in een rugzak en sprak met Nico af dat ze elkaar vanavond in Vaduz zouden ontmoeten. Als hij met de camper ergens in het centrum parkeerde, vond André hem wel. Hij gaf Nico twee biljetten van vijftig euro, zette de helm op zijn hoofd en trapte de motor aan.

Nico deed een plas, kocht koffie en een paar broodjes en strekte zijn benen. Hij had weinig zin om door te rijden. Het was overduidelijk dat het Andrés bedoeling was om van hem af te komen. Het beste was om ergens om te keren, de camper in de buurt van een station te parkeren en met de trein terug te rijden. André had eieren voor zijn geld gekozen. De kans dat hij Jacky in Liechtenstein tegen kwam, was minimaal. Als Jacky verstandig was, was ze gewoon terug gegaan naar Glanerbrug, vertelde de politie hoe ze was ontsnapt aan een gevaarlijke gek en telde haar zegeningen. De moord op Leo, als ze die had gepleegd, had ze alleen aan André bekend onder dreiging met een scalpel. De enige echte moordenaar was André Hammink, met wie hij gisteravond vrolijk dronken was geworden. Dat besef drong nu pas tot Nico door. Hij was ontsnapt aan een levensgevaarlijke gek. Het jongetje dat hij gekend had met de eeuwige bal onder zijn arm, de autistische keeper, was nadat hij ruzie had gemaakt met trainer Hollink omdat hij geen respect kreeg, steeds verder afgegleden. Zijn morele besef was in de gevangenis van Montevideo nog verder gezakt en nu was de kolder in zijn kop geslagen en wilde hij groots en meeslepend eindigen. Het liefst tijdens The Passion, maar dat zat er niet meer in.

Het idee dat André Jacob Timmer had onthoofd…de romp in een vrieskist had gestopt en gedumpt in het Aamsveen…

Hij zette de camper in beweging en reed zonder haast naar de volgende afslag. Vlak voor de afslag naar Aalen werd hij ingehaald door een blauwwitte Audi met gele neonstrepen. De *Autobahnpolizei* sommeerde de oude *Wohnmobil* om te volgen en even later kreeg Nico bezoek van twee agenten.

61

Op zaterdagavond was er in Vaduz, de hoofdstad van het prinsdom Liechtenstein, niets te beleven. Het stadje, met nauwelijks meer dan 5000 inwoners leek uitgestorven en het kasteel onbewoond. Jacky had gelezen dat Vorst Hans Adam II er woonde met zijn vrouw, tevens zijn nicht, Georgina Marie Kinsky von Wchinitz und Tettau. Het stel had drie zonen en een dochter. De sympathiek ogende vorst was eigenlijk bankier en had een privévermogen van minstens vijf miljard dollar, volgens *Forbes*. Hij bezat de volledige macht over zijn rijkje en was een tegenstander van witwaspraktijken. Dat soort mannen wilde Jacky graag ontmoeten in haar nieuwe bestaan. Na het diner in het sterrenrestaurant van Sonnenhof, was ze naar haar suite gegaan en overdacht waarom het zo lang had moeten duren voor ze tot dit besluit was gekomen. Natuurlijk had ze het leuk gevonden om in Twente in de bladen te staan, met lokale coryfeeën als Marga Bult, Youri Mulder en Joop Munsterman. Maar dat was klein bier vergeleken bij de echt groten der aarde, voor wie de deuren van paleizen werden geopend en de loopplanken van luxe jachten uitgelegd. Iemand als Dik Wessels kon zich dat natuurlijk ook veroorloven, maar toen ze hem en zijn broer een keer had ontmoet in een VIP-lounge in de Grolsch Veste, vond ze het maar een saaie man, die zijn geld liever in bakstenen en glasvezel stak dan in haute couture en juwelen. Ook Frans, haar eigen pornoboer, keek liever naar de kunst van Bianca Leusink en LamBert uit Ootmarsum, dan naar de grote meesters in het *Rijksmuseum Twenthe*. Zoals de aristocratische portretten van *Alexander Roslin,* die ze samen met Timo had gezien. Zo'n portret zou ze van zichzelf laten maken en voor de lol opsturen naar de Tubantia...

Ze kleedde zich langzaam uit en bekeek zichzelf in de vergulde spiegel. Voor een vrouw van haar leeftijd en met haar verleden zag alles er nog patent uit, vond ze. Ze huiverde bij de gedachte dat die idioot er met zijn messen in had willen snijden. Vanuit zijn gezichtspunt begreep ze het wel. Ze was nog steeds niet gewend aan de gedachte dat iemand die ze al bijna twintig jaar dood waande, plotseling springlevend voor haar stond. Hij had jaren als een zombie geleefd en was pas een paar jaar geleden, na de dood van zijn vader en de ontdekking dat zij was getrouwd met Frans Snelders, gaan broeden op wraak. Hij had het haar in alle rust verteld, terwijl ze naakt en geboeid op die ruwe tafel had gelegen. Met een even pijnlijke als zekere dood voor ogen. Ze had hem alles aangeboden, maar hij ging onverstoorbaar door met zijn verhaal, dat hij kwijt moest voor hij aan de afrekening begon. Net zoals hij met Jacob had afgerekend. Ze had haar leven te danken aan Nico, realiseerde ze zich. Hoe hij haar had gevonden was niet duidelijk, ze had de kans niet gekregen om met hem te praten, laat staan om hem te bedanken. En nu zou hij wel met André onder één hoedje spelen, vermoedde ze. Om zijn eigen huid te redden. Nog een hele zondag en dan was ze overal van af. Dan vertrok ze naar Zürich en pakte het vliegtuig naar Buenos Aires...

André Hammink was als een duivel naar Liechtenstein gereden. Rond een uur of acht kwam hij aan in Vaduz. Hij parkeerde de motor voor de basiliek en schudde de stijve vermoeidheid uit zijn benen. Hij nam een paar slokken water, zette zijn helm weer op en begon aan zijn speurtocht door het stadje dat bijna uitgestorven was. Er waren een paar hotels waar ze kon logeren, als ze hier was. Na bijna een uur rondrijden had hij beet. Op de parkeerplaats van het enige vijfsterrenhotel, Sonnenhof, zag hij haar BMW. Dat betekende dat ze hier nog tot maandagochtend zou zijn, concludeerde hij. Tijd genoeg om haar te verrassen.

Hij at de helft van een pizza in *ristorante Cesare* met uitzicht op het kasteel, maar durfde niet in te checken als Andreas Schinken in het tegenover gelegen Hotel Residence. Hij verwachtte niet dat Nico hem was gevolgd, maar als hij contact zou opnemen met zijn vriendin in Enschede, moest hij voorzichtig blijven. Het beste was om niet hier te overnachten, maar een stukje verderop in Zwitserland. Sankt Gallen was de dichtstbijzijnde grote plaats op nog geen half uur rijden. Hij nam er een eenvoudig hotelletje en vroeg de receptie om hem om zes uur de volgende morgen te wekken.

Dat bleek niet nodig, want door de nachtmerrie, waar hij al jaren geen last meer van had, werd hij een paar uur later zwetend wakker. (De mannen die hem meenamen en hem met hun grijnzende lege koppen langzaam uit het vliegtuig lieten vallen, zoals de junta met duizenden tegenstanders had gedaan.) De kalme doortastendheid waarmee hij zijn plannen op de boerderij had bedacht en uitgevoerd, waren hier niets meer waard. Hij moest opeens improviseren en de angst dat er weer iets mis zou gaan, zoals gisteren, toen zijn protagoniste ontsnapt bleek, hield hem de rest van de nacht wakker.

Hij nam een lange hete douche, ontbeet zonder trek en reed terug naar het vorstendom, waar hij tot zijn opluchting constateerde dat haar auto nog steeds op de parkeerplaats van het hotel stond.

Nico bracht de nacht door op het politiebureau van Aalen in Baden Württemberg. Hij was uitgebreid verhoord door een niet onvriendelijke *Oberinspektor,* die geen woord geloofde van wat hij zei. De man wilde weten wat hij met zijn gijzelaars had gedaan en stond niet toe dat Nico naar Nederland telefoneerde. Hij was aangehouden omdat hij zonder papieren in een ondeugdelijke camper reed en omdat de *Behörden* in Holland hadden gevraagd om zijn arrestatie. Er was een uitleveringsverzoek gedaan, maar dat was allemaal nogal lastig, omdat de arrestant niet geïdentificeerd kon worden.

Nico vond het best. Hij had *Herr Inspektor* duidelijk gemaakt dat de echte boef op een motor naar Liechtenstein was gereden, waar hij wraak ging nemen op zijn vrouw. Als ze daar was. Misschien lag het aan zijn Duits, dat door de vermoeidheid en de opwinding niet al te gearticuleerd was, maar de man had er nauwelijks iets van begrepen.

De volgende ochtend werd hij opnieuw verhoord, nu door een vrouw, die niet echt blij was met haar zondagsdienst. Maar Nico kwam dit keer beter uit zijn woorden. Hij vroeg of hij met haar collega in Enschede mocht praten en zo werd hij een half uur later verbonden met Frida Brandriet.

'Waarom zeg je niks?' vroeg hij omdat het aan de andere kant van de lijn verdacht stil bleef.

'Omdat ik niet besefte dat ik met jou verbonden zou worden,' herstelde Frida zich, nadat ze de brok in haar keel had doorgeslikt. 'Iemand zei dat de bestuurder van een Wohnmobil die ze gisteren hadden gearresteerd, met mij wilde praten. Ik wist even niet wat een Wohnmobil was en daarna dacht ik dat ik onze dronepiloot aan de lijn zou krijgen.'

'Nee,' zei Nico, 'André heeft mij met zijn camper achtergelaten en is op de brommer naar Liechtenstein gereden om met Jacky af te rekenen. Het klinkt een beetje fantastisch en je hoeft me niet te geloven, maar ik zou voor de zekerheid je collega's in Vaduz – dat is de hoofdstad van dat dwergstaatje – informeren dat er een gevaarlijke gek wraak wil nemen op zijn ex, waarmee hij officieel nog steeds is getrouwd. Kun je trouwens tegen je collega hier zeggen dat ik volstrekt ongevaarlijk ben en dat ik eigenlijk de gijzelaar ben. Ik heb geen zin om nog een nacht in een politiecel door te brengen.'

'Wacht even,' zei Frida. 'Waar zit je precies?'

'Op het politiebureau van Aalen in Baden Württemberg. Tegenover een strenge mevrouw, die heel graag met je wil praten, omdat ze hier geen woord van verstaat.' Hij gaf de telefoon aan Frau Oberinspektor, die met knikken en glimlachjes aangaf dat ze begreep wat Frida haar probeerde duidelijk te maken. Ze sloot het gesprek af zonder Nico de kans te geven nog iets tegen Frida te zeggen en maakte hem duidelijk dat hij vrij gelaten zou worden, wanneer ze de officiële papieren uit Nederland gefaxt had gekregen.

Nico hoefde niet opnieuw de cel in, maar mocht gebruik maken van een arrestantenlokaal, waar hij rustig de krant kon lezen. En ze zou een ontbijt voor hem regelen. Maar zijn Wohnmobil hadden ze in beslag genomen, daar kon hij geen gebruik van maken, dat was ook *'Frau Hauptkommissar Brandy aus Ensjede klar'*.

Nico deed geen moeite om haar uit te leggen dat het niet zijn camper was; de zaak lag te ingewikkeld voor bilateraal overleg en aan Liechtenstein kwamen ze helemaal niet toe.

62

Jacky had prima geslapen en uitgebreid ontbeten. Het beloofde een mooie zondag te worden en ze had bij de receptie gevraagd of iemand een leuke *Ausflug* voor haar wist. Ze vond het beslist leuk om met de *Sesselbahn* van Malbun naar boven te gaan, dacht de receptionist. Tot 2000 meter ging die skilift. Daarboven was een restaurant met een groot zonneterras.

Ze reed er met de auto naar toe, kocht een retourtje en nam plaats in een open gondel die aan vijf of zes skiërs op een rij plaats bood. Er lag nu alleen nog boven op de berg sneeuw, dus ze had de lift voor zichzelf. Ze had zich niet gerealiseerd dat het een open lift was, dat was altijd een beetje eng, maar de panoramische blik over de Alpen, op de grens van Zwitserland en Oostenrijk, vergoedde veel. Boven nam ze plaats op het zonovergoten terras, bestelde een Glühwein en bedacht dat ze morgen rond deze tijd al in het vliegtuig kon zitten. Terug naar Argentinië, waar ze twintig jaar geleden hals over kop was vertrokken. Gevlucht voor de Ottocruzes.

De Ottocruzes, de drugsbende die door André was belazerd, zoals hij haar had opgebiecht, had na de bendeoorlog haar wonden gelikt en zich opnieuw gegroepeerd rond de oude *jefe* Cornaldo. Cornaldo kende "Jacob" nog uit de Punta, maar was niet blij toen hij uit een welingelichte bron vernam dat zijn oude maat, die nu Andreas Schinken heette, de oorzaak was van de bendeoorlog en er met het geld vandoor was gegaan. Hij stuurde twee van zijn adjudanten, samen met de welingelichte bron naar Buenos Aires, waar ze niet alleen Schinken, maar ook zijn vrouw en zijn pas geboren zoon gijzelden en terugvlogen naar Montevideo. In een Fokker Friendship die het drugskartel had gekocht van de Argentijnse luchtmacht, omdat het met een handig luikje was uitgerust. De Argentijnen gebruikten dat luikje in hun vuile oorlog om pakketjes gevangenen in zee te dumpen; de drugssmokkelaars om hun handelswaar te parachuteren op een veilige plaats...

Het kostte André bijna een half uur om een beslissing te nemen. Hij was haar gevolgd vanaf het hotel naar het skistation, vanwaar ze even later in een open gondel naar boven werd gebracht. Hij stond besluiteloos met het ticket in zijn hand, terwijl Jacky uit het zicht verdween, maar hij durfde niet in te stappen. De hoogtevrees die hem jarenlang uit zijn slaap had gehouden, maar die hij sinds de drones had weten te kanaliseren, kwam in volle hevigheid terug en leidde tot duizeligheid en braakneigingen. Hij liet twintig gondeltjes voorbijgaan, voor hij zichzelf weer in de hand had en in gezelschap van een bejaarde vogelaar op een stoeltje plaats nam. De man wees hem op een oud arendsnest en het Edelweisz dat daar in de buurt groeide, maar André durfde alleen omhoog te kijken naar een kruis dat op een verre bergtop stond. Volgens zijn medereiziger was dat kruis een startpunt voor Deltavliegers, die vandaar bijna duizend meter naar beneden konden vliegen, over de *Schlucht*. Als hij die Schlucht wilde zien moest hij snel zijn, want over een uur kwam de mist op, wist de man met zijn Alpine-ervaring. André sloeg zijn aanbod om mee te lopen vriendelijk maar beslist af en nam op het hoogste skistation afscheid. In de verte zag hij Jacky op het zonneterras zitten. Ze voelde zich kennelijk onbespied en veilig, want ze had haar broekspijpen tot boven de knie opgetrokken om de zon vrij spel te geven. Die was hier behoorlijk warm als je op een windstille plek zat, merkte hij. Hij nam de rugzak af en trok de rits van zijn motorjack open. Daarna zocht hij naar de pillen en nam er drie in met een slok water. Toen liep hij langzaam naar het terras en tikte op haar schouder.

Ze was even in slaap gevallen. De ijle lucht en de zon op haar blote knieën hadden haar doezelig gemaakt en de warme alcohol van de Glühwein deed de rest. Ze vloog in het vliegtuig met het slapende kind dat ze in een tuigje op haar borst droeg. Dat was het enige voordeel van het kind, het sliep altijd en overal. André zat tegenover haar en keek haar stil verwijtend aan. Hij wist dat zij de enige kon zijn geweest die zijn verhaal had doorgebriefd, maar nu zat ze met hem in hetzelfde schuitje, cynisch genoeg een Fokker Friendship van Nederlandse makelij. De beide adjudanten, die hij niet kende, hadden nog geen woord gezegd; pas toen het vliegtuig hoog boven de wolken vloog, ging de deur van de cabine open en verscheen zijn oude vriend Cornaldo, op de voet gevolgd door ... Jacob Timmer.

Op dat moment schrok ze wakker omdat iemand haar op de schouder tikte. Ze draaide zich om en verstijfde.

'Wie slaapt heeft geen verdriet,' zei André terwijl hij naast haar ging zitten en zijn enorme hand als een bankschroef om de hare klemde.

'Misschien is dat het beste voor ons allebei, denk je niet? Maar voor we onze ogen dicht doen, wil ik je nog één ding laten zien. Schijnt de moeite waard te zijn en omdat je niet wilde meewerken aan mijn gedroomde finale, is dit misschien mijn laatste kans om nog een soort van genoegdoening te krijgen. Maar we moeten opschieten, want over een tijdje begint het te misten, het licht is nu goed. Heb je al afgerekend?'

Ze schudde haar hoofd in een voortdurende verbijstering, waarop hij wat kleingeld uit zijn zak diepte en op tafel gooide. Met zijn andere hand bleef hij haar stevig vasthouden. Daarna trok hij haar, bijna galant, uit de stoel, sloeg zijn arm om haar heen en voerde haar weg van het terras, als een vader die een ziek kind van school haalt.

Ze had geen kracht om hem tegen te houden en geen energie om te gillen. Ze liet zich mak en willoos meenemen, terwijl haar broekspijpen langzaam omlaag gleden naar de platte, ongeprofileerde muiltjes die ze droeg.

Zo liepen ze een tijdje zwijgend omhoog, tot ze uit het zicht van het terras waren en André zijn greep kon versoepelen. Op die schoenen kwam ze niet ver, als ze al van plan was om te vluchten. 'We gaan naar het kruis,' zei hij. 'Het hoogste punt. Misschien ook het hoogtepunt, als je gevoel hebt voor de werkelijke verhoudingen.'

Ze hoorde hem niet omdat ze niet luisterde, vertrokken in haar eigen gedachten. 'We kunnen samen gaan, is dat geen oplossing?'

'We gaan ook samen,' lachte André, 'maar niet meer terug. Ik bedoel dat je op je hoogtepunt moet stoppen, voor je in een zwart gat terecht komt. Ik had een ander hoogtepunt uitgezocht, maar dit is ook niet mis.' Ze waren het kruis tot op zo'n honderd meter genaderd. 'Jij wilt de jongen opzoeken en ik wilde dat ook. Jouw motief is geld. Het geld dat ik heb vastgezet en dat vrijkomt als hij 21 wordt. Je zou je met een lulverhaal aan hem hebben opgedrongen. De dwaze moeder die verdween en na al die tijd weer terug komt. Volgens Jacob, die ik heb opgespoord en overgehaald om naar Twente te komen om de jongen te verhandelen. Natuurlijk kwam hij en liep hij in mijn val. Eerlijk gezegd had ik hem niet willen onthoofden. Maar hij bleef hardnekkig volhouden dat het zijn zoon was. Toen zei ik dat we wel eens zouden zien hoe hard zijn nek was. Ik ben een halve dag bezig geweest om de rotzooi op te ruimen.' Hij bleef staan, draaide haar naar zich toe en nam haar zonnebril af. 'Was het zijn zoon?'

Ze knipperde met haar ogen tegen het felle licht. 'Wat maakt het uit?'

'Hij kan niet voetballen, zei Jacob. Dat zou het bewijs moeten zijn dat het niet mijn zoon is en ook niet de kleinzoon van Joop Hammink. Maar ik kon ook niet voetballen, daarom ben ik gaan keepen.' André gooide haar zonnebril weg en dwong haar om verder te lopen.

'Ik weet niet wiens zoon het is,' zei ze. 'We zullen een DNA-test moeten doen.'

'Soms is het beter om iets niet te weten, wat heeft de jongen er aan dat jij zijn moeder bent en ik zijn vader. Hij is zonder zijn biologische ouders opgegroeid.' Hoe hoger ze kwamen, hoe frisser het werd. In de buurt van het kruis lagen sneeuwresten. Er was niemand op de top. De stilte werd alleen verstoord door Jacky's hijgerige ademhaling. Haar voeten deden pijn en ze voelde zich doodmoe. Wat was hij van plan?

'Je wilde weten hoe ik het overleefd heb,' zei André. 'Daar waren we nog niet aan toegekomen. We vlogen boven de monding van de Rio de la Plata. Jij met het kind. Ik zat tegenover jullie. De *jefe* kwam uit de cabine met Jacob. Hij zei niets. Zijn adjudanten deden het luik open, pakten jou het kind af en gaven het aan Jacob. Het kind was drie miljoen waard, had Jacob hem verteld en als het talent had, nog veel meer in de toekomst. De moeder had hem willen belazeren; de vader, die hij als vriend in de Punta had gekend, was een verrader. De straf voor de moeder was dat ze het kind nooit meer mocht zien; de straf voor de vader was de straf die elke verrader kreeg. Daarop werd ik door de adjudanten bij handen en voeten gepakt en uit het vliegtuig geworpen.' Hij zweeg en keek naar het ruwhouten kruis. 'Die vrije val duurde ongeveer drie minuten. Drie minuten die ik in de jaren daarna op alle mogelijke manieren heb beleefd in mijn dromen, als een film over mijn leven, beschreven door honderden scenaristen. Met een begin, een midden en een eind. Het begin is de adrenalinestoot ingegeven door de verlammende angst, daarna komt de woede en het gevecht om te overleven en tenslotte de berusting. Maar zoals in elke goede film is er op het eind een twist die niemand verwacht. Ik viel door de stapelwolken boven de zeemonding in een fel onweer, dat gepaard ging met heftige windstoten. Die remden mijn val en maakten van de jas die ik droeg een kleine parachute. Maar het meest profiteerde ik van de huizenhoge golven, waardoor ik niet in een horizontaal vlak viel, maar werd gebroken door de toppen van de golven en weggeslingerd. Ik heb later veel verhalen gelezen over hoe mensen een val uit een vliegtuig overleefden, maar dit fenomeen heeft niemand op die manier beschreven. Ik raakte buiten bewustzijn, geen idee hoe lang, maar toen ik wakker werd, lag ik niet op een idyllisch zandstrand, maar op een puntige rotskust. Ik kon me niet bewegen vanwege de breuken en kneuzingen, maar ik had opnieuw geluk. Ik werd gevonden door het zoontje van een visser die na de storm schaaldieren zocht. De jongen waarschuwde zijn vader en een dokter en ik werd meer dood dan levend overgebracht naar een ziekenhuis in Maldonado, honderd kilometer van Montevideo. Daar werd ik bijna drie maanden in half comateuze toestand gehouden, omdat ik me niet mocht bewegen, vanwege het gevaar dat er opnieuw inwendige bloedingen zouden ontstaan. Toen ik enigszins bij mijn positieven kwam, veinsde ik geheugenverlies, wat overigens niet ver bezijden de waarheid was. Ik was een heleboel stukken uit het verleden kwijt; ik herinnerde me vooral de wedstrijden die ik in mijn jeugd had gekeept. Elke redding, elke uittrap zelfs. Ik herinnerde me de wedstrijden van FC Twente die ik had bijgewoond, zelfs de namen van spelers als Kalle Oranen en Johan Plageman. Ik wilde terug naar die tijd, die wens hielp me om te overleven. In mijn dromen speelde ik zelf voor Twente, maar wanneer ik wakker werd wist ik niet of ik dat ook echt had gedaan. Nadat ik uit het ziekenhuis was ontslagen, moest ik nog een half jaar revalideren om opnieuw te leren lopen en mijn spieren te gebruiken.'

Jacky was tegen de voet van het kruis gaan zitten en bedacht dat ze zelf, nadat ze hem uit het vliegtuig zag vallen, besloot om terug te keren naar de enige plek waar ze zich veilig kon voelen en dat was haar geboortegrond. Het kind werd door Jacob in een tehuis geplaatst in Cordoba dat hij goed kende. Ze wilde er niets meer mee te maken hebben en een nieuw leven beginnen. Daarin was ze geslaagd, tot ze bijna twintig jaar later van Jacob hoorde dat er belangstelling was voor het talent van haar zoon. Jacob had hem elk jaar opgezocht, maar de jongen, die hem alleen kende als een vriend van zijn overleden ouders, had in zijn ogen absoluut geen talent.

'Toen ik zover was dat ik weer kon lopen en alles min of

meer normaal functioneerde, ben ik naar mogelijkheden gaan zoeken om terug te keren naar mijn roots,' zei André. 'Dat was het enige waar ik me een duidelijke voorstelling van kon maken. Ik leed aan waandenkbeelden en ik had nachtmerries. Ik had geen identiteit en ik kon niemand vertellen wie ik was. Op een gegeven moment heb ik de instelling waar ik verbleef verlaten en ben meegelift met een vrachtwagen die naar Porto Alegre in Brazilië reed. Vandaar ben ik naar de havenstad Santos gegaan en heb werk gezocht op een koffieschip dat naar Lissabon voer. Ik had geen papieren, maar als ik aan boord bleef was er niets aan de hand. In Lissabon ben ik aan wal gekomen en zo ben ik teruggekeerd naar Enschede.' Hij deed zijn rugzak af en ging naast haar zitten. Uit de rugzak haalde hij een aantal voorwerpen, waarmee hij tot Jacky's verbazing binnen een paar minuten een cameradrone wist samen te stellen.

63

Twentsche Courant Tubantia. Woensdag 1 april 2015

Munsterman alsnog per direct weg als voorzitter FC Twente

ENSCHEDE - Joop Munsterman heeft zijn functie als voorzitter van FC Twente alsnog per direct neergelegd. Hij zou aanvankelijk het seizoen afmaken bij de club uit Enschede. "Voor Twente is het nu het beste als de huidige bestuurders de ruimte hebben om het beleid uit te voeren. Daarom heb ik aan mijn medebestuurders kenbaar gemaakt dat dit het juiste moment is om mijn voorzitterschap neer te leggen", schrijft Munsterman woensdag in een persbericht. De 64-jarige Munsterman kondigde in oktober al aan te stoppen als 'statutair directeur' en maakte in januari tijdens de nieuwjaarsreceptie bekend de voorzit tershamer over te gaan dragen aan Aldo van der Laan. "Sindsdien heb ik me gericht op een goede overdracht van mijn taken, werkzaamheden en overige lopende zaken waarik bij betrokken ben. Dat heb ik gedaan in een fase waarin de club druk bezig is de noodzakelijke maatregelen te nemen die moeten leiden tot het financiële herstel."

Onder vuur

Munsterman was sinds 2004 voorzitter van Twente en leidde de club naar de landstitel in 2010 en een jaar later naar winst in het KNVB-bekertoernooi. De afgelopen maanden kwam hij echter onder vuur te liggen vanwege financieel wanbeleid. In maart kreeg FC Twente zelfs drie punten in mindering van de KNVB omdat de club de boekhouding niet op orde had. Enkele dagen later ontkende Munsterman een vroegtijdig vertrek bij 'zijn' club, maar hij heeft nu dus alsnog besloten eerder te stoppen. Zijn opvolger Van der Laan heeft begrip voor de keuze van Munsterman. "Joop heeft al zijn werkzaamheden inmiddels overgedragen", zegt Van der Laan. "We snappen zijn beslissing en danken hem alvast voor zijn jarenlange inzet. We zullen op een later moment opgepaste wijze afscheid van hem nemen."

Twentsche Courant Tubantia, donderdag 2 april 2015

ENSCHEDE - Duizenden en duizenden mensen vergaapten zich donderdagavond aan het enorme schouwspel dat zich ontvouwde tijdens The Passion op het Van Heekplein in Enschede. Een superspektakel werd door de EO/KRO/RKK neergezet in het hart van de stad, dat een ware promotie werd voor Enschede. Terwijl op en rond het podium op en rond het Van Heekplein de voorstelling van het lijden en sterven van Jezus werd gegeven, liepen tegelijkertijd meer dan duizend mensen gezamenlijk naast het 400 kilo wegende, verlichte kruis dat naar het plein werd gedragen. Het spektakel trok 20.000 toeschouwers.

Bij toerbeurt droegen vrijwilligers samen het grote kruis. Onder hen, bij de kop van het kruis, brandweerlieden van de stad Enschede, die speciaal ter nagedachtenis aan de Vuurwerkramp, de tocht met kruis aflegden. Een groep van 700 lezers van De Twentsche Courant liepen de statie met het kruis mee.

Uit de reacties op straat en in de live-uitzending op televisie werd duidelijk dat de mensen, gelovigen van verschillende stromingen en niet-religieuzen, zich één voelden en door The Passion verbonden werden.

"We denken nu samen na over wat tweeduizend jaar geleden is geweest en over het leed dat nog altijd in de wereld voorkomt", klonk het. Ook na 22.00 uur, toen met het sterven van Jezus in de tv-uitzending een einde kwam aan de grote voorstelling, bleef de verbondenheid en de warmte van het massale publiek nog lang zichtbaar en voelbaar.

De volgende dag, Goede Vrijdag, liet Frida Nico in vertrouwen de beelden zien. Ze had ze begin van die week opgestuurd gekregen door een collega uit Sankt Gallen, die benieuwd was naar de laatste woorden die de man had gesproken. Omdat de drone niet was uitgerust met een microfoon, moest Frida een liplezer te hulp roepen om de zinnen van André Hammink te ontcijferen. Met zijn rechterhand hield hij een kleine console vast, waarmee hij de drone bestuurde; zijn linkerhand zat met een handboei vast aan Jacky.

Nico probeerde de tekst die Frida had laten uitschrijven mee te lezen, terwijl hij naar de fascinerende beelden keek. Daar konden ze bij de EO nog een gepassioneerd puntje aan zuigen.

De drone hing een paar meter boven André en Jacky. Op de achtergrond, op de bergtop, stond een groot houten kruis. Zijn vroegere klasgenoten bleken op de rand van een ijselijk diepe Schlucht te staan. In de verte kwam een dichte witte wolk naderbij.

'Tot hier,' zei André, terwijl hij kalm in het oog van de camera keek. 'Tot hier leidt de hoogmoed en begint de val. Maar uit het zaad van de passie zal de bloem van de jeugd herrijzen en de zoon van de zoon van de zoon zal terugkomen en zich niet laten leiden door presidenten, voorzitters en andere roem en geldzoekers.'

Hij keek naar Jacky en fluisterde iets in haar oor. Het leek of ze moest lachen, maar de drone met de camera verwijderde zich, zodat haar gelaatsuitdrukking niet meer duidelijk te zien was.

Toen sprongen ze.

Bij de Zonnebloem draait het om mensen.

Al meer dan 65 jaar. We brengen ze bij elkaar. Staan voor ze klaar. En we zetten alles op alles om mensen met een handicap een onvergetelijke dag te bezorgen. Een lichamelijke beperking hoeft wat ons betreft nooit een belemmering te zijn.
Om dat voor elkaar te krijgen, denken we in oplossingen. Dat geldt voor onze vrijwilligers, voor onze donateurs en voor de partners waarmee we samenwerken. Stuk voor stuk doen zij er alles aan om mensen een onvergetelijk moment te bezorgen.

Daarom blijven we doen waar we altijd al goed in waren: contacten leggen, gezelligheid brengen, activiteiten organiseren en vakanties mogelijk maken. En we komen met nieuwe oplossingen. We bieden bijvoorbeeld **de Zonnebloem** rolstoelauto te huur aan.

Vaak wordt gedacht dat **de Zonnebloem** er alleen is voor 'de ouderen'. Maar de Zonnebloem is er voor iedereen met een fysieke beperking van 18 jaar en ouder.
De Zonnebloem heeft deelnemers en vrijwilligers door heel Nederland, ook bij u in de buurt. Dat is een sterk punt van onze vereniging. Maar we kunnen nog sterker worden. Onder andere door meer accent te leggen op de individuele vraag van onze deelnemers. Net dat ene uitstapje mogelijk maken...
Daarvoor hebben we vrijwilligers nodig. Vrijwilligers die willen helpen om iemand te begeleiden naar een museum, het theater of een sportwedstrijd.

Ook in uw buurt en stad zijn vrijwilligers actief voor **de Zonnebloem**. Vraag eens wat u zou kunnen betekenen als vrijwilliger.
Maar ook nieuwe deelnemers zijn van harte welkom. Ontdek wat de vrijwilligers van de Zonnebloem voor u kunnen betekenen.
Onze slogan is niet voor niets: 'Er kan zoveel meer dan je denkt'.

Zowel voor het aanmelden als deelnemer als vrijwilliger kunt u terecht op de website van de Zonnebloem: **www.zonnebloem.nl** of bel 076 - 5 64 64 64.
Ook kunt u rechtstreeks contact opnemen met de Zonnebloemafdeling in uw buurt. Die kunt u vinden via de website van **de Zonnebloem.**

DE ZONNE BLOEM

InterCityHotel Enschede is gelegen in het hart van de stad Enschede naast het Wilminktheater met een prachtig uitzicht over het Willem Wilminkplein.

Overnachten in het moderne stadshotel in Enschede geeft u niet alleen de mogelijkheid om op loopafstand te genieten van sfeervolle terrasjes en onze streekgerechten te proeven in de vele restaurants, U kunt hier ook winkelen in de een van de oudste winkelstraten van Nederland " De Haverstraatpassage", Culturele uitstapjes ondernemen naar het Rijksmuseum of gewoon op de fiets stappen voor een heerlijk rondje "groen" Twente.

InterCityHotel
ENSCHEDE

InterCityHotel Enschede
Willem Wilminkplein 5
7511 PG Enschede
053-2070000
enschede@intercityhotel.com

Scoren in de wijk

Met Stichting FC Twente, scoren in de wijk zet FC Twente zich in voor de ontwikkeling van jong en oud om zo te zorgen voor een sterke regio Twente. Daar past het stimuleren van lezen bij. Door te lezen wordt immers de taalvaardigheid van het individu uitgebreid, de fantasie geprikkeld en de sociaal-emotionele ontwikkeling gestimuleerd. Maar lezen is bovenal ontzettend leuk! Zeker een boek waarin FC Twente een rol speelt. Heel veel leesplezier!

www.scorenindewijk.nl

Duizenden vakmensen voor Twente en daarbuiten

Het ROC van Twente staat middenin de Twentse maatschappij, in het hart van de grote steden, maar ook op kleinere locaties.

Daar leiden we de jonge vakmensen op die Twente nodig heeft: in de techniek, de bouw, aan het bed, in de horeca, logistiek, de handel, op kantoor en langs de weg. En als ze klaar zijn, houden we de deur open, om ze in staat te stellen door te groeien, bij te leren of zo nodig om te scholen of ze nu 18 of 58 zijn, werkend of niet werkend.

Ondanks de enorme afmetingen van sommige van onze gebouwen waar dagelijks duizenden mensen in- en uitlopen, blijft het onderwijs kleinschalig. De diversiteit van de opleidingen zorgt voor een aparte en unieke sfeer en werkt kruis bestuivend. Dat is niet alleen te danken aan de open structuur van onze gebouwen, maar ook aan het open beleid.

Geen pasjes, geen veiligheidspoortjes, het ROC van Twente staat letterlijk open voor iedereen die wil leren, bijleren of doorleren.

www.rocvantwente.nl

ROC van Twente